우주경영

36계

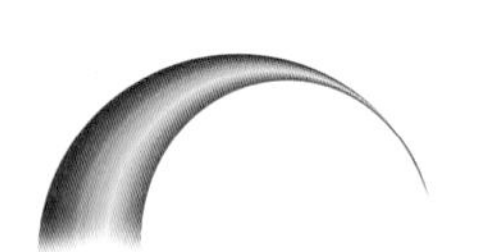

이 책에 나와 있는 무지개 색은 2011년 5월 15일, 싸이파워를 세상에 공개하기 위해 코스모스센타 팀들이 출범식을 갖고자 저자의 출생지인 거제도 계룡산으로 가던 중, 거가대교 위에 떠 있던 상서로운 햇무리임을 밝힙니다.

파동문명 시리즈 2

우주경영 36계

코스모스 북

저자 **소 공 자**(素 空 慈)

한국 거제도 출생.

어린 시절부터 우주의 메커니즘과 자연의 섭리에 유달리 관심을 가지고 인생의 이치를 밝혀왔다. 29세 때 우주의 메커니즘과 일체가 되는 경지를 체험하고, 그 본질을 터득하였다. 그 후 많은 강연 및 저술 활동과 함께, 우주의 원리에 입각한 탁월한 능력으로 한국과 일본에서 경영 컨설팅을 해왔다.

사회 활동으로는 KBS와 함께 〈한국의 얼 전하기 운동〉으로 미국, 독일, 러시아, 호주, 일본 등 세계 각국의 한국 교민에게 태극기와 한복을 비롯하여 30만 권 이상의 책을 전달하였으며, 국내에서는 전국 농어촌의료봉사와 불우이웃돕기를 다년간 실시하였다.

저서로는 한국에 『싸이파워』『우주의 경영비법과 성공의 황금률』『싸움 없이 이겨라』『더 나아갈 수 없는 길』『세상을 바꾼 1%의 사람들』『21c 손자병법』 등 20여 권이 있으며, 일본에서는 『悟りの瞬間』『悟りの門』『悟りの招待席』『成功の黃金律』 등이 출간되었다.

현재, 파동문명 시대를 맞이하여 싸이파워 보급에 힘쓰고 있다.

파동문명 시리즈를 발간하며

2011년 4월, 독일의 베를린 자유대학 팀들은 뇌파를 통해 생각만으로 자동차를 운전하는 모습을 전 세계에 공개했다. 두 손을 머리 위에 올린 채 액셀러레이터 페달을 밟지 않고 자유자재로 방향을 전환하며 출발하고 멈추는 등 자동차를 생각만으로 조종할 수 있음을 보여주었다.

또 2011년 6월에 한국의 과학자들도 뇌파를 통해 집중의 힘만으로 전구를 켜고 끄거나 선풍기를 돌게 하고 K박사, 소형 장난감 자동차로 스피드 게임을 하는 모습을

동아 제공

L박사 한국의 인기 TV방송 스타킹을 통해 공개하였다.

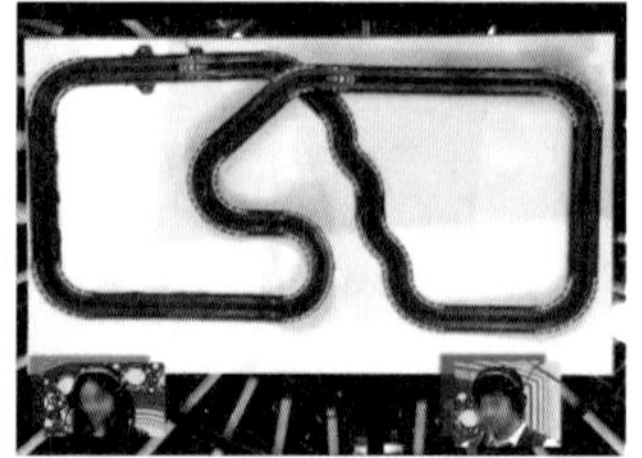

SBS 제공

미국 뉴저지에 있는 데이비스 센터The Davis Center에서는 환자의 목소리만으로 어디가 아픈지 정확하게 진단하고, 샌디에이고의 신경음향 연구소 제프리 톰슨 박사는 환자를 진동 침대 위에 눕혀 놓고 침대의 진동 주파수만을 조절하여 몸의 이상을 치료하였다.

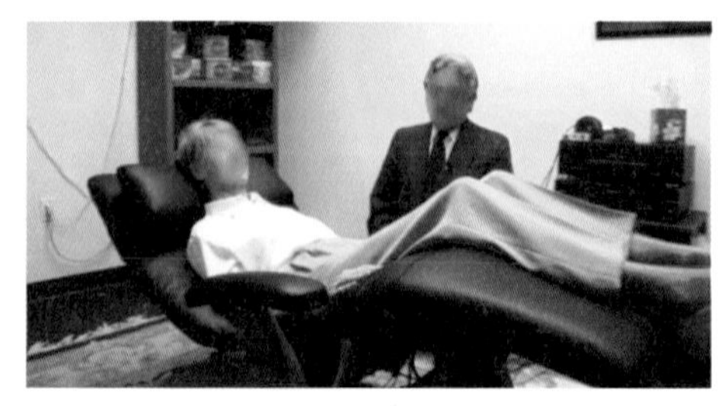

SBS 제공

지금까지의 과학은 우리 눈에 보이는 세계를 주로 다루었다. 사람을 기준으로 세상을 바라볼 때 세상은 눈에 보이는 입자현실의 세계와 눈에 보이지 않는 파동의 세계로 나눌 수가 있다. 과거의 지구문명은 눈에 보이는 입자의 세계, 즉 현실만이 진짜이고 눈에 보이지 않는 우리의 마음이나 정신 혹은 생각은 실재가 아닌 환幻이라고 생각했다.

그러나 21c에 들어서면서 우리의 생각이나 마음 또한 눈에 보이는 입자와 똑같은 물리 현상임을 알게 되었다. 현대 양자 물리학자들이 밝힌 바에 의하면, 실험을 하는 사람이 좋은 점을 밝혀내기 위해 실험을 하면 그 실험 결과는 좋은 결과로 나타나고, 나쁜 점을 밝혀내기 위해 실험을 하면 그 실험 결과는 나쁜 결과로 나타난다 한다. 이것은 우리 마음이 실험 결과에 결정적인 요인으로 작용하였기 때문이다.

일본의 에모토 마사루江本勝 박사의 연구에 의하면, 물을 향해 사랑하는 마음을 보냈을 때와, 〈죽어라〉 하며 증오하는 마음을 보냈을 때의 물의 결정체 모양을 사진으로 찍어보면, 사랑하는 마음을 보낸 물의 결정체는 모양도 예쁘고 형태도 분명한데, 증오하는 마음을 보낸 물의 결정체는 모양이 험상궂고 망가진 것처럼 보였다.

사랑

증오

중국의 성리학은 세상을 표현할 때 천지인天地人을 쓴다. 물론 지地는 눈에 보이는 세계, 즉 현실 세계이며 천天은 눈에 보이지 않는 하늘의 세계, 즉 기氣라고 하는 에너지 파동의 세계를 말한다. 성리학이 아니더라도 세상은 눈에 보이는 지地의 세계와 바람처럼 눈에 보이지 않는 에너지 세계인 천天의 세계가 있을 것 같다는 것은 누구나 쉽게 납득할 수 있다. 그러나 생명을 가진 생명체는 인간뿐 아니라 개, 말, 사슴 등 수없이 많은데 왜

하필 인간이 천지天地와 함께 그곳에 끼어 있는지 납득이 잘 안 간다. 그러나 오늘날의 과학은 그 이유를 분명하게 말해주고 있다.

하늘이 만물을 창조하듯 지구상에서 유일하게 마음 혹은 정신이라고 불리는 파동의 세계를 통하여 세상을 움직일 수 있는 지혜를 갖춘 존재는 인간뿐이다. 때문에 인人이 하늘과 땅에 나란히 함께 있는 것이다.

이렇게 21c는 인간이 생각마음, 정신을 통해 물질세계를 조종하며 스스로 인생을 원하는 대로 창조할 수 있는 시대가 될 것이다. 이른바 파동문명이다. 지금까지가 눈에 보이는 세계, 즉 입자문명의 시대였다면 앞으로의 미래는 눈에 보이지 않는 세계, 즉 파동문명의 시대가 될 것이다. 그리고 파동문명은 크게 3가지 형태로 발전할 것이다.

첫째는 과학 문명이다. 사소하게는 손으로 리모컨을 눌러 조종하는 시대에서 앞으로는 생각만으로 조종할 수 있는 시대가 올 것이다. 자동차 운전도 생각으로 하고, 생각만 하면 로봇이 대신 움직여 주며, 치료도 몸을 절개하지 않고 소리나 진동 혹은 초음파나 레이저 등을 통해 하고, 스스로 상상만으로 병이 사라지게 하는 초超과학적 방법으로 발전할 것이다.

둘째는 인생 창조다. 지금까지는 우리 인생이 어떻게 전개되는 것인지 그 이유를 거의 몰랐다. 단지 주어진 운명이 있어 그렇게 되는가 보다 하고 체념하거나, 아니면 신神에 의해 벌어지는 것이 아닌가 생각하기도 하고, 납득할 수 없는 일은 하늘의 처벌이려니 생각하며 지냈다. 그러나 파동문명을 바로 알면 스스로 인생을 창조해 낼 수 있다.

셋째는 새로운 윤리관이다. 쉬운 예로, 생각만으로 자동차를 움직이는 시대가 되었다고 하자. 물론 그때가 되면 나름대로 보완책이 강구되겠지만, 지나가는 차를 나의 생각으로 사고를 나게 할 수도 있다. 또 생각의 힘을 통해 다른 사람을 불행하게 할 수도 있다. 그러면 미래

세계는 더 풍요롭고 살기 좋은 시대가 되는 것이 아니라 악마의 소굴처럼 변할 수도 있다.

과거 몇몇 공상과학 소설을 보면 먼 미래의 세계가 최신 소재의 물질로 이루어진 풍족하고 살기 좋은 눈부신 세계가 아니라, 무기만 최신식인 황폐한 도시와 같이 묘사된 내용이 많다. 물론 소설이지만 윤리관이 잘못 설정되면 미래의 세계는 그렇게 될 수도 있다. 그래서 미래의 세계는 악의가 없이 모두가 조화를 이뤄 발전하는 새로운 윤리관이 나와야 할 것이다.

코스모스센타는 이렇게 미래 사회를 준비해 나가야 하는 인류 문명의 선두에서 우리 모두가 우주를 바로 알고, 마음과 정신을 바르게 쓸 수 있도록 함께 고심하며 연구하는 자세로, 인류의 등불이었던 성현들의 가르침과 과학적 증명을 통해 미래를 밝히는 데 최선을 다할 것이다.

2012년 1월 Cosmos Center 설립자

공학박사 **송 원 철**

· 1977년 서울대학교 전기공학과 졸업
· 1981년~2000년 ETRI 책임연구원
· 2002년 KAIST 전자공학과 박사
· 2012년 코스모스센타 설립

목차

제3부 공전계攻戰計 _ 175

제4부 혼전계混戰計 _ 237

책머리에

이 세상에 영원한 강자는 없다. 왜냐하면 이기고 지는 것은 사람이 하는 것이 아니라 우주의 기운에 의해 벌어지는 까닭이다. 〈상대가 강하면 줄행랑을 쳐라〉. 이것은 그 유명한 36계의 36번째 계략이다. 상대편의 힘이 나보다 강한 상태에서 싸우는 것은 용기가 아니라 미련이다. 그러니 일단 먼저 도망을 가고, 이길 수 있는 힘을 키운 다음 나중에 다시 싸우라는 것이다. 이 말은 지금 내가 약하다고 해서 영원히 상대가 이기라는 법은 없다는 뜻이다. 왜냐하면 이기고 지는 힘은 나의 것이 아니라 우주의 것이기 때문이다. 이렇게 우주의 기운을 알고 그 기운을 이용하여 원하는 승리를 성취하기 위한 방법, 그것이 곧 36계다.

그렇다면 36계는 어떻게 터득해야 하는가? 이 비법서

대로만 하면 모두 이길 수 있는가? 물론 답은 〈아니다〉이다. 이 비법서는 먼저 기운의 세계가 무엇인지 확실하게 아는 사람이어야만 운용을 할 수 있다. 읽고 아는 지식만으로는 절대 운용을 할 수가 없다. 그렇다면 기운은 어떤 작용을 하며, 기운의 세계는 어떤 형태가 있는지, 그리고 어떻게 기운을 보고 아는 것이며, 승리할 수 있는 힘은 무엇인지 확실하게 알고 계책을 살펴보자.

먼저 우주의 기운은 근본적으로 서로 다른 성질이 함께 공존하고 있다. 한 몸에 두 가지 성질이 동시에 있는 것이다. 코스모스센타는 이와 같은 원리를 아프락사스Abraxas의 원리라고 한다. 그 중 하나는 뻗어나가려고 하는 원심력이고, 또 하나는 끌어당기는 구심력이다. 이 두 기운은 근본적으로 한 몸이지만 어느 쪽이 강하게 작용하느냐에 따라 〈활동적이냐, 구축하느냐〉가 결정된다.

구축력이 강하면 몸이 점점 더 커져서 주변의 것을 더 많이 끌어온다. 큰 나라, 큰 회사가 작은 나라나 작은 회사보다 유리한 이유가 바로 이와 같은 영향력이 있기 때문이다. 구축력은 영향력을 갖는다. 그러나 이렇게 몸집이 커지면 반대로 활동이 느리게 된다. 속도감이 없는 것이다. 몸이 작으면 끌어당기는 영향력은 없지만 반대로 활동하기 편해 빠른 속도로 움직일 수 있다. 그리고 빠른 속도는 핵무기처럼 파괴력이 있다. 활동력은 파괴력이 있는 것이다. 첩보요원이나 특공대가 민첩하게 활동할 수 있도록 훈련 받는 것은 바로 이 때문이다.

나를 중심으로 생각하면 이 세상은 2가지 형태의 기운이 있다. 하나는 바깥세상의 영향을 받아 내가 변하는 수동적 영향력이고, 또 하나는 나의 힘이 바깥세상을 변화시키는 능동적 영향력이다. 코스모스센타는 이와 같은 수동적 영향력을 수동역受動易수동적 변화이라 하고 능동적 영향력을 능동역能動易능동적 변화이라 한다. 그리고 중요한 것은, 능동역이 강한 사람은 필요한 경우에는 수동적 영향을 받지만 보통은 거의 받지 않는다는 사실이다.

날씨가 무더워지면 땀이 나고 덥다. 이때 수동역의 작용을 받는 사람은 냇가에 가서 몸을 식히거나 하며 쉬지만, 능동역이 강한 사람은 더워지는 날씨의 조짐을 알고 선풍기나 에어컨을 만들어 무더위를 정복한다. 이렇게 능동역은 자신이 주체가 되어 세상을 바꿀 수 있다.

이 세상은 무언가 작은 입자들이 뭉치고 뭉쳐서 우리 눈에 보이는 것이다. 이렇게 보이는 세상도 알고 보면 처음에는 보이지 않는 기운이었다. 사람도 알고 보면 눈에 보이는 육체와 보이지 않는 정신마음이라는 기운으로 이루어져 있다. 일반적으로 사람이 보고 듣고 아는 세계는 육체의 5감 기관을 통해 정신이 인식하는 것이지만 어떤 경우에는 정신이나 마음이라고 하는 기운이 직접 외부 세계의 기운을 느껴 알 때도 있다. 이른바 직감이다. 직감은 활동적 기운이 직접 외부의 기운을 느껴서 아는 것이다.

이렇게 세상은 퍼져 나가는 활동력과 끌어당기는 구축력, 그리고 내가 세상의 영향을 받는 수동역과 내가 세상에 영향을 끼치는 능동역, 그리고 세상 기운을 직접 느낄 수 있는 직감육감에 의해 승패가 결정되는 것이다.

이와 같은 기운의 세계를 충분히 이해하였다면 이제

부터 36가지 계략으로 현실 세계에서 원하는 승리를 실현시켜 보자.

2012년 5월 25일

素空慈

코스모스센타 용어

| **아프락사스Abraxas의 원리** | 스위스의 정신의학자 칼 융이 사용한 고대 신神의 이름으로, 양극적인 것을 포괄하는 신성을 말한다. 우주 최초의 에너지는 반드시 상반된 성질을 동시에 가지고 있다. 때문에 서로 밀기도 하고 끌어당기기도 한다. 자석이 N극과 S극을 동시에 갖고 서로 밀고 당기는 이유가 아프락사스의 원리 때문이다. 존재와 작용 · 입자와 파동 · 마음과 현실 · 있다實와 없다虛 · N극과 S극 따위가 곧 아프락사스이다.

| **수동역受動易과 능동역能動易** | 두 가지의 인생 형태. 세상이 변하면 나도 변하는 것이 수동역이고, 내가 변하면 세상이 변하는 것이 능동역이다. 수동역의 작용을 많이 받는 사람은 항상 세상의 변화에 눌려 자기 기량을 발휘할 수 없다. 하지만 능동역으로 사는 사람은 세상이 어찌되었든 자기가 원하면 원하는 세상으로 바꾸어 놓는다.

우주경영
36계計

우주경영 36계計

36계의 탄생

〈36계 줄행랑〉이라는 말이 있다. 〈상대가 강하면 달아나라〉는 뜻이다. 언뜻 들으면 매우 비겁한 자의 행동처럼 보일지 모르지만, 엄밀히 말하면, 영원한 강자는 없다는 말이기도 하다. 그렇다. 영원한 강자는 없다. 어느 때 어느 곳에든 더 강한 강자가 있기 때문이다.

36계는 강자를 위한 비결을 말하려는 것이 아니다. 그러나 영원한 승자는 있을 수 있다. 강자를 이길 수 있는 비결이 있기 때문이다. 승자가 될 수 있는 비결이 분명히 존재하는 것이라면. 그래서 36계는 이 땅에 태어났다. 영원한 승리를 위해서!

세상 모든 만물은 언젠가 파괴된다. 그러나 세상 모든 만물의 형태가 사라진다 해도 영원히 파괴되지 않는 것이 있다. 그것은 곧 이 우주다.

또한 지구상의 모든 것들도 언젠가는 사라진다. 그러나 지금까지 수십억만 년이 지났어도 이 지구는 없어지지 않았다. 이것이 곧 영원한 승자가 존재할 수 있다는 증거이다. 36계는 이로부터 태어났다. 한편, 인간이 우주의 비밀을 밝혀 놓은 학문은 무수히 많지만, 학설이 아닌 몸과 눈으로 직접 느낄 수 있는 학문이 있다면, 그것은 곧 중국 고대의 기하학적 도표로 구성된 「주역周易」이라는 성리학이다.

줄에 추를 매달고 손끝에 잡은 채 빙빙 돌리면 추는 같은 모양으로 계속해서 동일 형태를 취한다. 안으로 들어오지도 않고 밖으로 튀어나가지도 않은 채. 그러다가 손끝에 잡고 있는 줄을 살짝 놓으면 추는 기다렸다는 듯이 밖으로 멀리 도망쳐 버리고 만다. 그것은 추가 밖으로 나가고자 하는 힘을 갖고 있다는 증거이다. 그러나 빙빙 도는 것이 멈추면 추는 그만 오그라들듯 안으로 되감아오고 만다. 그것은 추가 안으로 들어오고자 하는 힘이 있다는 증거이다.

우리 눈에 바르게 존재하고 있는 모든 만물은 밖으로

나가고자 하는 힘과 안으로 들어오고자 하는 힘이 동시에 균등하게 있기 때문에 지금 그 형태를 유지하고 있는 것이다. 밖으로 나가고자 하는 힘, 이것을 주역은 〈양陽〉이라고 한다. 그리고 안으로 끌어당기고자 하는 힘, 이것을 주역은 〈음陰〉이라고 한다. 이렇게 음과 양이 균등한 상태로 있을 때 만물은 그 형태를 유지할 수 있다 하여, 음양의 균등한 상태를 〈태극太極〉이라고 한다.

태극

그런데 나가려고 하는 힘과 들어오고자 하는 힘이 동일하게 존재한다고 해서, 나가려고 하는 성질과 끌어당기는 성질마저 정지해 있는 것은 결코 아니다. 때문에 끌어당기는 힘이 약해지면, 나가려는 힘은 곧 형태를 부숴 버리게 되고, 끌어당기는 힘만 남게 되면 그 형태는 조각나 버린다. 결코 어느 한쪽만 존재할 수는 없다. 이렇게 두 성질이 동시에 있기 때문에 세상은 수많은 변화를 일으킨다. 코스모스센타는 이와 같은 현상을 〈아프락사스Abraxas의 원리〉라고 한다.

나가려고 하는 힘은 파괴력은 있지만 응축력은 없다. 끌어당기는 힘은 흡수력을 갖기 때문에 응축력을 갖는다. 여기에서 주목해야 할 사항은, 오래 남기 위해서는 나가려는 파괴력보다 구축하고자 하는 응축력에 주의를 기울여야 한다. 물론 웅덩이보다 큰 돌은 웅덩이를 망가뜨릴 수 있다. 그러나 웅덩이보다 작은 돌들은 웅덩이에 담을 수가 있다. 응축된 힘보다 작게 움직이는 활동력은 응축력에 흡수되어 버린다.

어쨌든, 덩어리가 점점 커지기 위해서는 응축력이 절대 필요하다. 지구 위의 모든 것들이 부서져도 멀리 사라지지 않고 지구에 남을 수 있는 것은, 지구가 갖고 있는 응축력이 더 크기 때문이다. 그리고 그 응축력에 의해 지구가 살아 움직이고 있는 것이다. 마치 용수철이 응축하면 할수록 멀리 튀어오를 수 있듯이. 36계는 바로 이렇게 구축력을 토대로 창조되었다. 영원한 챔피언이 되기 위해서!

36계의 구성

혼자 사는 사람은 외로워 짝을 찾아 나선다. 셋이 모이면 둘은 짝이 되고, 짝이 없는 하나는 또 다른 짝을 찾아 나선다. 다섯이 모이면 넷은 둘씩 짝이 되고, 하나는 또 다른 짝을 찾아 나선다. 찾아 나서는 힘, 그것은 곧 양陽 에너지다. 때문에 주역은 홀수를 양 에너지로 본다. 그러나 둘이 만나면 서로 끌어당겨 짝이 된다. 넷은 서로 둘씩 끌어당겨 두 쌍의 짝이 된다. 때문에 주역은 짝의 숫자를 음陰 에너지로 본다.

이 세상에 존재하기 위해서는 움직이고자 하는 성질의 세계와 응축하고자 하는 성질의 세계가 동시에 있어야 한다. 움직이고자 하는 양의 성질의 세계를 주역은 눈에 보이지 않는 기류와 같다 하여 하늘天이라 칭하고, 응축하려고 하는 성질의 세계는 대지와 같다 하여 땅地

이라 칭한다. 그 중간에 끌고 미는 불균형을 통하여 변화가 일어난다. 그리고 사람의 정신력이 하늘과 같은 기류를 움직여 땅에 영향을 줄 수 있다 하여 땅과 하늘 사이에 만물의 주재자로 사람人을 두었다. 주역은 이렇게 세 가지 세계를 한 몸으로 묶어 그 몸을 괘卦라고 한다. 우리나라 태극기 네 귀퉁이에 그려져 있는 네 개의 모양이 각각 하나의 괘인 것이다. 즉 태극기는 태극을 중심으로 네 개의 괘를 방패삼아 유지한다는 뜻이다.

주역의 역易은 곧 변화한다는 뜻이다. 왜냐하면 나가고자 하는 성질과 끌어당기고자 하는 성질이 동시에 있는 한, 변화는 불가피하기 때문이다. 때문에 변화에는 〈현재에서 미래로〉가 항상 있게 마련이다. 때문에 주역은 두 개의 괘를 겹쳐서 아래로부터 위로 현재에서 미래를 분명하게 표현하였다. 우리도 어떤 형태를 척 보면 그것이 단단할 것인지 흩어질 것인지 알 수 있듯이, 그 형태가 상태를 말해 주고 있는 것이다. 두 개의 괘가 겹쳐져 있는 상태, 그것이 정확한 형태를 표현한 주역이다.

영원한 승자가 되기 위해서는 분명한 응축력을 갖추어야 한다. 분명한 응축력만이 영원할 수가 있기 때문이다. 때문에 36계는 모두가 끌어당기고 있는 여섯 개의 음 에너지로 구성되어 있다. 바로 ䷁ 이런 형태의 모습이다. 이처럼 여섯 개의 음 에너지는 모든 양 에너지를 흡수하여 응축되었기 때문에, 용수철이 튀듯 생명력을 갖는다. 그래서 주역은 이것을 대지大地라고 이름 붙였으며, 대지는 생명력을 불러일으킨다고 해석한다. 응축하려는 에너지가 확실해야, 구축할 수 있는 창조력생명력을 발휘할 수 있는 것이다. 그 생명력이 곧 계計다. 계計는 현재와 미래를 뜻하는 여섯 개의 음 에너지를 뜻하여 〈6〉이라고 표시하며, 그 〈6〉이 또 다시 여섯 개의 창조력을 갖는다 하여 6 곱하기 6은 36, 즉 〈36계〉가 탄생한 것이다.

36계는 곧 영원한 구축을 위한 창조력이 서른여섯 번의 작용과 변화를 일으킬 수 있다는 처방인 것이다. 그 중 서른여섯 번째가 곧 우리가 알고 있는 〈36계 줄행랑〉이라는 방법이다.

36계는 이상에서 밝힌 바와 같이 총 여섯 개의 상황으로 나뉘어 구성되어 있으며, 여섯 개 각 상황마다 여섯 가지 대응책으로 그 방법을 설명하고 있다. 이렇게 여섯 개의 각기 다른 상황 속에서 대응할 수 있는 여섯 가지 대응책을 합쳐서 총 서른여섯 가지 계책이 있다는 것을 설명한 것이다.

그 여섯 가지 상황은

1. 승전계勝戰計
2. 적전계敵戰計
3. 공전계攻戰計
4. 혼전계混戰計
5. 병전계併戰計
6. 패전계敗戰計

이며, 거기에 따른 대응책이 각 계마다 여섯 가지 계로 구성되어 있다.

나가는 양의 성질과 끌어당기는 음의 성질은 변화 속에서 양이 강하면 파괴하고 음이 강하면 흡수하여 서로 대응하며 변화가 일어나듯이, 이 여섯 부류도 우세優勢와 열세劣勢가 반복되는 형태로 갖추어져 있다. 승전계, 공전계, 병전계는 우세일 경우의 상황이고, 적전계, 혼전계, 패전계는 열세일 경우의 상황이다.

요컨대 36계가 주는 교훈은, 만물은 항상 변화 속에 있고, 음양의 크기에 따라 파괴력과 흡수력을 갖고 있으므로 항상 정황을 살펴 대응해야 하며, 우주의 법칙에 어긋나면 실효를 거둘 수 없다는 것이다. 살펴서 바로 알고, 자신의 욕심으로 할 것이 아니라 자연의 원칙에 부합하도록 노력하는 것, 그것이 곧 36계가 가져다주는 행운인 것이다. 이제 그 승리의 행운이 독자 여러분의 것이 되어 우주의 풍요를 모두가 누릴 수 있도록 그 세부적 대응책을 함께 살펴보도록 하자.

제1부

승전계勝戰計

충분히 이길 수 있는 조건이 갖추어진 상황에서 싸울 때 쓰는 방법이다. 그러나 나와 적 쌍방의 강약만을 염두에 두지 말고, 주도면밀한 계획과 상대를 속이는 지모를 짜내어 필승의 자세로 임해야 한다. 왜냐하면 강하다고 반드시 이기는 것은 아니며, 내가 승전계면 상대방은 또 다른 패전계가 존재하기 때문이다. 이기고 지는 것은 우주의 이치이지 결코 강하다고 이기는 것은 아니라는 점을 염두에 두고 현실에서 이기기 위한 치밀한 계산을 하여야 한다. 그러나 승전계란 당연히 이길 수 있는 유리한 상황이라는 것만은 분명하다.

먼저 이겨 놓고 싸움을 걸어라

지금부터 설명하고자 하는 제1계부터 제6계까지는 승전계勝戰計에 해당된다. 승전계가 말하고자 하는 큰 뜻은, 승리란 싸워서 구하는 것이 아니라 이미 승리할 수 있는 충분한 준비를 갖춘 뒤, 싸움을 통해 준비된 승리로 결실을 거둔다는 뜻이다.

마피아를 소재로 한 영화 대부代父God Father 1편을 보면 〈거절할 수 없는 조건〉이라는 이야기가 나온다. 상대방이 거절할 수 없도록 위협을 보여 준 뒤, 신사적으로 계약하는 장면이 곧 그것이다. 결코 상대방에게 구해서 얻어내는 것이 아니라, 이미 얻고 난 뒤에 구하는 것이다.

〈이렇게 하면 잘되겠지〉 하는 희망으로 시작하는 사람은 결코 승리할 수 없다. 어쩌다 운 좋게 될 수는 있지만, 잘돼도 결코 유지하기 힘들다. 그것은 잘되기 위한 충분한 조건을 갖출 수 있는 안목이 없기 때문이다.

때문에 36계는 단지 〈계략과 수단〉만으로는 결코 얻을 수 없는 방법이다. 그렇다고 〈그렇다면 이 비법은 평범한 우리에게는 맞지 않는 방법이군〉 하며 등을 돌릴 필요는 없다. 왜냐하면 이 비법은 곧 당신의 안목을 승리의 안목으로 올려 줄 것이기 때문이다.

제1계

만천과해瞞天過海

상대방 허점을 찾아 찔러라

만瞞자는 속일 〈만〉이다. 적이 알아차리지 못하도록 주도면밀하게 준비를 하면 상대는 못 알아채고, 같은 행위를 자주 보면 의심하지 않게 된다. 음陰은 양陽 속에 있는 것이지, 양과 대립 관계에 있는 것은 아니다. 행위陽 속에 속뜻陰이 있는 것이다.

승리자는 상황을 살펴 승리를 위한 충분한 준비를 하며, 미래의 난관을 바라본다. 승리를 모르는 자는 희망과 성공을 바라보며 성취만을 위해 계획한다. 때문에 승리자는 난관을 극복할 수 있으며, 패배자는 난관에 눈물짓고 물러나 버린다.

몇 달 동안 수영을 배운 뒤 바닷가에 서서 앞을 바라보면 섬이 아주 가까워 보인다. 그래서 〈저 정도면 몇 시간 내에 갈 수 있지 않을까〉 하고, 아무런 준비도 없이 바닷물에 뛰어든다. 그리고 불과 몇 십 분도 안 되어 그만 목숨을 잃는다.

그러나 승리자는 가겠다는 결심이 서면 먼저 그에 따른 어려움을 대비한다. 〈가깝다, 멀다〉를 느끼기 전에 어려움을 바라본다. 그리고 그 어려움을 대비할 수 있는 충분한 준비를 한 뒤 도전한다. 설사 어려움이 생긴다 하더라도, 이미 예상했던 것이므로 마음의 힘이 빠지지는 않는다. 그리고 철저한 준비를 통해 극복하여 마침내 뜻한 목적을 성취하는 것이다.

이 세상에 쉬운 일이란 결코 없다. 그렇다고 이겨 내지 못할 어려움도 결코 없다. 중간에 어려움이 생겨 본래의 뜻을 잃는다면 당신은 아직 승리할 수 있는 충분한 준비가 되어 있지 않은 사람이다. 승리자는 희망을 향해 도전하되, 그에 따르는 어려움을 대비하여 극복할 수 있는 준비도 할 수 있어야 한다.

진정한 승리는 정당성이 있어야 한다. 본 36계는 계략을 말한 것임에는 틀림없지만, 밤중에 남모르게 물건을 훔친다거나, 으슥한 골목에서 사람을 죽이는 따위의 비겁한 수단을 말하는 것은 결코 아니다. 때문에 자신의 욕심을 채우기 위한 무모한 수단과는 다르다. 왜냐하면 승리란, 상황과 조화를 이루어 그에 따른 정당성이 인정되어야만 참된 승리이기 때문이다. 남을 속여, 쓰지 못할 물건을 만들어 파는 행위 따위는 승리자가 할 장사가 아니다. 좋게 만들어 모두가 호응할 수 있을 때 돌아오는 이득이 참된 승리인 것이다. 좋은 물건을 남보다 싸게 파는 방법은 승리가 될 수 있지만, 며칠 만에 고장 날 물건을 만들어 파는 행위는 범죄인 것이다. 독자들은 이 점을 가슴 깊이 명심할 필요가 있다.

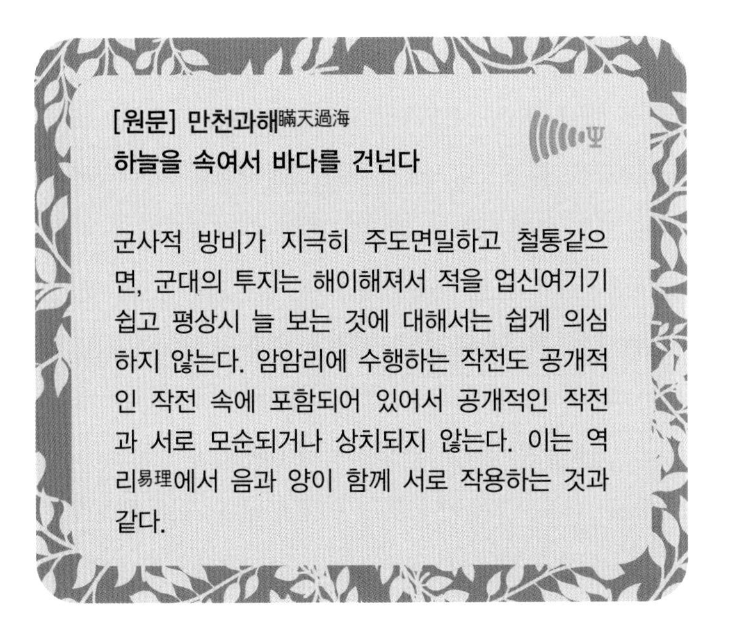

[원문] 만천과해瞞天過海

하늘을 속여서 바다를 건넌다

군사적 방비가 지극히 주도면밀하고 철통같으면, 군대의 투지는 해이해져서 적을 업신여기기 쉽고 평상시 늘 보는 것에 대해서는 쉽게 의심하지 않는다. 암암리에 수행하는 작전도 공개적인 작전 속에 포함되어 있어서 공개적인 작전과 서로 모순되거나 상치되지 않는다. 이는 역리易理에서 음과 양이 함께 서로 작용하는 것과 같다.

옛날 삼국지 시절에 공융孔融이 적에게 포위되었을 때, 공융은 포위망을 돌파하여 원병을 청하려 했지만 적의 포위망을 뚫을 수가 없었다. 그때 태사자太史慈는 공융을 위로하며, 너무 걱정하지 말라고 하면서, 자기가 포위망을 뚫고 원병을 데리고 오겠다고 했다. 공융은 태사자의 자신 있는 눈빛을 바라보며 그에게 그 책임을 맡겼다.

태사자는 채찍과 활을 챙긴 뒤 과녁을 두 병사에게 들려 성문을 열고 밖으로 나갔다. 성 안에 있는 다른 군사나 성 밖에 있는 적병들이 태사자가 나오는 것을 보고 모두 깜짝 놀랐으나, 태사자는 말을 끌고 성 가까이에 있는 참호 속에 들어가 과녁을 향해 활쏘기 연습을 시작했다. 그리고 연습이 끝나자 다시 성 안으로 돌아왔다. 다음 날도, 또 다음 날도 이렇게 활쏘기 연습을 거듭했다. 그러자 성 밖에 있는 적병들 중에는 구경하는 자도 있고, 드러누워 잠을 자는 자도 있었다.

사흘, 나흘, 그는 변함없이 이렇게 활쏘기를 계속했는데, 일주일쯤 되자 적은 이제 아무런 관심조차 갖지 않게 되었다. 그때였다. 태사자는 재빨리 밥을 먹어 배를 채우고 길을 떠날 채비를 했다. 그리고는 갑자기 말 위에 올라 채찍을 휘두르며 비호처럼 적의 포위망을 뚫었다. 적들이 〈속았구나〉 하고 손을 쓰려 했으나 그는 이미 멀리 떠나가 버린 후였다.

〈하늘을 속여 바다를 건넌다〉. 이것이 곧 제1계인 것이다.

1570년 여름, 일본의 시바다가 사사끼에게 공략되어 요오미의 장광사長光寺에서 농성했을 때, 수원水源을 봉쇄당해 물이 없어 굉장히 고통을 겪고 있었다. 이때 사사끼 군軍의 히라이가 찾아왔다. 시바다는 〈성안의 형편을 살피러 왔구나〉 생각하면서도 모른 체하고, 히라이가 청한 대로 물을 대야 가득히 채워다가 그 앞에 내놓았다. 그리고 히라이가 손을 씻고 나자 그 물을 아낌없이 들에다 뿌려 버렸다.

이와 같은 히라이의 보고를 들은 사사끼는 〈어디서 물이 나올까〉 하면서, 모처럼 준비했던 총공격 태세를 풀어 버렸다. 그때를 놓칠세라 시바다 군사는 물밀듯이 반격에 나섰다. 허를 찔린 사사끼 군사는 어안이 벙벙하여 어찌할 바를 몰라하다가 끝내 시바다 군사의 탈출을

허용하고 말았다.

사실 성 안에는 물이 없었다. 때마침 한여름이라 장병들은 지독한 갈증을 참을 수가 없었다. 그런데 뜻밖에 시바다는 히라이 군사가 돌아가자, 남아 있는 물을 모두 가져오라고 명하고, 가져온 물독을 깨고 나머지 물을 전부 쏟아 버린 것이다. 〈이제 한 방울의 물도 없다〉라고 선언된 상황에서 장병들은 필사적으로 성을 뛰쳐나가 출격했던 것이다. 〈방심〉과 〈필사〉. 승부의 결과는 이미 결정되어 버린 것이다.

옛날 마케도니아의 알렉산더 대왕은 불과 2만 명의 군대로 페르시아의 사십만 대군과 싸워 이겼다. 그의 전략은, 수십만 대군을 상대로 싸우는 것이 아니라 적의 왕을 향해 돌진해 나가는 것이었다. 왕을 잃은 병사는 싸울 필요가 없어지기 때문이다.

또한 강한 물살이 있는 강이나, 사람이 다닐 수 없다는 사막을 횡단하여 승리를 거두었다. 그것은 적이 믿고 있는 허점을 이용하여 마음의 사기를 저하시키는 방법이다.

그대가 가진 것이 많다고 자만하면 그 자만이 곧 허가 되고, 없다고 움츠리면 없는 것이 곧 허가 된다. 마음과 현실은 묘한 작용이 있어서 달이 차면 기울듯, 마음속에 가진 것이 많다고 자만하면 현실은 가난해지고, 또 마음이 가질 수 없다고 움츠리면 그 또한 현실이 가난해진다. 마음과 현실은 아프락사스인 것이다. 그러므로 가진 것이 많아도 마음은 항상 비워 〈많다는 자만〉을 항상 경계하라. 그리고 희망만 바라보지 말고, 그에 따르는 고난도 바라보고 대비하라.

고난, 어려움, 실패, 난관 이 모든 것들은 무언가 우주가 원하는 것을 실행하지 않았기 때문에 현실에 나타난 우주의 법칙이다. 단 것을 많이 먹으면 우주는 이빨을 썩게 만든다. 사람의 심정과는 아무 상관없이 단 것을 많이 먹으면 그 먹는다는 행실 때문에 우주는 이빨을 썩도록 하는 것이다. 이렇게 사람이 한 행동의 대가를 우주로부터 받는 우주의 기운을 코스모스센타는 〈우주법宇宙法〉이라고 한다. 차후에 〈다가올 어려움을 대비한다〉라든가 〈받을 고난을 미리 대처하여 준비한다〉는 등의 어렵고 힘든 난관이나 실패는 이렇게 인간의 입장에서는 잘 보이지 않으나 결과적으로 오는 우주의 법칙을 뜻하는 것임을 기억하라.

마음의 준비가 분명하면 여유가 생긴다. 어려운 처지에 가슴 조이며 살 길을 구걸하면 길이 열리지 않는다. 항상 빈손으로 시작한다는 마음의 각오를 가져라. 가진 것이 있다고 믿는 순간 길을 잃는다. 사업도 마찬가지다. 돈을 벌어도 마음은 항상 비어 있어야 한다. 마음이 돈으로 가득 차는 순간 그 돈은 빠져나갈 것이다. 차면 기울듯이!

〈곤란이 없음은 미리 대비했기 때문이다〉. 항상 난관을 생각하며 길을 가라. 난관을 미리 생각할 줄 아는 자가 마음의 여유를 갖는다. 마음의 여유를 잃지 말라. 훌륭한 장수는 얼굴에 어려운 빛이 없어야 한다. 어려운 빛이 없기 위해서는 마음의 힘이 갖추어져 있어야 한다. 마음의 힘이 갖추어졌을 때, 그 힘은 난관을 읽을 수 있다. 그리고 그 난관에 대비할 수 있다.

그것이 승리를 위한 승전계勝戰計의 제1보인 것이다.

제2계

위위구조圍魏救趙

적을 분산시켜 놓고 쳐라

위나라를 포위하여 조나라를 구한다. 적을 공격하는 것은 분산시키느니만 못하고, 공개적으로 공격하는 것은 비밀리에 공격하느니만 못하다. 그러므로 적을 치려거든 먼저 적의 안정을 깨뜨려라.

뭉친 힘이 강하면 넘어뜨리기가 힘들다. 때문에 집중된 강한 힘은 분산시켜, 틈을 만들어 치는 것이 쉽다. 상대가 100명이고 이쪽이 30명일 때는, 상대를 20명씩 다섯으로 갈라놓는 것이 좋다. 그러면 30명이 20명을 공격하는 셈이 된다. 이쪽 수가 많고 적의 수는 적으니, 많은 수로 적은 수를 치면 힘이 된다. 그러나 문제는 〈어떻게 적을 분산시키는가〉 하는 것이다.

싸울 태세가 갖추어진 적을 무찌른다는 것은 매우 힘이 든다. 때문에 집중되어 있는 상대는 교란을 시켜 정신을 분산시켜야 한다. 만약 이쪽이 상대보다 재력이나 군사력에서 2배가 넘는다면 둘로 갈라서서 전후좌우에서 징을 치고 함성을 질러 상대를 교란시킨 후 돌격하면 된다.

〈그 사중師衆을 갈라, 사람들이 미망迷茫당황하여 어찌할 바

를 모름하면 반드시 망한다.〉

이것은 관자管子의 말이다.

그러나 이쪽의 세력이 적보다 적은 경우에는 둘로 나누어 징을 치거나 해서는 안 된다. 반격을 당하면 오히려 크게 패하기 십상이기 때문이다. 만약 이쪽이 상대보다 세력이 약할 때는 직접 맞붙어 싸우려 하지 말라. 정면 대결은 어리석은 일이다. 이럴 때는 상대의 약점을 찔러 간접적으로 이겨야 한다.

〈먼저 아끼는 곳을 빼앗으면 아무리 중적衆敵이라도 우리 요구를 듣지 않을 수 없다.〉

이 말은 손자孫子가 한 말이다. 아끼는 곳이란 빼앗기면 아픈 곳, 곧 급소를 말하는 것이다. 적군이 쳐들어올 때 맞붙어 싸우기보다는 차라리 적의 성을 공격하여 함락시킨다거나, 적진의 식수 및 식량을 차단시키는 경우, 아니면 중요한 사람을 인질로 잡아 두는 경우가 모두 여기에 속한다.

맞붙어 싸울 때 승리하기 유리한 것은, 안정된 자세로

기다렸다가 허겁지겁 정신을 못 차릴 때 공격하는 것이다. 심신이 안정되어 싸울 태세로 있는 적은 무너뜨리기 힘들다. 때문에 느닷없이 적의 급소를 쳐, 경황없이 달려오는 적을 맞이하여 싸우라는 이야기다.

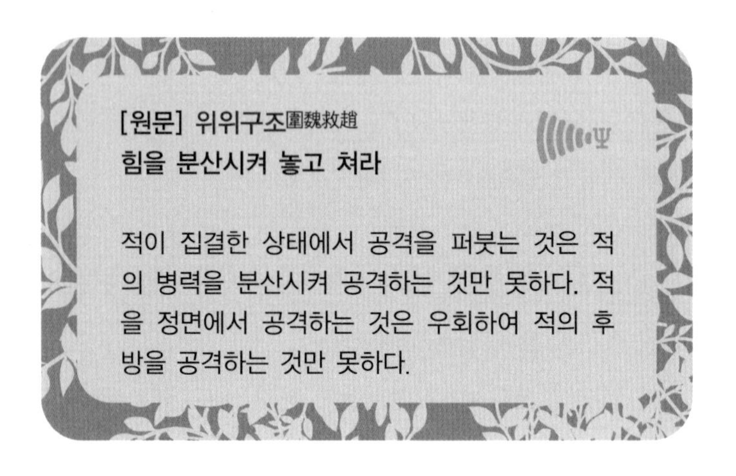

[원문] 위위구조圍魏救趙
힘을 분산시켜 놓고 쳐라

적이 집결한 상태에서 공격을 퍼붓는 것은 적의 병력을 분산시켜 공격하는 것만 못하다. 적을 정면에서 공격하는 것은 우회하여 적의 후방을 공격하는 것만 못하다.

위위구조圍魏救趙란, 위나라 군사를 포위하여 조나라 군사를 돕는다는 뜻인데, 그 내력은 다음과 같다.

기원전 341년, 위나라가 조나라를 공략, 서울인 한단을 포위했다. 조나라가 제나라 왕에게 구원을 요청해 왔으므로 제나라 왕은 전기田忌를 사령관으로 하고, 손자孫

子의 손자인 손빈을 군사軍師로 임명하여 구원병을 보냈다.

당시 사령관 전기는 조나라의 고통을 덜어주기 위해 군사를 이끌고 한단으로 가려고 생각했었다. 그러자 손빈이 다음과 같이 제안했다.

〈위나라 정예부대는 모두 포위된 한단으로 투입되고 국내는 텅텅 비었다. 그러니 위나라의 서울인 대량大梁을 공격해야 한다. 이렇게 하면 조나라의 어려움을 풀어줄 뿐 아니라 위나라 군사를 지치게 할 수가 있다.〉

전기는 손빈의 책략을 받아들여 군사를 이끌고 그 길로 대량을 공격했다. 그러자 과연 위나라 군사는 조나라의 공격 부대를 철수, 밤을 새워 가며 대량을 구원하러 되돌아왔다. 마릉까지 왔을 때, 제나라 군대는 길목 좋은 곳에 충분히 휴식하고 기다렸다가, 허겁지겁 달려오는 위나라 군사를 맞이하여 일격에 무찔렀다. 그 때문에 위나라 군대는 대패하고, 위와 조 두 나라 모두 전군이 괴멸되었다.

위위구조의 계, 이것은 이렇게 적의 정예부대를 다른

곳에다 못 박아 놓고 그 틈을 타 적국으로 쳐들어가서, 적이 당황하여 우왕좌왕할 때 공격하여 적을 괴멸시켰다는 손빈의 병법에 근거하여 탄생되었다.

싸움은 물을 다루는 것과 같다. 흉포한 적에 대해서는 물을 끌어오듯, 그 총부리를 피해 분산하기를 기다렸다가 공격하도록 해야 한다. 약한 적에 대해서는, 제방을 쌓아 물을 막듯, 약점을 파악하여 그것만 없애 버리면 된다.

그래서 제나라가 조나라를 도왔을 때 손빈은 사령관 전기에게 다음과 같이 말했던 것이다.

〈헝클어진 실을 풀려면 억지로 잡아당기면 안 된다. 이와 같이, 어려운 분쟁을 해결하려면 이쪽이 그 싸움에 말려들어서는 안 된다. 요소를 찌르고 허를 찔러 상대의 방비나 세력을 깨 버리면 자연히 해결할 수가 있는 것이다.〉

집중한 적을 치기보다는 적을 분산시켜 놓고 치는 편이 좋다. 먼저 공격을 하는 것보다는 나중에 제압하는 편이 수월하다. 이상에서 보는 바와 같이, 경쟁 사회에서는 영원한 강자가 존재할 수가 없다. 강한 것은, 모계謀計로써 분산시키고 혼란을 조장시키면 언제든지 패배시킬 수 있기 때문이다.

사회가 점점 복잡해지고 사업이 점점 확장될수록 삶은 도리어 단순해져야만 한다. 복잡한 관계, 복잡한 업무 등은 엉킨 실처럼 해결하기 힘이 든다. 이기기 위한 〈위위구조〉가 문제가 아니라, 〈위위구조〉에 의해 멸망이 되지 않도록 단순해져야 한다.

자전거 바퀴살은 사방팔방으로 복잡해 보여도 결국 하나의 굴렁쇠로서 단순해져 있다. 굴렁쇠가 없이 바퀴살만 있다면 그것은 도리어 자신을 해치게 될 것이다.

그대, 복잡한 업무를 보존키 위해서는 항상 단순한 상태로, 마음을 분산시키지 않도록 철저한 경영을 마련해 나아가야 한다.

혼란하면 자신을 잃게 되고, 허겁지겁 서두르면 급격한 사고가 초래될 수 있다는 것을 잊지 말아야 한다.

그리고 진정 그대가 승리하기 위해서라면 상대로 하여금 당황하게 만들고, 마음의 힘이 집중되지 못하게 분산시키고, 차분히 기다려 징벌하도록 하라.

어려운 문제가 닥쳤다 하여 그 위압감에 마음의 평정을 잃지 말라. 강한 물줄기는 곧 분산되어 갈라설 것이며, 아무리 감당할 수 없는 위압감이라 하더라도 상대의 허점은 항상 있는 것이다.

상대가 가장 자신있어하는 곳, 그곳에 허점의 비밀이 있다는 것을 기억하라.

그리고 그대 자신을 믿지도 말라. 왜냐하면 그대의 힘과 위력이 곧 그대를 꼼짝 못하게 하는 그대의 급소이기 때문이다.

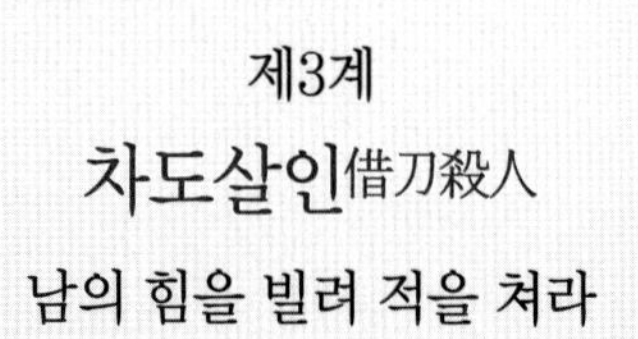

제3계
차도살인借刀殺人
남의 힘을 빌려 적을 쳐라

남의 칼로 사람을 해친다. 적은 분명한데 동맹국의 태도가 모호할 때는 자신의 힘을 쓰지 않고 동맹국의 힘을 빌려 적을 친다. 이득에 사로잡히면 위계에 넘어 가는 것이다.

본 36계는 엄격히 말해, 승리를 위한 〈힘의 법칙〉을 근거로 한 것이지만, 이 법칙의 작용에 걸리는 것은 자신의 이득에 사로잡히기 때문이다.

뭔가 열중해 있는 사람은 태풍과 같은 강풍이 아닌 다음에야, 바람이 흐르는 것을 미처 느낄 수가 없다. 마찬가지로, 자기 이득에 눈이 어두워지면, 벌어지는 상황이 위계僞計에 의한 것인지 사실인지를 분간할 수가 없다. 때문에 모든 위계로부터 벗어나고, 또 위계를 사용할 수 있는 능력이 갖추어지기 위해서는 먼저 무욕無慾우주심을 터득하지 않으면 안 된다. 우주심은 코스모스센타 용어로, 뻗어나가는 마음을 말한다. 그래서 우주심은 항상 앞을 살필 수 있다. 반대로 끌어당겨 뭉쳐진 마음은 자아ego라고 하며, 자아가 욕심에 사로잡혀 있으면 앞을 살피지 못하고 유혹에 빠져 결국 36계에 걸려드는 것이다.

〈어떨 때 36계의 어느 항목을 사용해야 하는가〉 하는 선택의 비결은 곧 무욕이다. 만약 우주심을 얻지 못하면, 욕심 때문에 오히려 본인이 위계에 걸려들게 되며, 설사 위계를 사용한다 하더라도 상대로부터 도리어 또 다른 위계에 걸려들게 된다. 뭉쳐서 커지면 보인다. 마음도 욕심으로 가득하면 들키는 것이다. 〈욕심 아닌 정의가 이긴다〉느니, 〈자기 욕심만 채우는 나쁜 놈은 오래 가지 못한다〉느니 하는 소리가 바로 그 때문이다.

때문에 본 36계나 그 밖의 모든 병법서들이 협잡꾼이나 알량한 사기꾼으로서는 터득하기 힘든 신비의 책처럼 보이는 것이다. 물론 위계라도 사용하여 이기려는 마음조차 없는 바보는 협잡꾼의 위계에 걸려들 수 있지만, 우주심을 터득한 자는, 욕심에 사로잡혀 열중하지 않기 때문에 협잡꾼의 위계를 바람 보듯이 바라보고 그 움직임을 이용하여 위계를 쓰는 것이다. 때문에 무욕자는 바보처럼 보일 수 있다. 하지만 바보와 다른 점은, 바보는 움직일 줄조차 모르지만, 무욕자는 움직이지 않으나 움직임 속에서 기회를 포착할 수 있는 능력을 갖춘 자인 것이다.

만약 그대가 진정 36계를 수족 움직이듯 자유롭게 구사하길 바란다면 먼저 그대의 욕심에 자신이 빠져들지 말라. 그래서 마음이 진정 여유롭다면 그것이야말로 바로 진정한 여유인 것이다. 그리고 그 진정한 여유를 통해서라야 잽싼 몸놀림을 취할 수 있다.

욕심을 통해 얻은 재산은 곧 짐이 될 수도 있고, 또 자신을 잃게 되는 위험물일 수도 있다. 잃어버린 재산을 생각하며 사는 힘을 잃은 사람은 차라리 재산이 없는 것만 못하다. 그러나 여유의 폭이 큰 사람은 결코 재산을 잃게 놔두지도 않을뿐더러, 설사 어쩔 수 없는 상황 속에 잃어야 할 경우가 있더라도 또다시 일구어낼 수가 있다. 내 것이 없으면 남의 것을 통해서라도 내 것처럼 사용하여 뜻을 이룰 것이다.

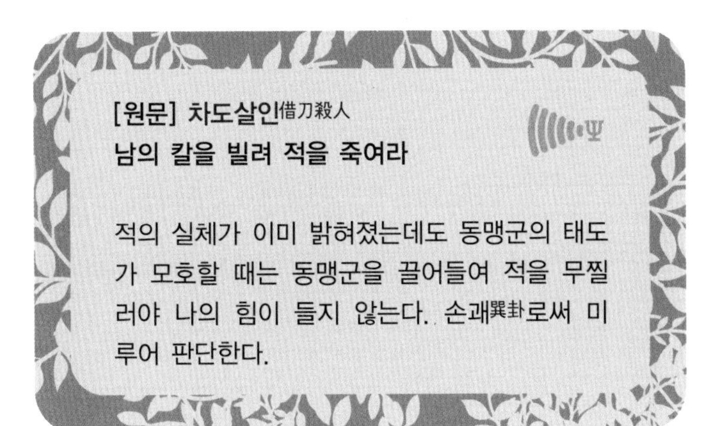

[원문] 차도살인借刀殺人
남의 칼을 빌려 적을 죽여라

적의 실체가 이미 밝혀졌는데도 동맹군의 태도가 모호할 때는 동맹군을 끌어들여 적을 무찔러야 나의 힘이 들지 않는다. 손괘巽卦로써 미루어 판단한다.

고대 병법서를 살펴보면, 동맹국이나 남으로부터 원조를 바라는 것은 하책下策이고, 적으로부터 적의 힘, 적의 경제력, 적의 지모智謀 등을 교묘히 빌려서 적을 붕괴로 몰고 가는 것을 최상으로 하고 있다. 싸울 힘이 없다고 해서 주저앉는 것이 아니라, 오히려 힘 있는 상대의 힘을 통해 상대를 붕괴시키는 것이다. 차도살인이라 함은 곧 남의 칼을 빌려 적을 죽인다는 뜻이다.

이 방법을 사용하기 위한 필수조건은 여유다. 만약 여유가 없다면 당신은 강한 적을 보는 순간, 싸우기도 전에 먼저 마음이 패하여 도망치다 뒤통수를 맞는 격이 될 것이다. 여유는 비록 갖춘 힘이 없다 하더라도 이길 수 있다는 강한 마음의 힘이 있어야 하는 것이다.

힘에 겨우면 적의 힘을 빌려 쓰고, 죽이기 어려우면 적의 칼을 빌려 적을 찌르라. 돈이 없으면 적의 돈을 빌리고, 물건이 없으면 적의 물건을 빌려 쓰고, 장수가 적으면 적의 장수까지 빌려 쓰라. 만약 지모가 모자라면 적의 지모조차 빌려 쓰라. 이것이 곧 차도살인이다.

내가 하고자 하는 것을, 적을 유혹하여 그로 하여금 하게 하면 이것이 곧 적의 힘을 빌린 것이며, 내가 죽이고자 하면, 죽이고자 하는 자를 적으로 하여금 죽이게끔 하는 것, 이것이 곧 적의 칼을 빌린 것이다. 심지어는 적으로 하여금 적을 빌리게 하고, 적이 빌린 것마저 빌리고, 적이 모르는 사이에 나를 위해 빌리게 하고, 적이 알고도 나를 위해 빌리지 않으면 안 되게 하는 것, 이것이 곧 차법借法빌려 씀의 교묘함인 것이다.

태평양 전쟁 중, 중국 군대에서는 싸움이 불리해지자

일본군에게 투항하는 자가 적지 않았다. 그 중 중요한 직책에 있던 간부급이 적측에 넘어간다면 비밀이 누설되어 적은 대활약을 시작하게 된다. 그때 중국에서는 무선으로 다음과 같은 명령을 전파를 통해 지시했다.

〈구국 용사 OO가 신명을 바쳐 적지에 뛰어들었다.〉

물론 그것은 암호 무선이었지만, 일본군이 충분히 해독할 수 있다는 것을 알고 보낸 말이다.

또 때로는 〈반역자 OO가 도망쳤다. 일본군 점령 지구에 잠입해 있는 게릴라는 그를 죽여라〉 하고 지시했다.

요컨대, 그들의 무선이 반역자라고 욕을 한 사람은 스파이이고, 구국용사라고 칭찬한 사람은 도망자다. 갖고 있는 정보를 일본군에게 이용당하지 않도록 도망자를 없애려고 칭찬한 것이다. 내가 죽일 도망자를 적의 손과 적의 칼로써 죽일 수 있도록 한 것이다.

결국 차도살인이란 이간모략이다. 이런 뻔한 책략에 말려들 사람이 어디 있겠느냐고 생각되지만, 우리 주위에서 의외로 많이 벌어지는 일이다. 그것은, 인간끼리의 심리에는 욕심으로 인한 갈등이 존재하기 때문이다.

대세가 크게 바뀌면, 이제까지 주역이던 사람이 한쪽으로 밀려난다. 그래서 밀려난 사람은 불만을 갖게 되고 질투심을 일으킨다. 자신의 과거의 공적과 새로 오른 주역의 과거를 비교해 보고 화를 내는 것이다. 따라서 변혁기에는 아무래도 파벌 항쟁이 생기게 마련이다. 거기를 이간모략이 노리게 되는 것이다.

국가나 사회도 마찬가지다. 할 줄 아는 자와 못하는 자, 동향인 자와 아닌 자, 국제 활동을 경험한 자와 못한 자, 잘사는 자와 못사는 자, 이것이 사회의 팀워크를 문란하게 한다. 리더는 물론 이것을 조정해야 하지만 그보다도 모두가 잘될 수 있도록 가르쳐야 한다.

무욕無慾을 통해 정진하는 것, 그것은 해보면 결코 어려운 것이 아니다.

옛날 중국의 주나라 때 창타昌他라는 사람이 있었다. 창타는 서주西周 사람으로서, 적국 동주에 스카우트되어

서주를 도망쳤다. 서주는 창타로 하여금 동주에 내정을 폭로 당할 형편에 놓인 것이다. 이것을 알게 된 서주에서는 사람을 시켜, 창타에게 금덩이를 전해 주라고 밀사를 보냈다. 그 금덩이 속에는 〈성공할 것 같지 않으면 이 금덩이로 매수하여 도망쳐 오라〉는 편지가 들어 있었다.

그리고 또 따로 사람을 보내어, 동주의 관리에게 〈수상한 밀사가 창타에게로 간다〉라고 밀고하게 했다. 기다리고 있다가 그 밀사를 체포한 동주 정부는 창타를 서주의 스파이로 알고 죽여 버렸다. 서주에서는 마치 창타가 스파이로 위장하여 동주에 스며드는 것처럼 보이게 하기 위하여 밀사로 하여금 서주의 지시를 받는 사람으로 보이게 했던 것이다.

정鄭나라의 환공桓公은 회나라를 치려 했다. 그러나 회나라는 호걸, 충신, 재사才士, 명장 들로 만만치 않았다. 그래서 먼저 그들의 명단을 알아냈다. 그리고는 좋은 토지를 주고 이러이러한 벼슬을 주겠다는 약속을 한 서류를 만들어 그것을 회나라 성문 밖에 제단을 만들어 묻고, 그 위에 닭과 돼지의 피를 쏟아, 맹세라도 한 것처럼 위장해 놓았다.

얼마 후 회나라 왕은 틀림없이 내통자가 있을 것으로 알고 조사해 본 결과, 비밀리에 만들어 놓은 제단을 발견하고 그들 모두를 죽여 버렸다. 정나라의 환공은 이 틈을 타, 회나라를 쳐서 빼앗아 버렸다.

다음은 손 하나 안 쓰고 네 나라를 물리친 이야기다.

자공子貢은 춘추전국 시대의 위나라 사람으로서, 공자의 제자로 유명하다. 공자는 제나라 군사가 문하汶河를 거쳐 대거 노나라를 공략하려 했을 때, 노나라를 돕기 위해 자공을 특파하여 여러 나라로 유세시켰다.

자공은 공자의 명을 받들고 우선 제나라의 중요한 장수를 설득하여, 노나라 공격을 오吳나라 정벌로 옮기도록 계획을 변경시켰다. 그리고 그 날로 밤을 새워 오나라로 가서 오나라 임금에게, 군사를 일으켜 노나라를 돕고 제나라를 치도록 설득했다.

오나라와 제나라가 싸움을 시작하자 자공은 곧 진晋나라로 달려가, 전쟁 준비를 하여 오나라 공격을 막으라고

권했다. 나중에 진나라와 오나라가 교전하고, 진나라는 오나라를 격파하였다. 또, 월越나라로 가서 제나라를 치게 하였다. 이렇게 10년 내내 자공의 힘으로 네 나라 세력이 서로 다투다 모두 망했다.

뜻하지 않은 일로 어이없는 상황이 벌어졌을 때, 그때는 차도살인의 위계에 걸려들지 않았는지 점검해 보아야 한다. 만약 뜻하지 않은 상황에 말려들었다면 그대는 자신의 욕망의 종이 되어, 부는 바람을 느끼지 못했기 때문이다.

부는 바람을 느끼기 위한 승리자의 길, 그것은 열심히 하되 열중하고 있는 자신에게 사로잡히지 말아야 한다. 사로잡히지 않는 여유, 그것은 욕망에 자신을 잃지 않는 무욕無慾을 터득해야만 가능하다는 사실을 잊어서는 안 된다. 마치 자공처럼. 이와 같이 자기 욕심이 없는 무욕을 우주심宇宙心이라 한다.

제4계
이일대로以逸待勞
주도권을 잡아라

쉬다가 피로에 지친 적과 싸운다. 적의 힘을 약화시키는 방법은 꼭 싸움만으로 되는 것은 아니다. 한가로이 자신의 역량을 길렀다가 곤경에 처한 적을 공격하라. 효과적인 방어는 강한 자를 약하게 만들고 약한 자를 강하게 만든다. 그러므로 먼저 분명한 중심을 터득하라.

한자어에 보면 충성忠誠이란 말이 있다. 충忠이란, 마음의 중심 혹은 중심을 향한 마음이란 뜻이다. 따라서 충성이란, 마음의 중심으로부터 우러나오는 정성, 혹은 단체나 국가 따위의 중심을 향한 정성스러운 성의誠意라는 뜻이다.

땅 중심에 굳건하게 뿌리내린 나무가 높이 치솟을 수 있으며, 중심에 확고부동하게 매달려 있는 추가 강하게 원심력을 그리며 작동할 수 있다. 이렇듯 우리 개개인의 생각이나 행동도 마음의 중심에서 우러나오는 것과 그렇지 못한 것이 있다.

언뜻 생각하기에는, 매사에 신중히 생각하고 고민하는 행위가 중심에서 우러나오는 판단처럼 생각되기도 하지만, 사실은 그렇지 않은 경우가 대부분이다.

난관에 부딪혔을 때 도망치고 싶은 마음은 중심이 아니다. 더 이상 지탱할 수 없다고 포기할 때, 그 판단은 중심이 아니다. 왜냐하면 중심은 난관과 고난을 받아들일 뿐, 피하지 않기 때문이다. 아니, 중심은 피하려 해도 피할 수가 없다. 피한다는 행위는, 중심을 안고 도망치는 행동이기 때문이다.

난관을 뒤로 하고 도망칠 때, 중심은 난관이라는 장벽에게 그 주도권을 잃어버린다. 중심은 난관을 받아들인다. 그리하여 그 난관을 풀어 가는 해결사가 되는 것이다. 그것이 중심이 갖고 있는 주권 행사이기 때문이다.

개인적으로 불행이 찾아올 수 있듯이, 회사나 단체 혹은 사회나 국가에도 예기치 않은 난관이 찾아올 수 있다. 그와 같은 불행한 시기에 자기 한 몸을 위해 회사를 그만두고 국가를 떠난다면, 그 회사, 그 나라의 중심은 주권을 잃게 된다. 그렇게 되면 결국 그런 회사나 나라는 잘될 수가 없는 것이다. 여기서 우리는, 어려움을 극복하는 것이 곧 번영과 발전임을 이해할 수 있다. 그 어려움 속에서 중심을 향해 모두가 단결한다면, 난관은 정복되고 불행은 행복의 발판이 되어 도리어 도약을 하는 것이다. 이것이 충성이다. 분명한 중심을 터득하는 것! 그것은 곧 승리의 주도권이기 때문이다.

성공! 그것은 어려움 속에서 주권을 잃지 않았을 때 그 주권이 차지하는 영광인 것이다.

마음의 중심은 온정에 넘치는 자애로운 모습이기보다는, 어딘가 차가운 듯한 냉정한 모습처럼 보인다. 그리하여 마음의 중심은 넘어진 아이를 일으켜 세우기보다는, 스스로 일어설 수 있도록 호되게 야단치는 것이다. 그렇다고 자기 이익만을 위한 이기적인 냉정함은 결코 올바른 중심이 아니다. 왜냐하면 이기심은 만물과 교류하는 사랑이 없기 때문에 모든 만물로 하여금 똑같은 이기심을 발동시켜, 모두가 주권 행사를 하도록 자극시키기 때문이다.

그러나 냉정하고 엄격한 모습처럼 보이지만, 적과 상대마저 사랑하고 만물을 사랑한다면 적과 상대의 주도권은 그 마음의 중심 쪽으로 흡수되어 버린다. 넘어져 우는 아이의 울음을 그치게 할 수 있는 것이다. 그리고 호되게 야단치는 마음의 중심이 요구하는 대로 아이는 스스로 일어서게 되는 것이다.

난관과 어려운 장벽도 그 나름대로 주권을 행사하는 힘을 갖고 있다. 그 힘을 흡수하지 않는다면 그 장벽은 해결할 수 없는 것이다.

만약에 상대가 혹은 적이, 그리고 장애와 난관이 중심을 향해 강하게 뭉쳐져 있다면, 먼저 그 뭉쳐진 힘을 느슨하게 풀어 놓도록 하라. 헝클어진 실 뭉치를 한 칼에 치는 행위는 미련한 짓이다. 그 뭉쳐진 실올을 하나하나 풀어 가라. 그리하면 그 실 뭉치는 그만 중심을 잃고, 풀려는 마음의 중심은 승리를 얻을 것이다.

뭉쳐진 힘과는 정면 대결을 하지 말라. 단결된 상대는 먼저 그 단결을 흩트려라. 그리하면 싸움의 주도권은 자연히 내 것이 될 것이다. 상대의 중심이 흩어져 곤경에 빠지면 승리의 주도권은 당연히 쥐고 있는 나에게 있는 것이다. 주도권과 주도권이 싸우는 행위는 피하라. 그리고 항상 그 주도권을 잃지 않도록 경계를 분명히 하라. 이것이 승리의 필수적인 요소이기 때문이다.

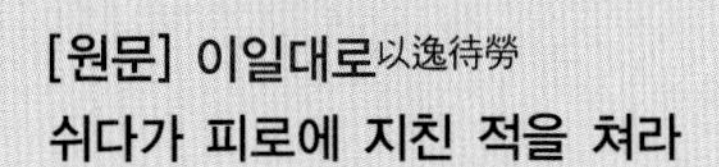

[원문] 이일대로以逸待勞

쉬다가 피로에 지친 적을 쳐라

적이 곤경에 처하도록 하되 직접 공격하여 적을 곤경에 빠뜨리는 방법은 쓰지 않는다.
쉬다가 적이 피곤에 지칠 때, 그때 쳐라. 이는 손괘巽卦로써 미루어 판단하면 계책이 나온다.

적을 무찌르기 위해서는 꼭 공격하는 것만이 상책은 아니다. 강적을 지치게 하여 그 세력을 누그러뜨리는 것이 중요하다. 그리하면 이쪽은 열세로부터 우세로 바뀔 수가 있는 것이다.

중심을 향해 뭉쳐진 힘이 약한 자가 강한 자를 먼저 공격했다고 이길 수는 없다. 도리어 그것은 바위에 계란 던지기 식으로 무모한 짓이다.

사람들 중에는 남들이 땅을 사 놓으면 부자가 된다는 말을 듣고 있는 돈을 다 털어 땅을 사 두는 사람이 있다. 그러나 땅은 가졌으되 흙을 퍼 먹고 살 수만은 없어서,

다시, 집을 지어 팔면 더 큰 부자가 될 수 있다는 말을 듣고 집 짓는 일을 하다가 분양이 잘 안 되어 폭삭 망한 경우가 있다.

땅은 사자마자 그렇게 금방 오르는 것이 아니다. 설사 올랐다 하더라도 처음에는 실수요자를 만나기가 쉽지 않다. 대체로 그런 사람들은 팔자마자 땅값이 엄청나게 뛰었다고 푸념하게 된다. 즉 오를 수 있는 기회를 기다리지 못한 것이다. 마음의 중심이 확고한 사람은 밥을 짓기 위해 쌀과 물, 그리고 솥과 불을 준비한 뒤 밥이 되도록 기다린다. 그러나 중심에서 행동하지 않는 사람은 쌀에다 물을 붓고, 빨리 밥을 하기 위해 석유를 뿌린 다음, 용광로처럼 뜨거운 곳에 집어넣는다. 그러나 그렇게 한다고 밥이 일찍 되는 것은 아니다.

주도권은 사랑을 통해 끌어들이는 힘을 갖추어야 하는데, 섣부른 행동은 스스로 주도권을 포기하는 행동과 같은 것이다.

이일대로以逸待勞! 그것은 중심이 확고한 자가 중심이

흩어진 상대를 기다린다는 뜻이다. 다시 말하면, 편안한 상태로 고통스러운 상대를 기다린다는 뜻이다. 적의 중심을 흐트러뜨리는 것, 그것이 곧 이일대로인 것이다.

옛날에 손자는 다음과 같이 말했다.

〈멀리 전장에 나가 적을 기다리고 있으면 쉬운 싸움을 할 수 있으나, 뒤늦게 나가 허둥지둥 응전을 하게 되면 힘든 싸움이 되는 것이다. 그러므로 승자는 교묘히 적을 섬멸할지언정, 적에게 당하는 일이 없다.〉

손자의 이 말은 전쟁의 주도권을 잡기 위한 전술이다. 주도권은 적은 수로 많은 수를 견제할 수 있으며, 불변不變을 써서 변變에 대처할 수 있으며, 소변小變을 써서 대변大變에 대처할 수 있으며, 소동小動으로써 대동大動에 대처할 수 있다. 그럼으로 중추中樞가 되어, 즉 주도권을 손 안에 넣어 주위의 정세와 발전을 견제하는 것이다.

그래서 36계는 말한다. 〈생존에 있어서 먼저 주도권을 잡는 것이 첫째이고, 그럼으로써 자연히 이쪽은 일逸편안해진다〉라고.

닥쳐올 어려움을 위해 저축을 하는 것도 역시 어려운 상황에서 주도권을 지키기 위해서다. 그러므로 주도권을 아는 자는 사업이 잘될 때 도리어 불안하여 저축하고, 남들이 불황일 때 편할 수가 있는 것이다. 그러나 사업이 좀 잘된다고 하여 흥청망청 놀기에 바쁘고 큰 소리치는 사람은 불황이 찾아오기 전에 먼저 불황에 앞장서는 멸망을 면치 못한다.

손자는 〈싸움을 잘하는 자는 사람을 다스리지, 사람에게 다스림을 받지 않는다〉라고 주장하고 있다. 묻는 말에 꼬박꼬박 정직하게 대답하는 사람은 사람의 속을 읽을 줄 모르는 바보이다. 중심이 분명한 자는 결코 사람과 이야기하되 대화에 말려들지 않는다. 왜냐하면 인간의 언어란, 일종의 주도권의 행사이기 때문이다.

이토록 승패는 주도권에 의해 좌우되며, 주도권은 곧 〈성공의 씨앗〉과 같은 것이다. 그리하여 역대 모든 병법은 주도권에 대해 다음과 같이 말하고 있다.

〈가까운 것으로써 먼 데 것을 기다리고, 편한逸 것으

로써 고된勞 것을 기다리며, 배부름飽으로써 굶주림飢을 기다리는 것이 곧 힘을 다스리는 자이다.〉 – 〈孫子〉

〈계략을 많이 써서 적이 오기를 꾀하고, 이쪽은 유리한 지형에 있어서 이를 기다리면 이기지 않을 리가 없다.〉 – 〈白戰奇略〉

〈병법에서 들은 바, 방어하는 자는 항상 편하기만 하고먹을 것이 굴러 들어오게 하는 자는 편하고, 쳐들어오는 자는 지친다먹을 것을 구하러 다니는 자는 지친다. 편하게 있어서, 지친 자를 기다린다.〉 – 〈南比籌兵論〉

〈모름지기 공격하는 자는 모자라고, 지키는 자는 족하고, 먼저 성에 들어가 편히 있으면서 지친 자를 기다리는 것이 싸움의 방법이 아니랴!〉 – 〈後漢書〉

주권자! 그는 승리자이다. 후한서가 말했듯이, 주권자는 미리미리 뒤를 생각하며 오늘 갖추어 놓고 편안한 뒤에, 지친 자를 부린다. 그는 미리미리, 남들이 즐겁게 놀

때 남모르게 갖춘 뒤, 그 충분히 갖춘 것으로써 뒷날의 불황을 대처한다.

그러므로 36계는 〈불변不變으로써 변變에 대처하고, 고요함으로써 움직임을 제어하라〉라고 충고하고 있다.

〈적, 이쪽에 앞서 움직인다. 즉 이쪽의 형상고요함을 본 것이다. 그쪽은 활발하고 이쪽은 고요하니, 즉 그 힘을 소모한다. 형상이 나타나지 않으면 이기게 되고, 힘이 빠지지 않으면 위세가 커지는 법이다.〉 – 〈회남자〉

미리미리 갖춘 자는 중심을 잃지 않고, 삶의 중심이 분명한 자는 어려운 상황에서 우왕좌왕하는 소란함이 없으며, 갑자기 열심히 일해야 하는 노고가 따로 없다. 그러므로 활발한 자는 도리어 힘이 빠지고, 고요한 자는 위세가 커진다고 회남자淮南子는 말했던 것이다. 즉 주권자는 미래에 사는 것이다. 오늘 놀고 내일 궁한 자는 과거를 메우기에 급급하다. 그리하여 『장단경長短經』은 다음과 같이 충고하고 있다.

〈동動하는 자는 흔들리고, 고요한 자는 편하다〉라고.

第5계

진화타겁趁火打劫

적이 혼란한 때를 이용하라

상대가 위기에 처했을 때 공격한다. 남의 집에 불난 틈을 타 도둑질을 한다. 적이 곤란한 위기에 처해 있을 때, 그 기회를 이용하여 적을 패배시킨다. 안정된 적은 먼저 혼란스럽게 만든 뒤 치는 것이다.

우리는 흔히 운동선수들이 시합에 임할 때 〈컨디션이 좋다〉라든지, 〈컨디션이 좋지 않았다〉라는 등의 컨디션 이야기를 많이 듣는다. 그렇다면 과연 〈컨디션〉이라는 것은 무엇일까? 단순히, 경기에 임하기 위한 기분이나 몸의 상태만을 말하는 것일까? 일상적으로 흔하게 사용은 하고 있지만 정확하게 무엇이라고 말하기는 매우 어렵다. 그러나 36계가 말하고 있는 승전계勝戰計의 뜻을 분명히 알면 컨디션의 정체를 이해할 수 있지 않을까?

지금까지 여러분은 4계에 걸쳐 승전계의 상황을 살펴보았다. 승전계란, 이미 이길 수 있는 뭔가가 갖추어진 상태에서 소위 〈이겨 놓고〉 얻는 승리라는 뜻이다.

〈이겨 놓은〉 상태란 여러 가지가 있겠지만, 결코 무기를 많이 보유하고 있다거나, 군대가 많다는 것을 뜻하는 것만은 아니라는 것도 이해했으리라 믿는다.

이미 포위되어 어쩔 수 없는 상황에서 태연하게 성城 밖으로 나가 활쏘기 연습을 하다가, 성 밖의 적군이 처음에는 긴장을 하고 놀라지만 며칠을 반복하여 계속하다 보면 관심이 없어져 무관심할 때 쏜살같이 포위망을 뚫고 구원병을 이끌고 온 이야기. 성 안에 물이 다 떨어져 성 밖에서 지치길 기다리고 있는 적군이 상황을 살피기 위해 사신을 들여보냈을 때, 먹을 물뿐 아니라 세숫물까지 떠 주고 그 남은 물을 아낌없이 버림으로써 성 밖의 적군이 공격할 태세를 풀어 버리게 한 이야기. 그 후 성 안의 먹을 물을 아군이 보는 앞에서 다 쏟아 버린 뒤 〈안에서 죽으나 밖에서 죽으나 매한가지다. 차라리 죽는 한이 있어도 싸워서 물을 찾아 가자!〉라는 기분을 만들어 포위망을 부숴 버린 이야기. 이런 이야기들이 바로 그것이다.

심리적으로 어딘가 불안한 사람은 시합에 반드시 진다. 결코 상대가 강해서만은 아니다. 상대가 누구든, 상황이 아무리 어려운 처지에 빠져 있든 두려움 없이 태연

할 수 있는 어떤 힘, 그것이 승전계, 즉 〈이미 이겨 놓은 싸움〉을 만들고 있는 것이다. 좋은 컨디션이라는 것도 그런 종류에 가까운 어떤 것이 아닐까?

한편, 〈지금 이 순간, 현재에 살고 있는가〉 하고 물으면 대다수의 사람들은 〈아니, 지금 이 순간 살아 있으면 당연히 현재지, 그럼 옛날이란 말이냐〉 하고 생각할 사람이 많을 것이다.

만약 지금 앉아 있는 그곳이 아주 편안하고 아무 걱정이나 두려움이 없다면 당신은 사실 현재에 있는 것이 아니라, 믿기 어렵겠지만 〈과거〉에 있는 것이다. 전혀 생소한 곳으로, 한 번도 가 본 경험이 없는 곳에 누군가가 데려다 놓고 가 버렸다면 여러분은 한가하게 이 책을 읽고 있을 수가 없을 것이다. 왜냐하면 현재가 두렵기 때문이다.

우리의 마음은 무의식이 경험을 통해 어떤 이치나 법칙을 파악하고 안전을 확인해야만 마음이 놓이게 되어 있다. 어쩌면 두려움이란, 생소한 것으로부터 자신을 지키기 위한 무의식의 신호와 같은 것이다.

누구든지 처음 사업을 벌일 때는 신이 나서 시작한다. 왜냐하면 자기가 구상한, 자신의 무의식 속에 경험된 것을 하고 있기 때문이다. 즉 과거를 재현하고 있기 때문이다. 〈가게는 이렇게 꾸미고, 실내 장식은 누구에게 부탁하고, 업종은 무엇을 해야겠다〉 하는 식으로, 자신의 안에 알고 있는 것을 통해 시작하기 때문이다. 그렇게 준비가 다 끝난 뒤에 실제 사업에 들어가면, 이제는 자신의 경험 외의 새로운 상황에 자꾸 부딪히게 된다. 자신이 원하는 손님만 오는 것이 아니라 상대하기 싫은 사람도 오고, 믿고 있던 사람이 배신하는 상황도 오고, 팔았던 물건이 잘못되었다며 환불해 달라는 사태도 오고, 팔려고 잔뜩 물건은 갖추었지만 팔리지 않는 등, 그런 일이 계속해서 생기면 두려움은 커지고, 〈이젠 못해 먹겠다〉라는 푸념만 나오게 된다.

그래서 성공할 수 있는 사람과 그렇지 못한 사람을 쉽게 식별할 수 있는 방법의 하나는, 아침에 잠자리에서 눈을 떴을 때 〈그 하루가 가슴에 가까이 다가오느냐, 두렵게 느껴지느냐〉를 알아보는 것이다.

새롭게 시작되는 하루가 두려운 사람, 즉 〈오늘은 또 무슨 귀찮은 일이 벌어지려나〉 하고 근심되는 사람은 성공하기 힘든 사람이다. 이 사람은 사업을 하다가 어려운 상황에 처하면 그 어려움으로부터 도망치고 싶어 하는 사람이기 때문이다.

이 세상은 자기 좋은 일 하나만을 갖고 살아갈 수는 없다. 아니, 오히려 그 일을 하기 위해서는 더 많은 싫은 일을 해야만 비로소 그 일을 완수할 수가 있다. 때문에 평소에 어려움에 처했을 때는 과감하게 그 어려움을 가슴에 받아들이고, 그것을 풀어 나가도록 해야 한다. 바늘귀에 실이 들어가지 않는다고 급하게 바늘에다 실을 묶어 놓으면 바느질을 할 수가 없는 것이다. 오히려 짜증나면 날수록 바늘귀를 눈앞에 더 가까이 놓고 더욱 정성껏 실을 넣도록 노력해야 한다. 그때, 그 짜증나는 어려움을 가슴속에 가까이 했을 때 당신은 그것을 해결할 수 있는 능력을 갖추게 되는 것이다.

근대 경영의 신이라고 불리는 일본의 마쓰시타는 기자 회견에서 어느 젊은 기자로부터 다음과 같은 질문을 받았다.

〈실패하는 사람들이 실패할 수 있는 이유는 무엇입니까? 아주 짧고 간단하게 한 마디로 대답해 주십시오.〉

마쓰시타는 다음과 같이 대답했다.

〈그들이 실패하는 이유는, 성공하기 바로 직전에 그만두었기 때문입니다.〉

과거는 편안하다. 왜냐하면 체험을 통해 이미 알고 있기 때문이다.

아직 알지 못해 두려움이 있을 때 물러서지 말라. 왜냐하면 곧 그대의 무의식이 체험할 수 있는 기회이기 때문이다. 이렇게 거듭 반복하게 되면 그대의 무의식은 과거에서 미래로 그 보는 눈이 바뀌게 된다. 지금까지 과거를 통해 안정되려고 했던 것을, 안정을 위해 미래를 개척하려고 하는 것이다. 그때 그대는 미래를 정복할 수 있는 자신이 생기며, 지금 이 순간에도 미래에 사는 인간으로 변하게 되는 것이다. 그리고 두려움을 정복한 정복자로서 미래를 맞이하게 되는 것이다.

승전계勝戰計, 그것은 곧 정복자의 길인 것이다. 좋은 컨디션, 그것은 일종의 정복자의 마음 상태를 말하는 것은 아닐까?

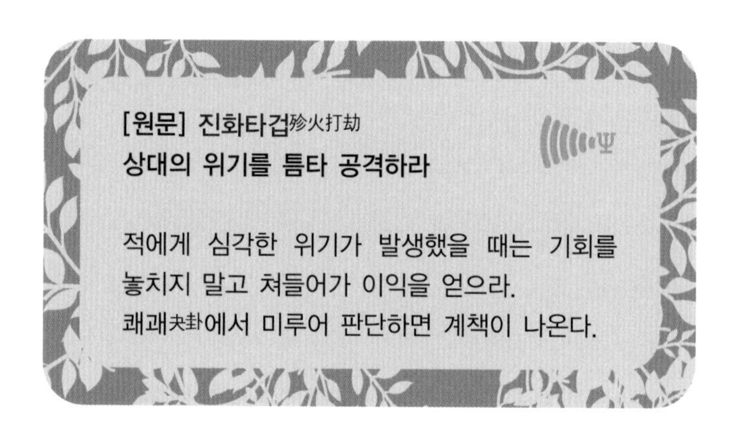

[원문] 진화타겁殄火打劫

상대의 위기를 틈타 공격하라

적에게 심각한 위기가 발생했을 때는 기회를 놓치지 말고 쳐들어가 이익을 얻으라.

쾌괘夬卦에서 미루어 판단하면 계책이 나온다.

어려움을 극복한 자가 남의 어려움을 알 수 있다.

무의식의 두려움은 한 마디로 익숙하지 않기 때문이다. 〈익숙함〉이란, 그곳에 숨겨져 있는 어떤 법칙이나 정체를 파악했다는 증거이다. 어려운 상황을 극복한다는 것은, 무의식이 미래를 바라볼 수 있는 눈이 생겨, 낯

선 상황에서 쉽게 익숙하기 위한 법칙이나 정체를 파악할 수 있는 능력이 갖추어졌다는 뜻이다. 그렇게 되면 다른 사람의 무의식이 두려움을 느끼고 있다는 사실을 파악할 능력도 갖추어지게 된다.

〈진화타겁〉이라는 다섯 번째 계는, 불 난 집에 들어가서 그 주인이 정신없을 때 좋은 것을 약탈한다는 뜻이다. 즉 상대에게 두려운 상황을 만들어, 적이 어찌해야 할지 모를 때 그 적의 것을 빼앗는다는 뜻이다. 자칫 잘못 생각하면 매우 악랄한 방법처럼 여겨지지만, 사실 승패란, 패배자의 입장에서 보면 상대가 항상 악랄해 보이는 법이다. 힘이 약한 자의 입장에서 상대가 힘이 강해 이겼다고 하소연하면, 그 하소연은 단지 부질없는 짓일 뿐이다.

때문에 진화타겁은 다음과 같이 말하고 있다.

〈적측에 내우內憂가 있으면 그 영토를 점령하라. 적측에 외환外患이 있으면 그 백성을 뺏어라. 그리고 적측에 내우외환이 함께 겹치면 그 나라를 정복하라.〉라고.

옛날 중국의 제나라는 한韓나라와 동맹하여 연燕나라를 침략하려 했으나 이웃인 조趙, 초楚 두 나라가 주목하고 있어서 손을 댈 수가 없었다.

마침 그 무렵 진秦나라와 위나라가 동맹하여 한나라를 공격해 왔으므로 제나라 임금은 급히 한나라를 구원하려 했으나 전신사田臣思가 이를 막으면서 〈조나라와 초나라는 한나라가 망하면 자기 나라가 위태롭게 되므로 반드시 맨 먼저 구원에 나설 것입니다〉라고 말해, 당분간 주위의 정세를 관망하는 것이 좋겠다고 진언했다.

사태는 전신사의 말대로 진전되어, 한나라를 중심으로 진, 조, 초나라의 혼전이 되어 그만 연나라는 고립되었으며, 어떤 나라도 제나라에 관심을 갖지 않게 되었다. 그 틈에 제나라는 불과 30일 만에 연나라를 공략해 버렸다.

환란患亂, 그것은 어느 곳에나 있다. 평소에 환란을 극복해낸 자는 환란이 일어날 수 있는 길을 알고 막으며, 그 환란 위에 안정을 구축한 정복자는 환란의 틈 속에서 승리를 쟁취할 수 있다.

진화타겁殄火打劫, 그것은 곧 두려움을 극복한 정복자가, 보이지 않는 〈안정〉이라는 컨디션을 통해 대처하는, 그 무엇보다 중요한 힘인 것이다.

어려움을 극복하는 길, 그것은 사소한 실패마저 방치하지 않았을 때 얻어지는 힘이다. 때문에 미래를 정복하는 비결 중의 하나는, 사소한 실수마저 미연에 방지하여 안정을 잃지 않도록 하는 것이다. 북한에서 땅굴을 파는 행위나 군중을 선동하는 것, 그 모든 것은 내우內憂를 조장하기 위한 수법이다.

그래서 불난 집을 약탈할 수 있기 위해서는 먼저 내 집 불조심부터 철저히 하지 않으면 안 된다. 진화타겁, 그것은 내 집 불조심을 할 줄 아는 자가 남의 집 불난 것을 털 수 있는 위계인 것이다.

제6계

성동격서聲東擊西

적의 중심을 잃게 하라

동쪽에서 소리치고 서쪽에서 공격한다. 적의 지휘가 혼란에 빠지면 앞 못 보는 장님과 같다. 이는 홍수가 범람하는 격이니, 적이 자아 통제를 할 수 없는 틈을 타서 멸망시키는 것이다. 그러므로 온전하기 위해서는 중심에 집중되어 있어야 하고, 서로는 균형이 잘 조화되어 있어야 한다.

온전穩全, 승리를 누리기 위한 최고의 안전장치는 바로 이것이다.

〈온전〉이 바라보는 눈빛은 다르다. 온전은 예리하며 폭넓고, 정곡을 찌르는 강렬함이 있으며, 온유하다. 〈온전〉은 세심한 핵심을 파악하며, 전체의 상황을 한눈에 독파한다. 그러나 〈온전〉이 아닌 불안정이 바라보는 눈은 편협하며, 전체 상황을 살피지 않고 어느 한쪽에 치중되어 있다.

온전하기 위해서는 균형이 잡혀 있어야 하며, 그로 인해 중심은 확고하다. 중심과 균형, 그것은 곧 〈온전〉이라는 몸이 되어, 살아 있는 생명력을 활성화시키며, 그 생명의 힘으로 정확한 판단을 할 수 있는 지혜를 갖는 것이다.

이 우주의 신비는 단순히 밤하늘에 반짝이는 별들처

럼, 보이는 곳에만 있는 것은 아니다. 그렇다고 결코 무한정 숨겨진 채로 안 보이는 것만도 아니다. 우리의 인생을 유심히 살펴보는 것만으로도 우리는 우주의 신비를 발견할 수가 있다. 그러나 진정 중요한 사실은, 이 우주는 항상 온전하다는 것이다.

일본의 무사武士인 사무라이의 정신을 보면, 상대편 칼이 나의 다리를 향해 공격해 올 때 사무라이는 다리를 피하지 않는다. 대신, 그 순간 상대편의 머리를 향해 칼을 내리치는 것이다. 즉 나의 다리는 잘리고 대신 너의 목을 쳐 죽이겠다는 심산이다.

언뜻 보면 매우 무섭고 잔인한 승리자처럼 보이지만, 36계 정신에 비추어 보면 매우 우매한 정신이다. 왜냐하면 그것은 〈온전〉을 잃었기 때문이다. 다리 없는 병신은 다음 번 싸움에 승리할 수 없다. 즉 마음의 중심은 분명하나 싸움의 균형을 유지하지 못한 승리는 진정한 승리가 아닌 것이다.

필자가 아는 사람 중에는 젊어서 돈 한 푼 없이 고생

하다가 인생에 회의를 느껴, 차라리 중이 되어 버릴까 생각하고 절을 찾아 깊은 산속에 들어간 사람이 있었다.

그런데 그때 마음에 드는 여인을 만났다. 그래서 그 사람은 머리를 깎고 계戒를 받기 직전에 그 여인과 도망쳐 나와 결혼을 했다. 그리고 둘은 고생고생 끝에 악착같이 돈을 모아 차츰 생활의 안정을 찾아가기 시작했다.

그들은 무일푼으로 만났지만 그래도 남보다 뒤지지 않게 살아 보겠다고, 조금 여유가 생겼을 때도 배고팠던 시절의 아픔을 뼛속 깊이 잊지 않았다. 때문에 여유를 멀리하고, 또 구차한 살림으로 푼푼이 재산을 늘려 가는 데 전념했다. 남들처럼 놀러 다니지도 않았으며, 이제 넓고 편한 집을 마련했어도 고생에 이력이 붙어 그 집에 살기조차 아까워했다. 그리하여 남에게 세를 주고 다시 건물 옥상에 단칸방을 만들어 살기 15년 만에 제법 많은 재산을 갖게 되었다.

그리고 이 사람은 자기중심이 분명한 사람이었기 때문에 아침이건 밤이건 자기 할 일은 기어코 해내는 사람이었다. 그러나 이상하게 직장 동료로부터 항상 비난의

항의가 뒤따랐다. 그것은 9시 출근 시간을 지키라는 요구였다. 이 사람은 동료들에게 따졌다.

〈나는 내가 맡은 일은 꼭 완수하는 사람이다. 그런데 그까짓 출근 시간은 뭣 때문에 지켜야 하느냐?〉

이 사람은 자기 할 일은 어떻게든 다 해야만 직성이 풀리기 때문에 밤늦게까지 일하다 보니까 통상 점심시간에 가까운 11시쯤 출근을 했던 것이다.

〈너희는 할 일이 있는데도 불구하고 저녁 6시경 퇴근 시간이라고 어김없이 퇴근하지 않느냐? 나는 할 일이 있으면 남아서 끝까지 다 한다. 그런 내가 출근 시간을 지키지 않는 것이 뭐가 잘못이냐?〉 하며 도리어 따졌다.

그러던 어느 날 낮에 집사람으로부터 전화가 왔다. 갑자기 머리가 어지럽고 구토증이 난다는 것이었다. 그날 그 사람의 부인은 뇌출혈로 40세의 젊은 나이로 세상을 떠나 버렸다. 그는 〈왜 나에게 이런 일이 벌어져야 됩니까?〉 하고 나에게 물어 왔던 것이다.

〈온전〉은 반드시 두 가지 조건이 갖추어져야 한다. 그 첫째는 중심이요, 둘째는 균형이다.

물론 중심을 잃으면 균형이 깨어지고, 균형이 깨어지면 몸은 쓰러진다. 결국 균형과 중심은 둘이 아니며, 그 둘이 하나가 됐을 때 그것이 곧 〈온전〉이다. 그러나 이 사람은 자기중심, 즉 삶의 중심은 있었으나 생활의 중심이 없었다.

자기중심마저 없는 사람은 균형을 잘못 이해하여, 우정의 균형을 맞춘다고 이 친구가 불러내도 나가고 또 저 친구가 불러내도 나가서 같이 술을 마신다. 그리고 이 친구 저 친구한테 얻어먹었기 때문에 그것을 갚기 위해 또 이 친구 저 친구를 불러내어 한잔 산다. 이런 중심 없는 짓을 하다가는 쫄딱 망하기 십상이다.

반면에 자기중심만 있는 사람은 자기 할 일은 하지만 남의 입장이나 전체 사정은 무시하고, 남이 괴로워할 때는 자기 입장만 생각하여 피하고, 여유가 있더라도 자기 입장에만 매달려 풍요 속에 고생을 자초한다. 결국 그런 사람은 삶의 균형이 깨져, 망하지는 않으나 항상 불상사가 뒤따르게 마련인 것이다.

결국 온전치 못한 인생은 반드시 중심과 균형 중 어느 한쪽을 잃었기 때문에 벌어지는 것이다. 또한 중심과 균형을 동시에 살피지 않는 판단은 승리를 얻는 것 같지만 결국 불행을 동반하여 다리 없는 사무라이와 같이 되고 마는 것이다.

성공을 위해서 열심히 노력하는 사람들. 그러나 자신의 성공만을 위해서 자기가 몸담고 있는 사회나 다른 사람을 외면한 사람들. 결국 그런 사람들은 반드시 인생의 불상사를 면하기 힘든 온전치 못한 사람들인 것이다.

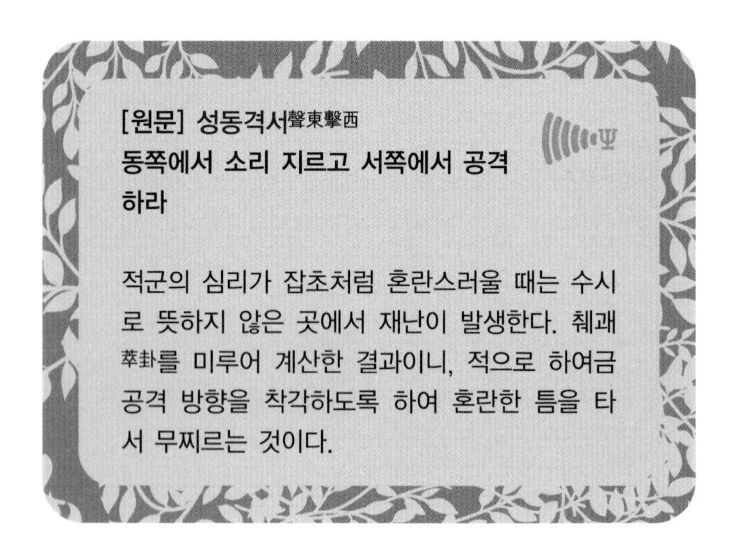

[원문] 성동격서聲東擊西

동쪽에서 소리 지르고 서쪽에서 공격하라

적군의 심리가 잡초처럼 혼란스러울 때는 수시로 뜻하지 않은 곳에서 재난이 발생한다. 췌괘萃卦를 미루어 계산한 결과이니, 적으로 하여금 공격 방향을 착각하도록 하여 혼란한 틈을 타서 무찌르는 것이다.

균형을 갖추지 못한 중심은 장님과 같다. 장님은 자신만을 보려 할 뿐 남을 볼 수가 없다. 결국 균형을 갖추지 못한 중심은 이기적이며 자기 욕심적이다. 때문에 자기만을 느낄 뿐 객관적인 상황을 느낄 수가 없다. 결국 전체적인 상황을 자기 몸처럼 느낄 수 없기 때문에 예리한 지혜를 갖출 수가 없다.

36계는 물론 위계僞計를 말하고 있지만, 결코 위계만을 말하는 것은 아니다. 왜냐하면 적에게 허점이 없으면 위계는 아무런 소용이 없기 때문이다. 따라서 책임 있는 명장은 위계 따위는 쓰지 않는다. 위계보다는 명찰력明察力이 더 중요하기 때문이다.

위계, 특히 속임 공격은 냉철한 적장이 영지英智를 작용하여 통찰하면 반드시 들키게 마련이다. 따라서 위계를 성공시키기 위해서는 반드시 적장이나 적군의 중심을 잃게 해야 한다. 중심이 흔들리면 균형이 깨지고, 균형을 깨뜨리면 중심이 흔들려 결국 쓰러뜨릴 수가 있기 때문이다.

이제 막 살 만하니까 〈아내가 죽었다〉, 〈자식이 죽었다〉, 〈대형 사고를 당했다〉 하며 중심마저 흔들리는 사람들. 먼저 냉철한 눈을 갖기 위해서는 반드시 중심과 균형을 이해해야만 한다. 왜냐하면 〈온전함〉을 지키기 위해서이다.

이 여섯 번째 위계는 역시 승전계이기 때문에, 온전한 눈을 갖고 있으면 비록 상대가 나보다 유리한 군사력을 갖고 있다 하더라도 그 균형만 깨뜨리면 중심을 잃어 결국 쓰러뜨릴 수가 있다는 내용이다.

성동격서聲東擊西, 즉 동쪽에서 소리치고 서쪽을 쳐라. 동쪽인가 하면 서쪽, 공격해 오는가 하면 떠나 버리는, 교묘하게 적을 유도하여 착각하게 하고, 기회를 틈타 적을 섬멸하는 계략, 즉 중심을 잃은 자의 균형을 무너뜨려 섬멸하는 위계, 이것이 바로 성동격서이다.

중국의 병서兵書인 『백전기략百戰奇略』은 〈동쪽에서 소리 질러 서쪽을 치고, 서쪽에서 소리 지르고 동쪽을 치면, 적이 방비할 곳을 알지 못한다. 그때 방비가 없는 곳을 치면 백 번 이긴다.〉라고 말하고 있다.

그대 진정 승리의 눈을 갖기 위해서는 먼저 너무 자신에게 치우치지 말라. 왜냐하면 그대의 명철함을 잃어버리기 때문이다.

그대 진정 승리의 눈을 갖기 위해서는 너무 상대에 자신을 잃지 말라. 왜냐하면 그대 자신을 잃어버리기 때문이다.

진정 그대, 승리의 눈을 갖기 위해서는 자신과 다른 세계와의 균형을 유지하라. 세계가 깨어지면 자신을 잃고, 자신을 잃으면 세계가 다 소용이 없다. 자신과 세계, 그것이 균형을 이루었을 때 그대는 온전한 것이며, 그 온전함을 통해 그대는 명철한 승리의 눈을 갖게 되는 것이다.

승리, 그것이 온전치 못한 것이라면 결코 승리가 아님을 영원히 잊지 말라.

코스모스센타 용어

| **우주법** | 인간의 마음과 상관없이 그 사람의 행실에 따라 작용되는 우주의 기운. 행실로 인한 우주의 대가.

| **우주심** | 자아가 아닌 순수한 우주 에너지. 자아가 담겨 있는 마음의 본질. 우주의 본질과 같은 에너지라 해서 우주심이라 한다. 성현의 본심이 곧 우주심이다.

제2부

적전계敵戰計

나와 적 쌍방의 세력이 비슷하여 서로 상대할 만한 형세하에서 책략을 쓰는 것이다. 그러나 사실은 쌍방의 병력이 많고 강함에 있지 않고, 계책을 써서 적을 미혹하게 한 후 적으로 하여금 나의 계략 속에 빠지게 하여 기회를 노려 무찌르는 데 있다. 쉽게 말하면 상대의 허점을 공략하는 것이다.

앞마음과 뒷마음

어느 소녀가 라디오 음악 프로그램에 다음과 같은 엽서를 띄웠다.

〈이번 달에 저는 매우 중요한 시험이 있었습니다. 발표가 있는 날 발표장에 가 보니 저는 그만 떨어져 있었습니다. 그러나 친구들은 대부분 합격해 있었습니다. 음악을 들으며 스스로 위로를 하려고 합니다. 신청곡을 꼭 들려주십시오.〉

이 엽서를 읽은 DJ는 다음과 같이 말했다.

〈제가 어떻게 해 드려야 위로가 될지 모르겠습니다. 그러나 제 경험에 비추어서 이렇게 말씀드릴 수는 있습니다. 『아! 요번 시험은 아주 쉬웠다.』 하면서 시험장을 웃으면서 나오면 대부분 떨어지고, 『이번 시험은 어려웠다. 세 문제는 도저히 모르는 문제라 손도 댈 수 없었다.』 하면서 심각한 표정으로 시험장을 나오면 붙더군요. 이번 시험이 혹시 쉽지는 않으셨는지요? 한번 생각해 보시기 바랍니다. 분투를 빕니다.〉

DJ는 그렇게 말하면서 신청곡을 보내 주었다.

이 DJ의 말이 사실이라면, 쉬웠다고 즐거워한 사람은 왜 떨어지며, 어렵다고 생각한 사람은 왜 붙는 것일까?

〈만약에 나에게 멋진 스포츠카가 있다면, 그리고 그 차를 타고 해변 고속도로를 멋지게 달린다면〉 하는 희망은 매우 즐겁다. 그러나 막상 운전 면허증을 따기 위한 현실은 그렇게 유쾌한 것만은 아니며, 멋진 스포츠카를 구입하는 과정도 그렇게 만만한 현실은 아니다.

〈나만의 희망〉은 사실 현실을 배제한 것이고, 거기에서 현실이란 단지 엑스트라에 불과하다. 그러나 희망을 달성시키기 위한 현실이 주인공이 될 때는, 나는 그 현실이 실현될 수 있도록 한 편의 영화가 만들어지기 위한 노동자가 되어 버리며, 스포츠카를 타고 달리는 대본은 어려운 과제가 아닐 수 없다.

희망! 그것은 현실을 배제한 나만의 마음일 뿐이다. 현실을 생각하지 않고 자유롭게 튀어나올 수 있는, 마음의 맨 앞쪽에서 쉽게 일어나는 것을 코스모스센타에서는 〈앞마음〉이라고 한다. 그러나 현실을 인식하고, 현실과 관계하며, 또 현실에 작용할 수 있는 깊은 마음이 있다. 이것을 코스모스센타에서는 〈뒷마음〉이라고 한다.

시험지를 대했을 때 아는 문제가 먼저 눈에 보이는 사람은, 앞마음이 작용하여 반가움을 느꼈기 때문이며, 모르는 문제가 눈에 걸린 사람은, 뒷마음이 〈현실적 눈〉을 지녔기 때문에, 그 난관을 극복하기 위하여 고심하느라 문제가 어려웠다고 말하는 것이다. 이렇게 마음은 스스로 작용하여 꿈과 희망을 연출하는 〈앞마음〉과, 현실적으로 자신과의 관계를 통해 결실을 맺기 위한 〈뒷마음〉으로 나눌 수가 있다.

한편, 누구나가 바라는 것을 한 마디로 압축한다면 그것은 곧 〈만족〉이라고 할 수 있다. 만족은 곧 성과를 의미하며, 결실을 뜻하는 것이기 때문이다. 그리고 만족은 누구에게나 주어졌으며, 또 누구나 만족할 권리를 갖고 있다. 단지 인생을 성공적으로 산 자와 그렇지 못한 자가 있어 〈결실 후의 만족〉이냐, 〈결실 전의 만족〉이냐 하는 차이만 있을 뿐이다. 그리고 그 결과는 실實과 허虛로 나타난다.

때문에 누구나 원했던 만족은 다음과 같은 과정을 통해 성공과 실패로 나누어진다.

성공자의 만족 = 기쁨 → 손해 → 이익 → 안심 → 만족 → 실實

실패자의 만족 = 기쁨 → 이익 → 만족 → 손해 → 허虛

무슨 일이 되었든 처음 시작할 때는 앞마음이 먼저 기쁨을 느끼게 된다. 왜냐하면 기쁨을 느끼지 않는 일을 할 사람은 아무도 없기 때문이다. 〈스포츠카를 타고 동해안을 달린다〉는 기쁨을 누리기 위해 시작을 하는 것이다.

그리고 실패자는 계속해서 그 앞마음이 〈어떤 이익이 돌아온다〉는 꿈에 부풀어 있게 된다. 즉 남들로부터 부러움을 살 것이라는 등, 멋진 아가씨나 남자들이 접근해 올 것이라는 등의 환상적인 이익인 것이다.

그러나 성공자는 이때 먼저 손해를 생각해 본다. 살 수 있는 여건이 어떤가, 또 남들로부터 빈축을 사지는 않을까, 또 좋은 차를 타고 다니면 도둑은 들지 않을까, 살 수 있는 자금은 갖추어져 있는가 등등.

다음으로, 실패자는 그 이익을 얻기 위한 만족으로 일을 벌이게 된다. 살 수 있는 처지가 되지 못하면 빚이라도 내어서 결단코 사고 만다. 그리고 스포츠카가 집에 도착되는 순간 무한한 만족을 느낀다.

성공자는 손해가 없다고 생각되는 순간, 〈그렇다면 결실이 될 수 있는 이익은 무엇인가〉를 생각하며, 그 이익이 되기 위한 노력을 한다. 손해를 막아가며. 반면에 실패자는 진 빚에 대한 이자를 내놓느라 손해를 보게 되며, 망가뜨리지 않게 잘 보관할 수 있는 차고도 준비되지 않아 차가 긁히는 등의 손해가 뒤따라오게 된다.

성공자는 손해를 막고 시작했기 때문에, 손해는 오지 않고 그때 비로소 스포츠카가 손에 들어온다. 그리고 안전한 곳에 스포츠카를 넣어 두는 순간 비로소 안심이 된다. 반면에 실패자는 결국 이자를 갚지 못하고 중고가격으로 다시 남에게 넘겨주지 않으면 안 되는 처지가 된다.

서로 버티는 싸움 - 적전계敵戰計

뒷마음이 분명한 이익승리을 마음에 품고 일을 시작하는 것이 승전계라면, 적전계는 그 이익을 얻기 위해 하던 중 실력이 비등한 적수난관와 부딪쳤을 때 사용하는 위계僞計이다.

승전계의 싸움이, 심리적으로 이길 수 있는 기상氣像을 갖춘 뒤에 기세를 통해 승리를 얻는 것이라면, 적전계는 기상이 비슷한 적수일 때 물리적으로 무기를 더 갖고 있다든가, 군사軍士의 수가 더 많다든가 하는 위계로써 위세를 보여 적을 제압하는 것이다.

어떤 위계든지 위계는 단지 일시적 혼란일 뿐 사실이 아니기 때문에 반드시 들통 나는 법이다. 때문에 승리자는 순간순간 상황의 변수로 사용할 뿐, 위계에 머물러 살지는 않는다. 즉 진실을 바탕으로 하지 않는 위계는 위해危害를 초래한다는 뜻이다. 즉 실實을 위한 허虛는 존재하지만 허를 위한 실은 존재할 수 없다는 사실을 먼저 명심하지 않으면 안 된다.

이익은 잡을 수 없는 것이다. 이익을 잡기 위해 노력하는 것은 앞마음의 만족 상태에서 철없이 하는 짓이다. 이익은 모든 손해를 배제했을 때 어느덧 샘물처럼 고여 들어와 있는 것이다. 과정이 곧 승리인 것이다.

자신의 만족과 자기 어려움을 해결하기 위하여 하는 노력은 허虛로 돌아간다. 그러나 자기 어려움을 극복하고 만족이 결실이 되도록 노력하는 사람에게는 실實이 모이는 것이다.

지금 곰곰이 반성을 해보라. 나는 지금 〈실實〉을 위해 살고 있는가, 〈허虛〉를 위해 살고 있는가를. 그리고 만족할 만한 기분이 되어 있다면, 당신은 라디오 방송에서 말하고 있던 DJ의 충고를 다시금 받아들이라. 그러나 자신의 부족함이 발견된다면 당신은 실實을 발견하는 것이며, 이 글 한 자, 한 자를 더욱 유심히 읽고 있을 것이다.

제7계
무중생유無中生有
올머리와 갈머리

지혜로운 자는 무에서 유를 창조한다. 적을 속이면서 속이지 않는 것처럼 보이게 하는 것이다. 전선에 무엇인가를 배치하여 적을 이중의 혼란에 빠뜨린다. 즉 속이기 위한 외형적인 모습 속에는 무언가 다가올 위험을 감추고 있는 것이다.

지구상에서 가장 큰 것이 무엇일까? 물론 여러 가지 큰 것들이 있겠지만, 그 중 가장 큰 것이라면 그것은 〈바다〉일 것이다. 한 방울의 작은 물방울은 흘러 흘러 드디어 바다를 이룬다. 아주 조그맣게 시작한 것이 엄청나게 큰 것이 되어 버린 것이다. 그리하여 이 지구의 3/4을 차지하고 있는 것이다.

처음부터 크게 성공하는 사람은 아무도 없다. 처음에는 물방울처럼 아주 작게 시작해서 드디어 바다처럼 커지는 것이다. 그렇다면 도대체 한 방울의 물이 바다가 될 수 있는 그 비밀은 무엇일까? 물은 어떤 특성을 갖고 있기에 바다처럼 커지는 것일까? 그 물의 신비를 유심히 살펴보자.

여러분은 벤치가 있는 호숫가나 아니면 욕탕에 물을

가득 채운 후 작은 돌멩이를 그곳에 던져 보라. 〈퐁당〉 하며 돌이 가라앉는 순간, 물 위에 나타나는 아주 예쁜 파형波形을 볼 수 있을 것이다. 바로 동심원同心圓이다. 동심원은 하나의 중심을 갖고 있는 서로 다른 지름의 원이다. 그리고 바로 이것이 물이 바다가 될 수 있는 비밀이다.

여러분은 바다나 혹은 호수에 배를 타고 가서 그 한가운데다 쓰레기를 버려 보라. 얼마 후 여러분이 버린 쓰레기는 어느 해변이나 호숫가에서 발견될 것이다. 그러나 한 줄기의 시냇물은 또 다른 시냇물과 만나면 곧 하나로 합쳐진다. 시냇물 위에 떠 있는 낙엽은 개울가로 밀어내 버리고, 냇물과 냇물은 서로 밀착하여 드디어 강이 된다.

불필요한 것은 밖으로 밀어내 버리고, 필요한 것은 순식간에 하나가 되는 것, 바로 그 힘이 곧 동심원인 것이다. 동심원은 그 중심을 향하여, 필요한 것은 중심으로 끌어들이고, 필요 없는 것은 중심 밖으로 밀어내어 버린다. 우리 눈에 보기 좋은 파형은 곧 그 작업을 하기 위해 노력하고 고심하는 모습인 것이다. 동시에, 동심원은 자신의 중심을 지키고, 필요 없는 이방인이 중심에 들어오는 것을 경계한다. 그리하여 필요한 물은 곧 하나의 중심이 되어 합쳐지고, 불필요한 물체들은 물의 제일 가장자리인 바닷가나 강가로 내보내고 있는 것이다. 취해야 할 것과 버려야 할 것. 취하기 위해 움직여야 할 것과, 지키기 위해 고수해야 할 것. 물은 이 모든 작업을 마치 노래하듯 졸졸거리며 해치우는 것이다.

파스칼은 말했다. 〈사람은 생각하는 갈대〉라고. 나는 말한다. 〈물은 생각하는 지혜〉라고.

어리석은 사람은 객관적으로 돌아올 이득과 손해를 생각하지 않고, 자기의 입장과 주관적인 자기의 감정을 드러낸다. 그러나 지혜가 있고 사려가 깊은 사람은 자기에 의해 움직이지 않고, 깊은 사려를 통해 자신을 움직인다. 깊은 사려를 통해 움직일 수 있는 마음, 코스모스 센타는 그것을 〈우주심〉이라고 부른다.

우주심은 알고 있다. 무엇을 불러들여야 하는지, 그리

고 그러기 위해서는 무엇을 하여야 하는지를. 마치 동심원과 같이. 무엇을 필요로 하며, 그 필요를 충족시키기 위해 어떻게 하여야 하는가를 생각할 줄 아는 것, 그 필요를 불러들이기 위한 지혜를 코스모스센타는 〈올머리〉라고 말한다. 그리고 그렇게 하기 위해 자신을 어떻게 사용해야 하는가를 알고 행동하는 지혜를 코스모스센타는 〈갈머리〉라고 부른다. 오고 간다는 의미에서 붙여진 이름이다. 그리고 오고 감을 분명히 안다면 그 사람은 틀림없이 파스칼이 말한 갈대와 같은 사람은 아닌 것이다.

물은 갈대가 아니다. 때문에 바다를 이루었다. 깊고 깊은 우주심이 있기에, 넘어설 수 있는 것은 뛰어넘고, 넘기 힘든 상대를 만나면 돌아갔다. 결코 싸우지 않으며, 힘든 고비를 만났다 하여 멈추거나 되돌아가지 않는다. 하는 일이 힘들다고 하여 쉽게 포기하는 사람, 무엇이 돌아오는지도 모른 채 열심히 노력하는 사람, 부족한 자신을 발견하기에 앞서 세상을 투정하며, 불가능을 가능토록 노력하지 않고, 불가능하다는 자기 판단을 믿고 되돌아서는 사람, 이 모든 사람들은 모두 갈대와 같은 사람들이다. 그리고 분명한 사실은, 〈갈대의 생각은 고달픔〉뿐이라는 사실이다.

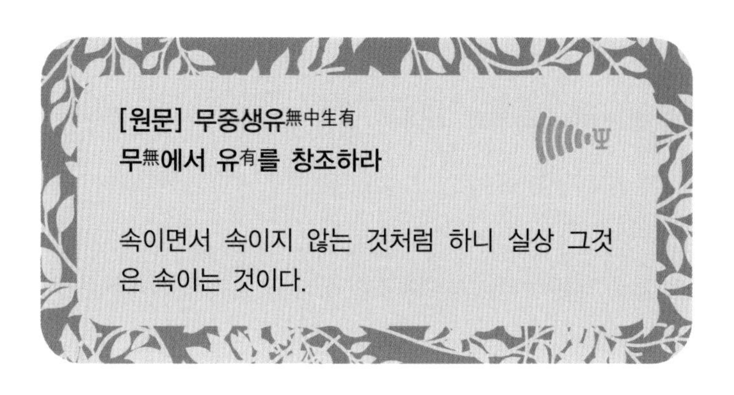
[원문] 무중생유無中生有
무無에서 유有를 창조하라

속이면서 속이지 않는 것처럼 하니 실상 그것은 속이는 것이다.

36계, 이것은 우주심의 중심이 분명한 사람이 중심을 잃은 갈대를 물리치고 승리를 얻기 위한 처세술이다. 결코 상대를 속이기 위한 사기 행각 그 자체가 아닌 것이다.

상대의 군사가 나보다 더 강할 때, 상대의 무기가 나보다 더 많을 때, 자기라는 중심을 지킬 줄 모르는 사람은 싸우기도 전에 먼저 항복할 것이며, 올머리가 없는, 중심이 없는 사람은 무모한 싸움을 통해 패하고 말 것이다. 그러나 슬기로운 사람은 지혜를 통해, 상대의 위력을 제압할 묘안을 발견할 것이다. 비록 가진 것이 없더라도 상대에게 더 많이 가진 것처럼 보이게 하는 것, 그것이 바로 일곱 번째 계략인 무중생유無中生有인 것이다. 없는 것 가운데 있는 것처럼 보인다는 뜻이다. 물론 실속 없는 허풍쟁이가 되라는 뜻은 아니다. 허풍쟁이의 허세는 무중생유가 아니라 무중환유無中幻有인 것이다.

중국 당나라 때, 옹구雍丘를 지키고 있던 장순張巡은 영호조令狐潮의 침략을 받아 성을 포위당했다. 영호조의 군사는 미리 옹구 성의 병력을 파악하고 쳐들어온 터라 더 많은 무기와 병사를 거느리고 왔다. 며칠을 성 안에서 버티던 장순은 사병들에게 명하여 허수아비 천 개를 만들게 하였다. 그리고 거기에 검정 옷을 입힌 뒤, 밤이 되길 기다려 허수아비에 줄을 매달아 성벽 밑으로 내려 보냈다.

그러자 영호조의 궁사들은 사람이 내려오는 줄 알고 여기에다 일제히 활을 쏘아 댔다. 초전에 박살을 내겠다는 기세로 수없이 쏘아 댔다. 이리하여 장순은 허수아비에 꽂힌 화살을 수십만 개 얻게 되었다.

얼마 후, 장순은 성벽으로 사람을 내려 보냈다. 영호조의 군사들은 또 허수아비가 내려오는 줄 알고 비웃을 뿐 전혀 싸울 준비를 하지 않았다. 이쯤에 장순은 5백 명의 결사대를 내려 보내 영호조의 진지를 습격, 진지의 장막이나 목책 등을 태우고 수십 리나 추격하여 격파한 것이다.

없는 것 가운데 있게 하는 것. 그러기 위해서는 반드시 분명한 중심을 갖추어야 한다. 물은 아무 것도 가진 것이 없어 보이지만 분명한 중심이 있다. 어디를 향해 돌을 던지더라도 곧 그곳이 중심이 되어 자신을 보호한다.

허풍쟁이는 중심이 없다. 중심이 없기 때문에, 중심을 갖춘 우주심이 바라보면 즉시 허풍임을 알 수 있다. 중심이 분명치 않은 사람이 허풍쟁이의 속임수에 넘어갈 뿐이다.

중심이 분명한 사람은 자기감정에 치우치지 않는다.

〈밉다, 곱다〉로 사람을 갈라놓고 대하지 않으며, 〈싫다, 좋다〉로 하는 일을 선택하고 포기하지도 않는다.

물은 무엇을 던져도 마다하지 않으며, 어떤 낙엽이 떨어지더라도 거부하지 않는다. 다만 조용히 자기 필요한 것을 취하고, 불필요한 것을 자신의 중심으로부터 밀어낼 뿐이다. 그리하여 물은 자신을 지키며, 자신의 삶을 한 방울의 물에서 시냇물로, 그리고 강으로, 드디어 바다에 이르기까지 끊임없이 흘러가는 것이다.

혹시 여러분은 인생이 피곤하여 멈추길 원하고 있지는 않은가? 멈추길 원하는 자에겐 죽음이 있을 뿐이다. 왜냐하면 마음이 멈추길 바란다 하더라도 인생은 결코 멈추지 않기 때문이다.

그대 만일 바다와 같이 풍요로운 인생이 되길 원한다면 먼저 물을 배우라.

무엇을 얻을 것인가를 원하기 전에 먼저, 얻을 수 있는 동심원이 되어 있는가를 점검하라.

즉흥적인 자기감정으로 판단하지 말고, 자기를 떠난

가장 깊고 깊은 마음의 밑에서 생각하라.

그때 그대는 발견할 것이다. 원하는 것이 올 수 있는 길과, 그것을 오게 하기 위하여 해야 할 일을.

오고 가는 것이 분명치 않은 상태에서 무턱대고 쥐려고 뛰어다니지 말라. 왜냐하면 그것은 갈대와 같은 마음이니까.

몸이 쭈글쭈글한 번데기는 앞으로 갈 때 앞의 흙을 끌어오며 앞으로 나간다. 끌어오기만 하는 것도 아니고 앞으로 나가기만 하는 것도 아니다. 반드시 끌어오면서 앞으로 나간다.

아무리 삶이 고되고 힘들더라도 반드시 현재 상황을 버려서는 안 된다. 번데기처럼 현재 상황은 끌어안고 원하는 미래를 향해 뻗어나가야 하는 것이다. 원하는 미래를 위해 필요한 것을 끌어오고 동시에 원하는 미래를 향해 끊임없이 전진하는 것. 그것이 바로 번데기처럼 원하는 것을 끌어오고 동시에 바라는 미래를 향해 전진하는 올머리 갈머리 법칙인 것이다.

현재 상황을 유지한 채 조금씩 조금씩 원하는 모습으로 바꿔 나가는 것.

그것이 바로 세상모르게 무에서 유로 바꾸는 전술인 것이다.

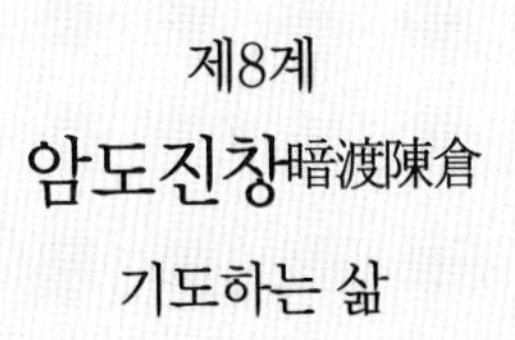

제8계

암도진창暗渡陳倉

기도하는 삶

기습과 정면 공격을 함께 쓴다. 적을 제어하기 위해 행동을 고의로 노출시키고 기습 공격을 통해 주도권을 장악한다.

굳이 종교를 말하지 않더라도, 많은 사람들은 마음속으로 기도를 하며 살아간다. 그러나 어떤 사람은 해야 할 일에 최선을 다하지 않고 기도를 통해서 이루어지길 바라며 살아가는 사람도 있다.

남편의 사업이 잘되게 해 달라며 기도원이나 절을 찾는 사람, 이른 새벽에 청정수를 떠 놓고 기도하는 사람. 마치 기도가 자신이 할 수 있는 최선의 방법인 양, 기도가 끝난 뒤 안일한 마음으로 돌아간다면 과연 그 기도가 이루어질 수 있을까? 이와 같은 사람들은 대체로 〈최선을 다하며 사는 삶〉을 알지 못하기 때문에 이와 같은 삶을 연출하는지도 모른다.

비록 길이가 길고 직경이 작은 둥근 막대기라 할지라도 평평한 평면 위에 직각으로 똑바로 세우면 세울 수가 있다. 그러나 직각에서 옆으로 조금만 눕히면 막대기는 바닥으로 쓰러져 버린다. 이 막대를 45도 각도에 눕혀 놓고 다시 90도 직각으로 올려 세우는 데는 그다지 큰 힘이 들지 않는다. 그러나 직각으로부터 45도가 넘어서면 다시 직각으로 올려 세우기가 매우 어려워진다. 차라리 땅을 향해 자빠뜨리는 것이 더 수월하다. 직각을 향해 곧추 세우기가 수월한 시점, 또 올려 세우기보다는 차라리 밑으로 내리기가 더 수월한 경계선, 그것을 〈분기점〉코스모스센타 용어이라고 한다. 이 분기점에 서게 되면 직각의 세계와 땅의 세계가 동시에 느껴진다.

만약 여러분의 몸을 땅으로부터 45도 각도로 경사지게 눕혀 놓아 보라. 누가 조금만 잡아 주면 금방 일어설 것만 같은 자신이 생길 때와, 이젠 도저히 안 되겠다 싶어 차라리 포기하며 쓰러지는 것이 편한 상태로 느껴지는 분기점을 느낄 것이다. 또한 일어설 수 있는 직각의 세계와 땅의 세계가 동시에 느껴질 것이다. 이렇게 분기점은 양쪽 세계 모두를 동시에 느낄 수 있다.

그러므로 무슨 일이 되었든지 마음이 자신과 일의 분기점에 놓여 있어야 한다. 그래야만 이 일은 지금 해야 하는 것인지, 아니면 마음 편하게 쉬어도 되는 것인지를 느낄 수 있다. 또한 이와 같은 분기점에 있어야만 일에 대한 조급함과 간절함을 가질 수 있다. 그리고 그와 같은 상태에서 원하는 일을 성사시킬 묘안이 나오며, 곧 그 일을 완성시킬 강한 인력引力을 구사할 수가 있다. 그와 같은 상태가 곧 간절한 염원이며, 코스모스센타는 이것을 「싸이파워Psy-Power」라고 부른다. 「싸이파워」야말로 진정한 기도인 것이다.

열심히 노력해도 노력의 대가가 나타나지 않는 사람, 그 사람은 분기점에서 일을 하지 않고 자기 쪽에서 열심히 하고 있기 때문이다. 마음이 자기 쪽에 있게 되면 장력張力이 일과 멀어져 나타나지 않으며, 일이 되지 않을 때 자신을 포기하는 45도 이하의 상태가 되고 만다. 또 마음이 자기를 완전히 떠나 분기점 위에 있게 되면, 지금 무엇을 위해 하는지도 모른 채 자기 즐거움만 느끼게 되며, 결과적으로 현실에 아무런 이득과 구축이 없게 된다. 결국 만족은 되나 결과적으로 헛된 시간을 바쁘게 산 결과만 되고 만다.

결과적으로, 마음이 항상 자신과 일의 분기점에 있어야 일과 자신을 동시에 느낄 수 있으며, 때에 따라서는 당기고, 때에 따라서는 늦출 수 있는 묘안이 나올 수가 있다. 그리고 이것을 느껴야만 자신이 원하는 바가 이루어질 수 있게끔 조바심을 갖게 되며, 그 조바심을 통해 원하는 바람이 현실에 성취되도록 할 수 있다. 그 마음이 곧 「싸이파워Psy-Power」인 것이다.

나는 여러분이 기도하는 사람이 되는 것을 바라지 않는다. 차라리 여러분의 삶이 항상 기도가 되길 원한다. 실패하는 사람들은 대부분 분기점에서 보이는 일은 말하지 않고 자기 말만 하거나, 아니면 허풍선이처럼 자기 중심이 없이 일대상에 관한 장황한 설명만 한다.

〈계란 열 개를 사면 그것이 병아리가 되어 다시 계란 100개가 되고, 그 100개의 계란이 다시 병아리가 되면……〉 하면서 자기 발걸음을 살피지 않으면, 〈아차〉 하는 순간 계란 열 개가 박살이 난다는 사실을 잊어서는 안 된다.

결국 마음의 분기점은 우주심중용을 터득하는 길이며, 이른바 냉철한 눈을 갖추는 길인 것이다. 냉철한 눈을 갖지 못하면 자기감정에 치우치게 되어, 일이 잘 안 되면 포기하거나 외면하고, 기분 나쁘면 하던 일을 걷어치우는 어리석음을 저지르게 된다.

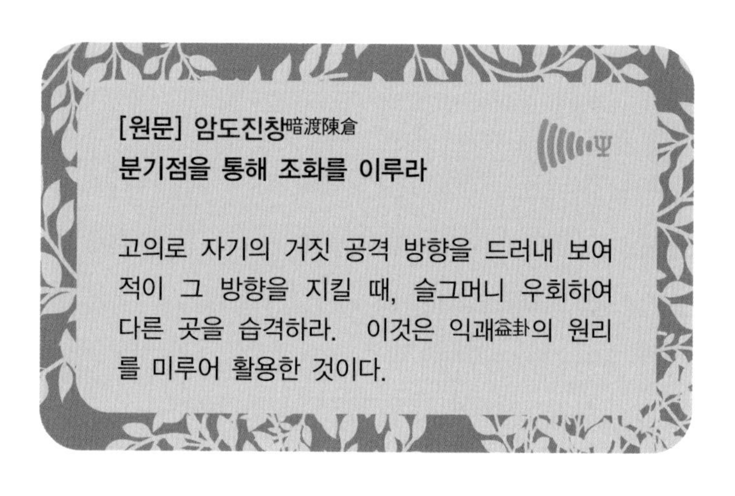

[원문] 암도진창暗渡陳倉

분기점을 통해 조화를 이루라

고의로 자기의 거짓 공격 방향을 드러내 보여 적이 그 방향을 지킬 때, 슬그머니 우회하여 다른 곳을 습격하라. 이것은 익괘益卦의 원리를 미루어 활용한 것이다.

옛날 중국의 초나라와 한나라가 싸울 때, 군사를 촉나라 포중褒中으로 진격시킨 유방劉邦은 진秦나라 장군 장한章邯의 침공을 막기 위해, 그리고 또 항우의 경계심을 딴 데로 돌리기 위해 잔도棧道절벽이나 언덕 사이에 나무를 걸쳐서 만든 흔들다리. 구름다리라고도 함를 불살라 버렸다. 잔도를 태워 없애 버리면 다시는 관중關中으로 되돌아갈 수 없기 때문이다.

그 뒤로 한나라 군사는 관중 출병을 결의했다. 그때 한신韓信이 사람을 시켜 잔도를 보수하는 것처럼 하게 함과 동시에, 은밀히 고도故道-鳳縣과 兩當縣 사잇길로부터 우회하여 진창으로 군사를 진격시켜 장한을 패배시키고 관중을 평정했다.

바로 이와 같은 이야기에서 따온 계計가 바로 암도진창이다. 즉 은밀히 진창다른 길으로 건너가라는 뜻이다. 우리가 짐승을 잡을 때, 오른쪽을 공격하기 위해 왼쪽에서 돌을 던지는 것과 매우 흡사하다. 짐승은 왼쪽에서 나는 소리에 놀라 오른쪽으로 도망할 것이다. 이때를 노려 기습하여 잡는다는 것이다. 〈내가 이 길로 너희를 쳐들어가겠다〉 하며 길을 닦다가 다른 뒷길로 은밀히 기습하는 것, 이것이 바로 여덟 번째 계인 암도진창인 것이다. 물론 암도진창을 사용할 수 있기 위해서는 먼저 상대방이 어떻게 움직일 것인가를 분명히 느끼고 있어야만 한다. 결국 올머리에 의해 상대를 움직일 수 있어야만 가능한 것이다.

자신의 주관으로 상대를 움직일 수 있기 위해서는 반드시 상대와 자신의 분기점에 있지 않으면 안 된다. 상대를 느낄 수 없는 암도진창은, 오히려 상대가 이쪽을 느끼고 있다면 비참한 역전패를 당할 것이기 때문이다.

이 우주 속에는 우리의 눈으로 보이지는 않으나 분명히 존재하는 존재들이 있다. 이 우주는 결국 그것들에 의해 균형을 유지하며 조화를 펼치고 있는 것이다. 분기점 역시 그 존재 중의 하나이다. 길이가 줄어들면 줄어든 만큼의 이동은 있으나, 그 나름의 분기점은 또 다시 존재한다. 만물은 이렇게 보이지 않는 분기점에 의해 서로를 유지하며 그 균형을 잡고 있는 것이다. 이렇게 보이지는 않으나 분명히 존재하는 우주의 비밀을 바로 알지 못하는 한, 우리 인생의 승리는 보장될 수가 없다. 왜냐하면 승리를 위한 노력은 우리 자신이 하는 것이지만, 승리는 우주의 법칙에 의해 나타나는 것이기 때문이다. 〈적을 알고 나를 알면 백전불태白戰不殆하리라〉고 말했던 손자의 유명한 가르침도, 결국 분기점을 터득하지 못하면 바로 알 수가 없는 단지 좋은 말에 불과할 뿐이다.

내가 원하는 것을 하기 위해서는 먼저 상대가 원하는 것을 알지 않으면 안 된다. 항상 내 편에서만 생각하고 요구하기 때문에, 내가 원하는 것을 이룰 수가 없는 것이다.

세상은 항상 변해도 그 변화 속에 분기점은 항상 존재한다는 사실을 잊지 말라. 그리고 그 분기점에서 나와 상대를 충족시킬 수 있도록 하라. 그때 분기점은 균형과 조화로써 내가 원하는 편에서 움직이게 된다.

만약 그대가 지금 계속 노력은 하지만 그 결실이 없다면, 너무 나의 욕심에 사로잡혀 일하는 것은 아닌지, 또는 나의 욕심을 잃고 일하는 것은 아닌지를 점검하라. 결코 나를 위해서만 일하지도 말고, 결코 나를 잃고 일하지도 말라. 분기점을 통해 조화를 이루라. 단지 그 조화를 내가 원하는 쪽에서 하도록 하라. 그것은 결코 단순한 것은 아니다. 간절하고 긴박한 심정이 아니면 결코 쉽게 되지 않는다.

「싸이파워Psy-Power」를 하라. 항상 기도하듯 「싸이파워Psy-Power」를 하라. 그대가 원하는 것만큼이나 희생을 통해 기도하라. 그때 그대는 그 결실 위에서 안도의 한숨을 쉴 수 있을 것이다.

제9계
격안관화隔岸觀火
진정한 경영법

적의 위기를 강 건너 불 보듯 하라. 적의 내부에 심각한 내분이 발생했을 때, 조용히 그 혼란이 극에 달하기를 기다린다. 적의 내부에 투쟁이 격화되면 적은 붕괴를 자초하게 된다. 거기서 비롯되는 유리한 형세를 면밀히 관찰하여 행동으로 옮길 준비를 한다.

물고기는 물에서 산다. 만약 물이 없는 곳으로 나오면 그 물고기는 곧 죽고 만다. 그렇다고 깨끗한 어항 속에 물만 가득 채우고 물고기를 넣어 두면 역시 며칠을 못 가서 그 물고기는 죽고 만다.

여러분은 냇가나 호숫가에 가 보면, 물고기가 많이 있는 물가에는 반드시 바위나 돌이 많이 있는 것을 보게 될 것이다. 물속을 헤엄쳐 다니는 물고기에게 돌이나 바위는 틀림없이 장애나 귀찮은 장벽일 것이다. 그렇지만 돌이나 바위가 없는 맑은 물에선 오히려 물고기가 살 수가 없다. 왜 그럴까? 자유롭게 헤엄치기 위해서는 틀림없이 장애가 될 뿐인 바위나 돌일 텐데.

바위나 돌은 물고기에게 장애가 분명하지만, 물속에 바위나 돌이 있어야만 그곳에 이끼가 끼고, 그럼으로써 플랑크톤 등 물고기가 먹을 수 있는 영양분이 만들어지기 때문이다. 또한 물고기가 휴식할 수 있는 휴식처로도 사용될 수 있기 때문이다. 물속의 바위는 헤엄치는 물고기에게는 장애임이 분명하지만, 그것이 장애가 되어 못 살겠다고 물을 떠나는 물고기는 하나도 없다. 오히려 그 장애로부터 얻어지는 영양분을 공급받으며 휴식을 얻고 있다.

그러나 우리 인간은 어떤가? 작게는 가정에서 시작하여 직장, 사회, 국가에 이르기까지, 누가 꼴 보기 싫어서 못 있겠다고 집을 떠나는 사람, 상사나 골치 아픈 일거리 때문에 못 있겠다며 직장을 떠나고, 급기야 자신의 조국마저 등지고 떠나는 사람도 있다.

물고기가 물을 떠나서는 살 수 없듯이, 우리 인간도 자신이 처해 있는 자기의 울타리를 떠나서는 결코 잘될 수가 없는 것이다. 장애란, 그리고 못 견딜 것만 같은 장벽이란 마치 물속의 바위나 돌과 같아서, 오히려 그로 인해 영양분이 만들어진다는 사실을 모르는 사람이 물고기가 물을 떠나듯 자신의 일터를 떠나는 것이다. 지금껏 물고기의 역사에 바위나 돌이 장애가 되어 그 물가를 떠났다는 물고기는 단 한 마리도 없다. 그러나 우리 인간은 장애나 장벽이 있다고 그 일터를 떠나는 사람이 부지기수다. 한 마디로 물고기만도 못한 인간이 태반인 것이다.

사실 성공을 했다는 사람들 모두는 똑같은 장애나 장벽을 만났을 때 오히려 그 장애로부터 중요한 배움을 터득하여 극복하고, 그것을 토대로 하여 자신의 꿈을 실현시킨 사람들이다. 즉 바위 위에 휴식처를 만들었다는 이야기다. 그렇다면 대부분의 사람은 사실 물고기보다 못한 인물임에 틀림없다.

그러나 인류는 문명을 창조했고, 물고기는 주어진 자연에 살고 있을 뿐, 인간과 같은 문명과 문화를 이룩해내지는 못하고 있다. 물론 장애나 장벽을 피해 일터를 떠나는 사람보다는 장애나 장벽에 휴식처를 만들어 사는 물고기가 보다 훌륭하지만, 물고기는 결코 문명을 이룩해 낼 수 있는 경영 능력을 갖추고 있지는 못하다.

그렇다면 과연 인류가 물고기보다 훌륭한 점은 무엇일까? 물고기는 물이 없이는 살 수 없지만, 물이 있기 때문에 살고 있다는 사실은 모르고 있다. 즉 물에 의해 살 뿐, 물의 소중함은 자각하지 못하고 있는 것이다. 그러나 우리 인간은 가정과 직장, 더 나아가서는 사회와 국가, 그리고 자연에 이르기까지 그 소중함을 자각할 수가 있다.

일터의 소중함을 아는 사람은 어려운 장애를 만났다 하여 결코 그 일터를 떠나지 않는다. 사회의 소중함을 아는 사람은 사회에 해가 되는, 질서의 파괴나 공중도덕 위반 등을 하지 않는다. 그때 비로소 사회를 향상시키기 위한 문화가 탄생하며, 직장과 가정의 향상을 도모하기 위한 문명이 창조되는 것이다. 그리고 그러기 위한 안목과 노력이 곧 경영인 것이다.

그대 만일 직장에서 꼴 보기 싫은 사람이나 어려운 장벽에 부딪힌다 하여 그 직장을 떠나려 하지는 않는가? 만일 그대가 그와 같은 이유로 자주 직장을 바꾼다면 그대는 틀림없이 물고기보다 못한 인물임에 틀림없다.

일터의 소중함을 아는 자. 일의 고마움을 아는 자. 그리고 어려운 난관을 극복해 내는 슬기. 바로 이와 같은 관문을 극복했을 때 그대는 인생에 있어 진정한 경영법이 무엇인지 알게 될 것이다.

물속의 바위는 틀림없이 물고기에게는 장벽일 것이다. 마음의 눈이 물속에 있는 한 분명 장애로만 보일 것이다. 그러나 마음의 눈이 물 밖에 있다면, 그리하여 물의 소중함을 안다면 그 물고기는, 바위란 단지 장애를 주기 위함뿐만 아니라 물고기를 살릴 수 있는 영양분을 만들어 내고 있는 공장임을 알 수 있을 것이다. 더불어 훌륭한 휴식처도 제공하고 있음을 알게 될 것이다. 이것이 바로 〈경영의 눈〉이다.

고난 뒤에는 반드시 영양분이 숨겨져 있다. 경영에 능통한 자는 고난을 통해 영양가를 발견할 수 있는 지혜를 갖추고 있으며, 마음껏 자유로울 때 장애가 나타날 수 있는 대비를 게을리 하지 않는다. 그래서 인간을 만물의 영장이라고 말하는 것이 아닐까?

[원문] 격안관화隔岸觀火

멀리서 지켜보며 스스로 쓰러지길 기다려라

적 내부의 갈등이 격화되어 표면에 나타나면 질서가 무너지니, 아군은 적이 혼란에 빠지기를 조용히 기다려야 한다. 흉포하고 사나우며 방자하여 남을 업신여기면 반드시 자멸한다. 즉 형세에 맞추어 행동해야 한다. 예괘豫卦의 원리는 형세에 맞추어 행동하는 것이다.

격안관화, 이 말은 〈강 건너 불을 보듯〉이라는 뜻이다.

자신의 직장을 사랑하지 아니하고, 직장의 소중함을 망각한 채 직원들끼리 서로 싸운다면 그 직장이 망하는 것은 당연한 것이다. 만약에 물고기가 바위와 싸운다면 곧 그 물고기는 바위에 부딪혀 죽고야 말 것이다. 단지 이때를 틈타 물고기와 싸우기 위해 물속에 들어가지 말고, 멀리서 지켜보며 스스로 물고기가 쓰러지길 기다리라는 교훈이 곧 격안관화의 계計인 것이다. 왜냐하면 바위와 싸우기 위해 독이 오른 물고기를 건드리면 도리어 물고기가 덤벼들기 때문이다.

적이 자기편끼리 배척하고 있는 그런 분위기가 있다 해서 섣불리 접근하면 오히려 반격을 받는다. 멀리서 조용히 지켜보고 있으면 적의 내부에 반드시 변란이 생긴다. 결과를 묵묵히 지켜보다가 적의 힘이 완전히 소모되었을 때 그때 정복하라는 것이 곧 격안관화의 묘수인 것이다.

회사가 멸망하는 요인은 세부적으로 매우 복잡한 것 같지만, 사실 격안관화의 가르침을 잊기 때문에 일어나는 수가 통례적으로 대부분이다. 특별한 적이 반드시 있어서 나를 주목하는 것이 아니라, 세상이 곧 적이 되어 항상 나를 주목하고 있다는 사실을 잊어서는 안 된다.

사업이 되었든, 국가가 되었든, 가정이 되었든, 그것은 곧 우리 사람에 의해 이루어져 있는 것이다. 서로가 못마땅하게 생각하고 미워하고 시기한다면, 세상은 항상 멀리서 바라보다가 더 이상의 협동이 사라질 때 그만 멸망시키고 마는 것이다.

몸이 고된 것은 아직 숙달이 되어 있지 않기 때문이며, 고민이 많은 것은 아직 그 일의 비밀을 체득하지 못했기 때문이고, 서로 미워하는 것은 아직 울타리가 소중하다는 공동의식이 결여되어 있기 때문이다.

모든 어려움은 곧 영양분을 제공하기 위한 비밀의 열쇠이며, 서로 미워하는 감정이 일어나는 것은 아직 울타리를 단속할 만한 그릇이 되어 있지 않다는 증거일 뿐이다.

그리하여 손자는 병법서에 다음과 같이 말했다.

〈명군明君은 이를 깊이 생각하고, 양장良將은 이를 닦아 익힌다. 이利가 아니면 동하지 말고, 얻는 것이 아니면 쓰지를 말고, 위태롭지 않으면 싸우지 말라. 임금은 감정으로 출진의 명령을 내리지 말고, 장수는 화가 나서 싸움에 응하지 말라. 힘에 맞으면 움직이고, 힘에 겨우면 멈추라. 화는 기쁨으로 바꿀 수 있으나, 나라가 망하

면 다시 일으킬 수 없다. 이것이 나라를 안전케 하고 군사를 다스려 강하게 하는 길이다.〉

그렇다. 그대 자신을 위해 결코 울타리를 떠나지 말라. 터전을 위해 그대를 움직이라. 그때 세상은 그대를 넘보지 못하며, 그대는 그대의 울타리를 향상시켜 만유의 영장으로서 찬란한 문명과 문화를 꽃피울 수 있을 것이다.

제10계
소리장도笑裏藏刀
아픔은 성공의 어머니

웃음 속에 칼날이 숨어 있다. 적으로 하여금 이쪽을 믿게 안심시킨 후 비밀리에 일을 도모한다. 주도면밀하게 준비한 후 행동하며 변화가 생기지 않도록 부드러운 외형에 강한 내면을 숨기는 것이다.

사랑하는 사람과 이별을 하면 가슴이 찢어지는 듯한 아픔이 온다. 소중한 물건을 잃으면 무너지듯 가슴이 허전해진다. 원했던 결과가 사라져 버리면 가슴 속 가득히 허망함이 채워진다. 무엇이 가슴 아프게 오열을 일으키는가?

진정 사랑하는 사람이 다치거나 아프면 먼저 가슴에 아픔이 솟는다. 그러나 사랑하는 사람이 무사히 완쾌되면 기쁨보다 먼저, 아픈 가슴이 사라지며 해방감을 맛본다. 그 해방감이 주는 행복은, 만나서 즐거운 기쁨과는 사뭇 다른 절실한 기쁨이다. 진정한 사랑은 이렇게 아픔을 통해 교류된다. 아픔이 없이 마냥 즐겁기만 한 사랑은 진정한 사랑이 아니다. 아픔이 싫어서 돌아서는 사랑 또한 진정한 사랑이 아니다. 때문에 사랑하는 사람을 잃게 되면 그 동안의 아픔이 솟구쳐 오열을 일으키는 것이다. 결국 진정한 사랑이란, 그리고 행복이란, 아픔이라는 씨앗 위에 뭉쳐진 살肉과 같은 것이다.

승리도 사랑과 같아, 낭만적인 기쁨만으로는 결코 얻을 수 없다. 사업이 재미있다고 말하는 자는 아직 성공을 모르는 자이다. 열심히 일하는 즐거움을 말하는 자는 아직 결실을 위한 아픔을 모르는 자이다. 생활의 아픔을 모르는 자는 결코 인생의 성공을 기대하기 어렵다. 하물며 아픔이 싫다고 외면하는 자에게 어찌 성공과 행복이 뒤따르랴!

진정한 〈엄마〉는 아기의 울음소리에 가슴 아픔을 느낀다. 그리고 그 〈아픔〉이 아기 울음의 원인을 밝혀낸다. 〈아픔〉이 없이 단지 울음소리만을 듣게 되면 그 원인을 알 수 없다. 엄마의 아픈 가슴이 아기의 울음을 읽을 수 있는 것이다.

그대, 성공을 원한다면 먼저, 아픈 마음을 피하지 말고 아픔을 갖고 앞으로 가라.

가난의 아픔을 아는 자가 돈의 소중함을 간절하게 느낀다. 가난의 아픔을 모르는 자는 돈이 많아지길 바라며 돈을 쓴다. 결국 〈아픔〉은 돌아올 결과를 분명히 하고 돈을 사용하지만, 아픔을 모르고 희망에 부풀어 돈을 써 가며 하는 사업은 희망만 허무하게 사라지게 할 뿐이다.

아프라! 그리고 그 아픔을 간직하라. 결코 마음이 아프다고, 기분이 좋지 않다고, 자존심이 상한다고 물러서지 말라. 아픔을 갖고, 뜻하고자 하는 바를 사랑하라. 그 때 그대의 뜻은 소중해질 것이며, 기쁨이 아니라 아픔으로부터의 해방감에 안도의 행복을 느낄 것이다.

그대 아직 생활의 어려움이 있다면 먼저 그 아픔을 절감하라. 그리고 그 아픔을 통해 생활하라. 아픔을 잊기 위해 사업하지 말라. 아픔을 잊기 위해 하는 사업은 또 다른 아픔을 잉태할 뿐, 안도의 행복을 가져오지는 못할 것이다. 아픔을 간직하고 하는 사업은 결실을 충실하게 쌓아 가지만, 아픔을 잊기 위해 하는 사업은 한 순간의 기쁨만 추억 속에 남길 뿐, 허망한 현실을 만든다.

죽기를 무릅쓰고 생활하는 자에겐 죽음을 막을 수 있

는 안식처가 주어지지만, 행복만을 추구하며 벌이는 사업은 죽음보다 무서운 비참한 현실이 되어 돌아온다.

〈나는 성공할 것인가〉를 알고 싶다면 먼저, 가슴 속 깊은 곳에 무엇이 있는가를 분명하게 살피라.

도망가지 말라. 추구하지도 말라. 불행을 피해 도망하는 자에겐 끝까지 불행이 뒤따를 것이며, 아픔을 모른 채 추구하는 자에겐 보고 싶지 않은 아픈 현실만 찾아올 뿐이다.

아픔을 통해 하나씩 하나씩 파헤쳐 가는 삶 속에 어느덧 행복의 울타리는 점점 커 가고 있는 것이다. 그리고 조심하라. 행복의 울타리 속에서 아픔을 잊지 말라. 만일 아픔을 잊고 행복에 빠져 들면 울타리만 남겨둔 채 행복은 사라져 버릴 것이다.

추운 아침 일찍부터 한 푼, 두 푼 모은 돈이 주머니에 가득할 때, 그날 하루의 아픔을 잊고 기분 좋게 술타령에 정신아픔을 잃으면 자신도 모르게 주머닛돈을 잃게 된다는 사실을 명심하라.

그대 진정 성공을 원한다면, 그리고 행복을 바란다면

아픈 가슴으로 생활에 임하라. 한 고비, 두 고비 아픔의 순간을 넘길 때, 그것이 곧 성공의 지름길이며 행복의 보금자리라는 사실을 잊지 말라.

생활의 아픔을 아는 자는 냉정하다.
성공의 아픔을 아는 자는 초조하다.
행복의 아픔을 아는 자는 매사에 신중하다.
그리고 모든 실패자는 그 아픔을 두려워한다.

삶의 궁극적 목표가 죽음임을 아는 자는 생활에 강하다.

죽음이 두려워 외면하는 자는 삶의 성공을 기대하기 어렵다.

아픔을 안고 죽음 위에 서라. 그때 그대의 생명은 불타오를 것이다. 그대의 아픔을 이겨 낼 것이다. 결코 삶에 안주하지 말라. 왜냐하면 결국 그대는 죽을 것이기 때문이다.

화려한 삶, 그것은 죽음 위에 건설되는 것이다. 그리

고 아픔을 포용하는 위대한 세계는 죽음의 세계인 것이다. 죽음이 생의 모든 것을 포용할 수 있기에 죽음 위에 우뚝 서야 하는 것이다.

삶의 행복을 위해 아픔을 피하지 말라. 이것이 곧 그대의 현실을 아픔으로부터 구원하는 위대한 첩경이라는 사실을 잊지 말라.

〈속에는 아픔을, 그리고 겉은 세심한 주의를〉. 이것이 그대의 마음이 되게 하라.

항상 그대 마음속에는 아픔이 깃들어 있으라. 그때 그대의 겉마음은 그대가 주인이 될 것이다. 그리고 그대는 느낄 것이다. 그대의 마음을 통해 만유의 속사정을.

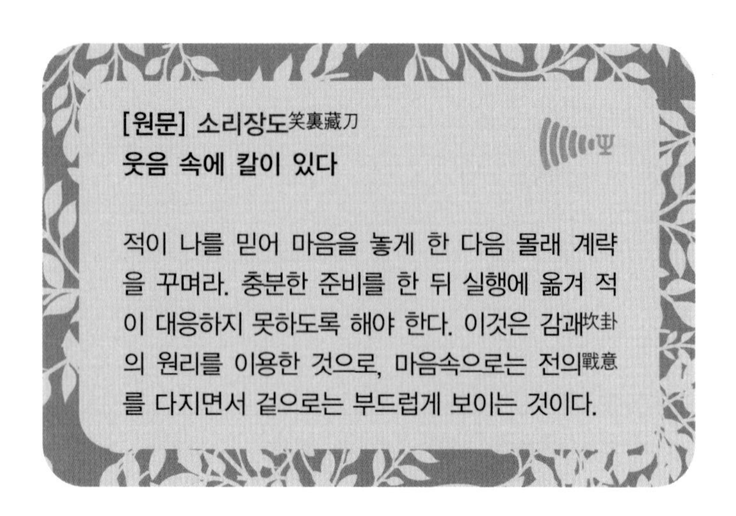

[원문] 소리장도笑裏藏刀

웃음 속에 칼이 있다

적이 나를 믿어 마음을 놓게 한 다음 몰래 계략을 꾸며라. 충분한 준비를 한 뒤 실행에 옮겨 적이 대응하지 못하도록 해야 한다. 이것은 감괘坎卦의 원리를 이용한 것으로, 마음속으로는 전의戰意를 다지면서 겉으로는 부드럽게 보이는 것이다.

중국 송나라 때 조위曹瑋는 위주渭州의 지사였다. 그의 군율은 매우 엄해서 서하인西夏人 등은 몹시 두려워하고 있었다.

어느 날 그가 부장들을 모아 놓고 주연酒宴을 열고 있었는데 돌연 수천 명의 병사들이 반란을 일으켜 서하로 도망쳐 버렸다. 변방을 지키는 정찰 대원이 보고하자 많은 장수들은 서로 얼굴을 마주보며 놀라 두려워했으나 오직 조위만은 태연하게 담소하면서 평소와 같이 이렇게 말했다.

〈염려 마라. 그들의 행동은 내 명령에 의한 것이다.〉

서하에서는 이 말을 전해 듣고, 송나라 군사들이 도망쳐 온 것은 그 뒤에 간계가 숨겨져 있는 것으로 알고 그들을 모조리 죽여 버렸다.

소리장도笑裏藏刀! 웃는 얼굴 뒤에 칼을 감춘다는 뜻이다.

손자孫子는 이렇게 말했다.

〈적의 대응이 겸손한 태도로 나오는 것은 실은 이쪽으로 공격을 가하려고 준비하고 있는 것이다. 구체적으로 약속도 없이 화해를 말해 올 때는 실은 딴 데 겨냥한 것이 있다.〉

왈칵 치미는 성격으로 대드는 사람은 속마음의 힘이 없다. 그는 인내를 모르며, 자신의 뜻을 펴기 위한 방어운전을 모르는 사람이기 때문이다.

진정 속이 강한 자는 겉이 온유해 보인다. 왜냐하면 그는 속을 차리기 위한 결과를 끌어 모으고 있는 중이기 때문이다.

가슴 속에 아픔이 있는 자는 냉정한 눈을 갖지만, 아

픔을 겉으로 내보인 자는 그것으로 자신을 잃는다.

그대, 진정 그대의 아픔을 행복으로 바꾸길 원한다면, 웃음 뒤에 칼을 감추듯 세상을 방심시켜라. 로마의 최후의 왕인 시저는 브루투스에게 암살되어 왕위를 박탈당했다. 브루투스는 어리석음을 가장, 시저를 안심시켜 접근했던 것이다.

이처럼, 폭군을 넘어뜨릴 힘이 없을 경우에는 우선 상대를 방심시켜 놓고 접근하여 호기를 엿보지 않으면 안 된다. 브루투스의 바보짓은 시저에 대한 아픔을 감춘 미소였던 것이다. 만약 이때 시저의 가슴에도 국왕이 되기 전의 아픔이 있었다면 브루투스의 음모를 눈치 챘을 것이다.

적에게는 믿게 하고 방심시켜 나막신을 신겨 놓고, 이쪽에서는 살짝 계략을 꾸며 충분한 대비책을 마련해 놓고, 그러고 나서 행동에 옮긴다. 적에게는 절대 변화를 보여 주어서는 안 된다. 이것은 속으로는 살기를 품고 겉으로는 흔연欣然한 척 보이는 계략이다. 굳이 계략의 차원을 떠나서라도, 우리의 생활은 항상 자신의 내면에 추구하는 속뜻이 갖추어져야 한다.

기억하라!

가슴 속에 아픔이 있는 자가 치유를 알며, 가슴 속에 고난이 있는 자가 안녕을 알며, 가슴 속에 분노가 있는 자가 용기가 있음을.

행복은, 그리고 성공은 아픔에 의해 주도되는 장식과 같은 것이라는 사실을.

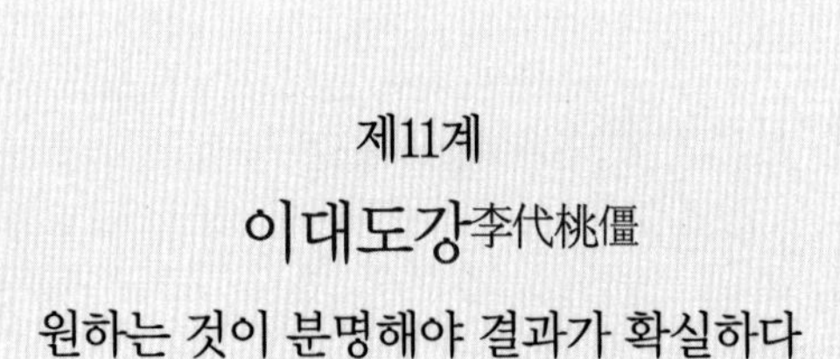

제11계
이대도강李代桃僵
원하는 것이 분명해야 결과가 확실하다

복숭아를 대신해서 오얏나무를 죽인다. 운세는 반드시 기울기 마련이니, 작은 것을 희생시켜 전체의 이로움을 구해야 한다.

옛날 알렉산더 대왕은 전쟁을 함에 있어 아주 적은 수의 정예군만을 거느린 채 싸움에 임했다. 상대의 수가 많다고 하여 결코 대 병력을 대동하여 싸운 적이 한 번도 없었다. 고작해야 2만 명 아니면 3만 명 정도의 정예군을 이끌고 10만 혹은 40만이 넘는 적과 싸워 한 번도 진 적이 없었다. 또한 특별한 병법이 있어서 교묘한 전략을 세워 싸운 것도 아니다. 그러나 세계는 알렉산더의 군대를 이길 수가 없었다.

알렉산더는 〈어떻게 하면 이길 수 있을까〉에 대한 고민을 단 한 번도 해본 적이 없었다. 다만, 자신이 원하는 것이 분명해야만 싸움에 임했다. 그리고 〈내가 원하는 것을 이루기 위해서는 어떻게 해야 할까〉만을 생각하고 또 생각했다. 이것이 알렉산더의 백전백승의 비결이다.

알렉산더는 다음과 같이 전략 아닌 길을 택했다. 먼저

적의 왕을 사로잡는 것이 그 첫째요, 둘째는, 적이 감히 생각할 수 없는 난難코스를 택해서 쳐들어가는 것이었다. 셋째는, 미리 항복하길 경고하고 대항하면 남자들을 모조리 잡아 죽였다. 단, 어린애와 부녀자들은 철저히 보호해 주었다.

적과 싸워 이기기 위해서는 적의 군사 모두를 죽여야만 하는 것은 아니다. 왕 하나만 빼앗으면 나머지 군사는 자연히 항복하게 되어 있다. 그리하여 알렉산더의 정예군은 이리 치고 저리 치며 적을 산만하게 해놓고, 그 틈을 타서 알렉산더는 적의 왕을 직접 잡든지 죽이든지 하는 것이다. 그리고 적이 생각하기에 불가능하다고 생각하는 사막이나 급류의 강을 건너서 쳐들어가는 것이다.

이 세상 모든 것은 그것이 존재하기 위해 갖고 있는 핵심이 반드시 있다. 그 핵심만 제거하면 그 나머지는 자연히 힘을 쓸 수가 없다. 그러나 핵심을 모르면 쓸데없는 노력과 허송세월, 그리고 무책임한 비용만 낭비할 뿐 그 결실을 분명하게 맺지 못하는 것이다.

그리고 핵심을 간파하기 위해서는 먼저 〈내가 원하는 것이 무엇인가〉 하는 핵심이 분명해야만 원하는 핵심을 발견할 수 있는 것이다.

적전계는, 열세에 있을 때 승리를 도모하기 위한 방법이다. 열세에 있는 만큼 불리한 조건이 많다. 그러나 스스로 원하는 것이 분명하면 분명할수록 승리의 길은 좁혀져 오는 것이다.

일본 사무라이들의 검법에 보면, 다리를 공격해 왔을 때 피하는 기술이 없다. 만약 다리를 자르기 위한 공격을 받으면 그 순간 상대방의 목을 노려 공격하는 것이다. 〈병신이 될망정 너를 죽이겠다〉는 심산이다. 작은 손실은 버리고 대국적인 우세를 갖추겠다는 뜻이다.

전쟁의 승패는 쌍방의 힘의 비율로 결정되며, 우세한 쪽이 승리를 거두게 되지만, 때로는 힘의 비교에서 열세에 있던 쪽이 승리를 하는 교묘한 방법도 있다.

찾아서 얻고자 하는 승리는 오지 않는다. 왜냐하면 승

리는 그리고 성공은 밖으로부터 구해서 얻어지는 것이 아니라, 속에서 자라 끌어오는 것이기 때문이다. 일종의 「싸이파워」다. 〈무엇을 하면 잘될까〉 하며 해야 할 사업을 찾아다니는 사람은 교통비만 낭비할 뿐 결코 성공하지 못한다. 무조건 노력하는 활동은 진정한 활동이 아니다. 〈뜻이 있는 곳에 길이 있다〉는 말과 같이, 바라는 바가 분명해야 원하는 것이 보이는 것이다.

막연하게 돈을 벌기 위해 노력하는 노력은 진정한 노력이 아니다. 단순히 돈을 벌려고 만든 상품은 아무도 사 주지 않는다. 스스로 돈을 써가며 갖고 싶은 상품을 만들었을 때 성공을 바랄 수가 있는 것이다.

결코 돈을 벌려고 하지 말라. 오히려 남들로 하여금 돈을 버리게쓰게 하라. 돈을 쓰게 할 수 있는 노력, 그것이 진정한 경영의 지름길이다. 〈취하기 전에 버리게 한다〉. 이것은 알 것 같으면서도 사실 매우 터득하기 힘든 능력이다.

싸움에 있어서도, 나의 장점을 발휘하면 적은 나와 견주려 들지 않는다. 또한 나의 단점을 거침없이 적에게 보여도 적은 의심하여 물러선다. 그러나 나의 장점을 은밀히 감추어 몰래 기르면 적은 방심하여 그 속에 빠져든다. 또한 나의 단점을 감추어 놓으면 적은 나와 견주려 든다.

자신의 상품의 나쁜 점을 감추어 가며 팔고자 한다면 곧 나의 단점을 보완한 더 좋은 상품이 나와 나를 망하게 한다. 그러나 나의 장점을 몰래 감추어, 더 좋은, 더 완벽한 제품을 만들어 내놓으면 세상은 나에게 빠져들어 오는 것이다. 그렇게 남들이 따라올 수 없을 만큼 자신의 장점을 감추어 가며 훌륭한 제품을 거듭 내놓게 되면, 이젠 감히 나를 무찌르려는 라이벌 회사는 점차로 없어지고, 독보적인 존재로서 자리 잡게 되는 것이다. 그러나 거듭 실패작만 만들어 내면 그때는 소비자도 경쟁자도 모두 등을 돌리고 물러나 버리고 만다.

반면에 싸움에 있어서는, 쌍방이 힘을 견줄 때, 자기

편에 대해서는 장점을 발휘하여 단점을 보완하고, 적에 대해서는 장점보다는 단점을 찾아내어 단점을 무찌르는 것이 승리하는 데 있어 중요한 방법이다. 그래서 손자는 다음과 같이 말했다.

〈하등下等 말言로써 상등 말에 대하고, 상등 말로써 중등 말에 대하고, 중등 말로써 하등 말에 대하라.〉

돈 많은 부자와 싸울 때는 아무것도 가진 것이 없는 자가 유리하다. 왜냐하면 가진 것이 없는 자는 잃을 것이 없기 때문이다. 이른바 〈막가는 인생〉은 얌전하게 있어도 고달프고, 대들어도 고달프다. 그러니 여유 있는 생활을 하고 있는 부자는 대드는 자가 생기면 불편할 따름이다. 그러나 아무것도 가진 것이 없는 자에 비해서 조금이라도 가진 자가 유리하다. 왜냐하면 조금이나마 가진 것이 힘이 되기 때문이다. 그리고 조금 더 가진 자가 덜 가진 자보다 유리하다. 왜냐하면 역시 더 가진 만큼 여유가 있기 때문이다. 그러나 아주 많이 가진 자는 아무것도 없는 자보다는 불리하다. 왜냐하면 여유를 빼앗기기 때문이다.

[원문] 이대도강李代桃僵
목숨 걸고 노력하라

전쟁 상황상 아군이 어쩔 수 없이 손실을 입어야 할 때는 가장 약한 부대를 적의 최정예 부대와 맞붙여 아군의 주력부대로 하여금 승리할 수 있는 기회를 갖게 해야 한다. 이는 손괘損卦의 원리를 활용한 것이다.

이대도강李代桃僵이란 직역하면 〈자두가 복숭아 대신 넘어지다〉라는 뜻이다. 원래는 중국의 악부시를 집대성한 〈악부시집樂府詩集〉의 〈상화가사相和歌辭〉에 있는 〈계명鷄鳴〉이라는 시에서 연유된 이름이다.

〈복숭아나무는 우물 위에 나고, 자두나무는 복숭아나무 옆에 나다. 벌레가 찾아와 복숭아나무 뿌리를 자르니 자두나무가 복숭아 대신 넘어진다.〉 의역을 하면 〈살肉을 주고 뼈를 자르라〉라는 말이다. 즉 병신이 될망정 목숨을 빼앗겠다는 뜻이다.

이 세상 모든 존재는 그 존재로서의 목숨을 갖고 있다. 그래서 그 목숨을 빼앗기 위해서는 목숨을 걸고 노력하는 사람만이 차지할 수 있는 것이다.

노력은 목숨 걸고 하는 노력이어야만 생명력을 불러일으킬 수가 있다. 목숨을 지탱하기 위한 안일한 노력은 생명력이 없다.

경쟁자와 힘이 비등할수록 목숨을 노려라. 왜냐하면 그때는 상대를 누를 수 있는 여유가 없기 때문이다. 여유가 많은 자가 여유가 적은 자를 이길 수 있다. 그러나 여유가 적더라도 상대의 목숨을 노릴 수 있다면 상대의 여유는 그만 쓰레기가 되고 마는 것이다.

노력하라! 그러나 결코 얻기 위해 노력하지 말라.

필요로 하라! 간절하게 필요로 하면 반드시 얻기 위한 길이 보일 것이다. 그때 그대가 원하는 결실은 그 길을 통해 오게 된다는 것을 반드시 기억하라.

다시 한 번 명심하라. 무엇을 얻어야 할 것인가를 생각하기 전에 무엇을 원하는가가 분명하라. 그 분명함이 그대를 움직일 때, 그대는 진정한 노력을 이해하게 될 것이다.

그리하여 자신의 장점은 커지고 단점은 안 보이게 하라. 왜냐하면 아무도 그대를 넘보지 않을 것이기 때문이다. 그때 그대의 노력은 노력이 아닌 능력이 되어 있을 것이다. 이른바 싸이파워다. 그리고 그 능력은 승리의 역군이 되어, 그대는 이미 승리자가 되어 있을 것이다. 이것이 승리의 씨앗이요, 꽃이요, 열매임을 다시 한 번 명심하라.

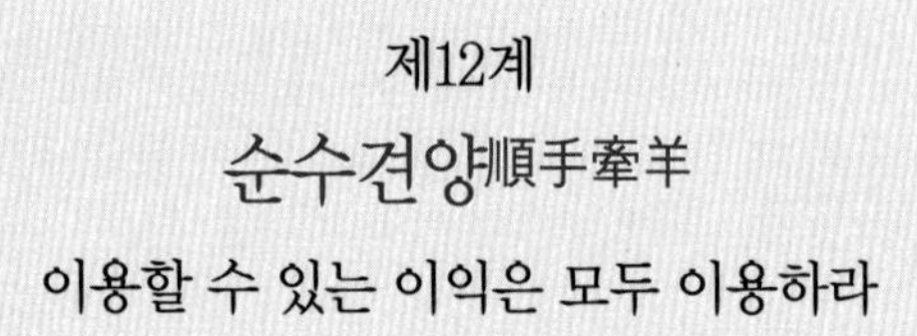

제12계

순수견양順手牽羊

이용할 수 있는 이익은 모두 이용하라

기회를 틈타 양을 슬쩍 끌고 간다. 적의 미세한 틈새라도 반드시 장악해야 하며, 조그만 이익이라도 반드시 얻도록 해야 한다.

일이 잘되고 못되고의 성패는 물론 〈어떻게 하느냐〉에 달려 있지만, 사실 그보다 더 중요한 것은, 그 사람의 됨됨이에 있다. 〈무엇을 갖춘 사람인가〉 하는 문제다. 그래서 인간은 죽는 날까지 배운다고 말하는 것이며, 갖춘 자가 되기 위한 인생의 수양이라는 말을 쓰는 것이다.

소프트웨어와 하드웨어는 일반적으로 컴퓨터 용어이다. 간단히 말해서, 하드웨어는 컴퓨터 기계를 말하며, 소프트웨어는 그 입력된 프로그램 등을 말한다.

컴퓨터의 기능이 보다 뛰어나기 위해서는 그 입력된 소프트웨어가 잘 갖추어져야 된다. 보다 예쁜 글자 모양이나 전자두뇌의 기능을 발휘하기 위해서는 소프트웨어가 잘 꾸며져 있어야만 되는 것이다. 기계는 매우 훌륭한데 입력된 소프트웨어가 단순하고 형편없으면 그 컴퓨터는 아무 쓸모가 없는 것이다. 훌륭한 소프트웨어를 보다 훌륭하게 전달해 주기 위한 것이 하드웨어의 성능인 것이다.

우리 사람도 마찬가지로, 아무리 훌륭한 기구를 갖고 있어도 그 사용법을 모른다면 그 기구들은 아무 쓸모가 없게 된다. 또한 많은 재력은 갖고 있다 하더라도 경영 능력이 없으면 그 많은 돈은 얼마 지나지 않아 휴지처럼 사라져 버린다. 때문에 무엇을 갖길 원하기에 앞서, 먼저 가질 수 있는 됨됨이를 갖추는 것이 무엇보다 중요한 것이다.

어떤 사람은 성공하기는 원하지만 실패할 수 있는 요인을 막는 것은 배우기 꺼려한다. 어떤 사람은 큰돈을 갖길 원하지만 사소한 잔돈은 안중에도 두지 않는다. 이렇게 실패를 두려워하지 않고 사소한 돈을 대수롭지 않게 여기는 마음은 곧 진정으로 필요로 하지 않고 있다는 소프트웨어인 것이다.

날아다니는 곤충을 산 채로 잡기 위해서는 그 곤충보다 더 작은 힘으로, 날아갈 수 있는 길을 막아야만 된다. 힘껏 내리치면 잡기는 잡았으되 죽고 못 쓰게 된다. 만물 앞에 스스로 자신을 낮춘 자만이 그 만물을 거머쥘 수 있는 것이다. 만물 앞에 자신을 강하게 드러내면 오히려 만물은 멀리 달아나 버린다. 이것이 가장 중요한 됨됨이다.

성공은 한 순간에 이루어지는 것이 아니라 잠재적으로 오랜 기간 갖추어진 뒤에야 드러나는 법이다. 때문에 큰 목적을 이루려는 사람은 결코 작은 일을 소홀히 하지 않는다. 〈천리 길도 한 걸음부터〉라고 하듯이, 이미 갖춘 자는 작은 첫걸음이 쌓여 기나긴 목표에 도달하는 것이다. 결코 멈추거나 물러나지 않고.

[원문] 순수견양順手牽羊
취할 수 있는 것은 모두 다 취하라

조그마한 틈이라도 생기면 놓치지 말고 이용해야 하고, 보잘것없는 이익이라도 생기면 있는 힘을 다해 손에 넣어라. 적의 조그마한 실수가 아군에게는 작은 승리가 된다. 이것은 풍괘豊卦의 원리를 활용한 것이다.

순수견양順手牽羊이란 직역하면, 닥치는 대로 양을 끌고 간다는 뜻이다. 즉 기회를 타고 눈앞의 양을 닥치는 대로 끌고 간다는 뜻이다. 큰 것 작은 것 가리지 않고, 취할 수 있는 것은 모두 다 취하라는 뜻이기도 하다.

물건을 보고, 쓸 것과 못 쓸 것을 가리는 자는 쓸 일을 모르는 자다. 쓸 일을 갖춘 자는 남 보기에 아무 소용없는 것이라도 그것을 소중하게 간직한다. 또한 이와 같은 됨됨이를 갖춘 자는 남의 못 쓸 부분을 공격하여 그 모체母體마저 멸망시킬 수가 있다.

결국 순수견양의 계략은, 가는 길에 소용될 만한 것은 모두 갖추며 간다는 뜻이다.

필요할 때만 찾는 자는, 필요한 것을 대비하여 미리 갖춘 자를 이겨낼 수가 없다. 갖춘 자만이 스스로 필요한 것을 할 수 있기 때문이다. 스스로 갖추지 못한 자는 남이 해 주길 바라며, 어느 날 기적이라도 일어나 해야 할 세계가 없어지길 바란다.

이처럼 갖춘 자의 길은 다음과 같은 성립 조건을 갖춰야만 성립될 수가 있다.

첫째는, 반드시 본래의 일을 해야만 된다.

둘째는, 그밖에 쉽게 손에 넣을 수 있는 작은 것을 그 때마다 갖춘다.

셋째는, 아무도 모르게 그 작은 이익을 손에 넣는다.

그리고 넷째는, 그런 작은 이익을 손에 넣었다고 하여 결코 본래의 일에 지장을 가져오지는 않는다.

학교 가는 길에 동네 친구와 어울려 놀던 학생이 성공

하기는 힘들다. 학교에 가기 위해 지루한 등굣길을 재미있게 가기 위해 운동을 하면서 간다든지, 아니면 다른 사람을 도와주면서 가는 학생은 장래에 희망이 있다. 그렇다고 남을 도와준다는 명목 하에 등교를 포기한다면 그것은 돌이킬 수 없는 실수인 것이다.

결국 순수견양이란, 뚜렷한 목표가 있어 가되 부차적으로 발생하는 이익을 챙겨 가며 도달한다는 뜻이다. 한 가지 일에만 열중하여, 하고자 하는 뜻을 저버리는 사람도 결코 성공하기 힘들다. 한 가지만 바라지 말고 널리 눈을 돌려 이용할 수 있는 이익은 모두 이용하라. 이것이 순수견양의 가르침인 것이다. 동시에 적의 작은 실수를 미끼삼아 파고들어 그 대들보를 무너뜨리라고도 순수견양은 말한다.

아무리 대운大運이 움직인다 하더라도 거기에는 반드시 맹점이 있기 마련이다. 이런 기회를 이용하여 승리를 쟁취하는 것은 대군과 맞싸워 이기는 것보다 훨씬 현명한 것이다.

삼국지에 의하면, 후한後韓의 헌제獻帝는 반신叛臣 때문에 장안으로 납치되어 감금되어 있었는데, 학대에 못 이겨 몰래 탈출, 낙양洛陽으로 도망가다가 도중에 도적 기마대에게 쫓기게 되었다. 이때 헌제는 수레에 타고 있었는데, 수레와 기마대는 그 속력이 달랐다. 그렇게 쫓기고 쫓기다가 어느덧 붙잡힐 지경이 되었을 때, 그때 함께 오던 늙은 신하 동승董承이 소리 지르며 〈갖고 있는 패물이나 돈을 있는 대로 길바닥에 뿌려라〉라고 외쳤다. 함께 달리던 사람들은 목숨이라도 살아야겠다는 생각에서, 입고 있던 옷이나 지니고 있던 패물을 벗어 길바닥에 던지고, 황후도 패물을 끌러 내던지고, 헌제도 좌우의 부책전적符册典籍까지 꺼내어 아낌없이 수레 위에서 밖으로 내던졌다.

맹렬하게 쫓아오던 도적들은 여기까지 오자 급히 말에서 내려 서로 앞을 다투며 그것들을 줍느라고 정신이 없었다. 이에 당황한 도적 대장이 소리소리 지르며 이를 제지하느라 이리 뛰고 저리 뛰며 내쫓았으나, 도적들은 그것도 아랑곳없이 땅 위에 흐트러진 보화를 줍느라 아귀다툼이었다. 그도 그럴 것이, 1년 내내 목숨 걸고 일해도 손에 넣을 수 없는 보화가 굴러다니니 그걸 버리고 헌제를 쫓는다는 건 말도 안 되는 일이기 때문이다. 즉 도적떼들은 양羊은 끌고 갈 수 있었지만 진짜로 중요한 것은 잃고 만 것이다.

갖춘 자가 되기 위해서는 먼저 중심이 분명해야 한다. 중심이 분명해야 필요가 확실하며, 필요가 분명해야 순수견양의 눈이 뜨이기 때문이다.

중심과 뜻이 분명해야 그 세계로부터 필요한 것을 발견할 수 있으며, 필요한 것을 발견할 수 있어야만 제대로 갖추어 그 뜻을 이루는 것이다.

〈뜻이 무엇인가〉를 묻는 자는 중심이 분명하지 않기 때문이며, 〈중심이 무엇인가〉를 묻는 자는 갖춘 자가 아니기 때문이다.

삶에 필요한 것을 두루 갖춘 자, 그것은 이미 소프트웨어적으로는 스스로 갖춘 자이기 때문이다. 나는 왜 갖추어지질 않나, 무엇을 배워야 하며 얻어야 하는가를 알기 위해서는 먼저 자신이 갖춘 자가 되라.

성공은, 그리고 승리는 갖춘 자에 의해 이루어진 결과에 붙여진 이름이며, 그 노력의 찬사일 뿐이다. 그때 그대의 인생 여행은 순수견양의 보너스를 통해 보다 훌륭하게, 보다 찬란하게 그대의 영혼에 풍요를 느끼게 해 줄 것이다.

〈티끌 모아 태산〉의 그 태산을 만들 수 있도록, 갖춰진 자에게 부여된 우주의 섭리를 음미하여 그대 인생이 곧 산이 될 수 있도록 스스로 자신을 확고히 갖춰야만 할 것이다.

코스모스센타 용어

| 앞마음 | 눈앞의 사실을 보고 반응하는 마음. 받은 선물이 마음에 들면 매우 기뻐하며 좋아한다. 뒤에 무엇이 올까를 알고 세운 계획. 뒤를 위해 막거나 나서서 하는 행동의 주체.

| 뒷마음 | 자기를 배제하고 현실적 안목으로 살피는 마음. 앞마음이 눈앞의 선물을 보고 기뻐하면 뒷마음은 〈왜 이 선물을 보냈을까〉 하며 선물을 보낸 의도를 살핀다. 앞마음이 한 사실을 숨기고 모른 체하고 있는 마음.

| 올머리 | 필요한 것을 분명하게 원하여 그 원하는 것을 현실에 이루기 위해 쓰는 머리.

| 갈머리 | 올머리가 원하는 바를 이루어내기 위해 현실적으로 어떻게 할 것인가를 생각하고 그렇게 되기 위해 무엇을 할까를 생각하는 머리, 혹은 그 원하는 것을 찾아가는 머리.

| 분기점 | 작용이 존재의 영향력을 느낄 수 있는 시점.

| 싸이파워 Psy-Power **|** 우주를 움직일 수 있는 인간의 정신 에너지 혹은 우주가 만물을 움직일 수 있는 물질 이전의 신성에너지. 「싸이파워」는 〈~을 해 주세요〉 하고 원하는 것을 누군가에게 구하는 방식이 아니라, 우주가 호응할 수 있도록 우주를 움직여 원하는 것을 현실세계에 창조하는 방법이다.

| **겉마음** | 속마음을 완수하기 위해 현실적으로 드러나는 행위의 주체, 혹은 속마음을 숨기기 위해 현실을 속이는 행동의 주체. 이른바 딴청.

| **속마음** | 자신만을 위한 비밀스러운 내용. 드러낼 수 없는 사정이 있는 심정.

제3부

공전계攻戰計

본격적으로 치밀한 작전을 세워 공격하는 것이다. 공격과 방어는 창과 방패의 개념과 같은 것으로서, 역전에 역전을 거듭한다. 오직 지피지기知彼知己적을 알고 나를 앎**만이 백전백승을 거둘 수 있다.**

지혜를 통해, 보이지 않는 길을 본다

물고기는 물속에서 산다. 그것은 지느러미가 있기 때문이다. 새들은 하늘에서 산다. 그것은 날개가 있기 때문이다. 물고기는 하늘에서 살 수 없다. 그것은 날개가 없기 때문이다. 새는 물속에서 살 수 없다. 그것은 지느러미가 없기 때문이다. 아무리 용맹스러운 사자나 호랑이라 할지라도 하늘이나 물속에서는 살 수가 없다. 그것은 날개와 지느러미가 없기 때문이다.

그러나 사람은 날개도 지느러미도 없지만 물속이나

하늘에서 살 수 있다. 잠수함이나 비행기 따위를 만들 수 있기 때문이다. 그래서 사람을 만물의 영장이라 말한다. 인간은 지능이 가장 진화된 생물인 까닭이다.

지능의 진화가 덜 된 생물은 단순히 감각만으로 산다. 즉 보이는 것만을 믿고, 들리는 것만을 소리라고 알며, 맛있는 것만을 찾아 헤맨다. 그러나 지능이 진화될수록 보이지 않는 것을 보며, 들리지 않는 것을 들을 수 있으며, 없는 맛을 새롭게 만들어 낼 수가 있다. 이렇게 보이지 않는 것을 보며 들리지 않는 것을 들을 수 있는 지능을 〈지혜〉라고 한다.

지능의 진화가 덜 된 사람은 보이는 것만을 고집하며, 들리는 소리만을 고집한다. 그러나 지혜를 갖춘 사람은 보이지 않는 길을 보며, 들리지 않는 소리를 감지할 수 있다. 지혜가 없는 사람은 보이는 것만을 보며, 보이는 것만을 잡을 수 있다. 그러나 지혜가 있는 사람은 보이지 않는 것을 찾을 수 있으며, 만질 수 없는 것도 잡을 수 있다.

지혜가 없는 사람은 물리적으로 싸우나, 지혜가 있는 사람은 이겨 놓고 싸운다. 아니, 이미 이긴 것에 대한 종지부만을 찍는다. 이렇게 지혜를 사용하면 작은 힘으로도 큰 것을 이길 수 있으며, 약한 몸으로 큰 몸도 이길 수 있다.

공전계攻戰計, 이것은 지혜를 통해 지략으로 승리를 하기 위한 방법이다. 왜냐하면 전쟁은 목적이 아니라 수단이어야 하며, 모략에 의해 무리 없는 승리를 꾀해야 하기 때문이다.

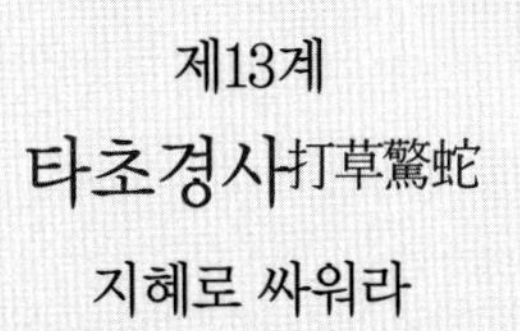

제13계
타초경사打草驚蛇
지혜로 싸워라

풀을 베어 뱀을 놀라게 한다. 적에게 어떤 의심이 생기면 반드시 가서 살펴보아야 한다. 자세히 정찰한 후에 비로소 행동을 해야 한다. 계속 반복하여 정찰해야 적의 숨겨진 음모를 발견할 수 있다.

〈매사에 조바심을 가져라〉. 이것은 선도仙道의 장생술長生術 제1수칙이다. 또한 장생의 최고의 비결이라 할 수 있는 경지는 마음의 평정이다. 조바심과 평정, 이것은 무슨 함수 관계일까?

어떤 사람들은 〈못살아도 마음만 편하면 좋다〉라든가, 〈물질보다는 마음이 우선〉이라는 등의 말을 자주 한다. 결국 이와 같이 말하는 사람들은 대부분 생활을 제대로 알지 못하는 사람들이다. 왜냐하면 먹을 것도 없이 어떻게 마음이 편안할 수 있겠는가? 물론 그와 같이 말하는 사람들은 대부분 하루 세 끼는 먹을 수 있으며, 세 끼가 안 되면 두 끼라도 먹으며 살면 되지 않겠느냐는 뜻이겠지만, 중요한 사실은, 세상이 결코 그 사람의 몸을 편하게 내버려 두지 않는다는 것이다.

그것은 마치 흐르는 물 위에 뗏목을 만들고 앉아 마음만 편히 가지면 된다는 것과 같다. 그러나 물결은 항상 잔잔한 것만은 아니다. 때로는 뗏목이 큰 바위에 부딪혀서 그 사람을 떨어지게 할 수도 있고, 아니면 갑자기 절벽에서 떨어져 아예 죽음으로 몰아갈 수도 있기 때문이다. 결국 그 사람들의 말은 단지 무능에 대한 정당화이며, 또 그런 자세로 살기 때문에 결국 무능할 수밖에 없는 것이다.

〈매사에 조바심을 가져라〉. 그것은, 항상 보이는 것은 물론 보이지 않는 곳도 살피고, 믿는 것도 경계심을 갖고 확인하여, 마음의 확신이 상황을 통하여 확인되었을 때 비로소 과감하게 행동하라는 뜻이다.

음식이 맛있다고 무리하게 많이 먹으면 몸이 망가진다. 조바심을 갖고 살펴서 먹어야 한다. 〈아무리 맛이 있어도 몸에 무리가 가지 않도록 위장의 70% 정도만 먹어라〉 하는 따위가 장생술의 제1수칙인 조바심인 것이다.

결국 확신은 갖는 것이 아니라 오는 것이며, 그렇게 확신이 왔을 때 비로소 마음은 평정할 수가 있는 것이다. 그래서 〈돌다리도 두드려 보고 건너라〉고 말하지 않던가?

[원문] 타초경사打草驚蛇

상황의 흐름을 항상 감지하라

의심스러울 때는 정찰을 확실하게 하여 형세를 완전히 파악한 뒤에 행동하라. 복괘復卦의 원리는 음陰적이 음모를 꾸미는 매개 수단이다.

당나라 때 당도현當塗縣의 지사인 왕로王魯라는 사나이는 돈이라면 사족을 못 쓰는 관리였다. 어느 날, 주민들이 연명으로, 그의 부하들이 뇌물을 받았다고 고발해 왔다. 깜짝 놀란 그는 얼떨결에 그 고발장에다 이렇게 써 놓았다. 〈너희들은 풀을 쳤지만, 이것은 이미 뱀을 놀라게 했다.〉 즉 백성들이 친 것은 풀뿐이지만 나로서는 풀 속에 숨어 있는 뱀이 놀라듯 깜짝 놀랐다는 뜻이다. 타초경사는 이와 같은 유래에서 나온 이름이다.

의심스러운 정황이 있으면 정찰로써 확인하여 정황을 완전히 파악하고 나서 행동해야 한다. 정찰을 거듭하는 것은 숨어 있는 적을 발견하는 중요 수단이다.

적의 병력이 나타나 있지 않은 것은 음모를 숨겨 놓고 있다는 증거다. 맹목적으로 자기 힘만 믿고 쳐들어갈 것이 아니라 그 선봉을 모조리 수색할 필요가 있다.

손자병법의 손자는 이렇게 말하고 있다.

〈군의 진로에 험한 지형이나 못이나 늪, 수초가 무성한 습지, 숲이나 잡풀로 덮여 있는 곳이 있으면 신중히 수색할 필요가 있다. 이것들은 모두 적이 비계秘計를 꾸미고 있을 우려가 있기 때문이다.〉

결국 타초경사란, 뱀이 숨어 있는 풀밭, 즉 뱀 집을 두들겨 뱀을 집으로부터 몰아내서 그 상태를 확인하고 나서 잡든지 죽이든지 하는 것인데, 그것은 뱀을 직접적인 목표로 하지 않고, 뱀을 때리는 대신 그 근방의 풀밭을 때려서 뱀의 상황을 알려는 것이다.

자기가 알고 있는 것도, 안다고 하여 스스로 믿을 것이 아니라, 반응을 보고 그 반응을 통하여 상황을 정확히 파악하여 안전을 확인한 뒤에 행동하는 것, 이것이 결국 승리를 불러들이는 첩경이며, 그 승리를 통하여 평정을 찾는 것이 진정한 안정인 것이다.

지혜가 있는 사람은 매사에 조바심을 통해 반응을 살펴 승리를 취하지만, 지혜가 없는 사람은 무조건 취하고자 하는 욕심만으로 행동하기 때문에 그로 인해 이상한 반응을 일으켜 도리어 고된 일을 만든다.

승리자는 일어날 수 있는 반응을 미리 흡수하여 그 결실을 취하며, 패배자는 먼저 취하고자 행동하기 때문에 그 반응으로 결실을 잃는다.

그러므로 승리자는 항상 정황과 함께 살며, 조바심을 통해 상황의 흐름을 항상 감지하며, 그 상황을 통하여 승리를 창조하는 것이다.

그대, 진정한 결실을 맺고자 한다면, 그리고 승리자가 되기 위해서라면 먼저 그대 자신을 믿지 말라. 그대, 믿는 바가 확신이 되어 돌아오기 전에는 선불리 행동하지 말라.

찾고자 하는 것이 있으면 드러나게 하고, 잡고자 하는

것이 있으면 들어오게 하라.

내가 원하는 것을 얻기 위해서는, 상대가 필요한 것이 무엇인지 먼저 파악하라.

반드시 먼저 알고 뒤에 행동하라.

길을 알고 가는 자는 목적지에 도달하지만, 목적지만 바라보고 가는 자는 길을 잃는다.

그대는 몸 가장 높은 곳에 존재하는, 바로 보고, 듣고, 느끼고 할 수 있는 접수구의 사령탑임을 잊지 말라. 만약 사령탑의 역할을 하지 못하고, 보이고 들리는 대로 접수만 하는 접수구라면 그대는 진화된 지혜를 갖추지 못한 존재, 즉 영장靈長이 아니라는 사실을 뼈아프게 인식하라.

요구는 그대 자신이 할 수 있지만, 그 요구가 실현되기 위한 상황은 자연의 법칙임을 잊지 말라. 이것이 공전계攻戰計가 가르쳐 주는, 그대 자신을 가장 효율적으로 사용하는 비밀 병법이다.

세상을 무시한 채 자기 이익만을 취하거나 주장하지

말라.

세상이 그대를 위해 존재하게끔 하라. 그때 그대는 세계의 주인이 될 것이며, 승리자는 세계의 주인에게 붙여지는 명예로운 이름임을 기억하라.

승리는 세상을 아는 자의, 세상에 의한, 세상의 것임을 명심하라.

그때 그대는 승리자가 되어 있을 것이다.

제14계

차시환혼借屍還魂

마음이 가는 곳에 보물이 있다

죽은 영혼이 다른 시체를 빌려 부활한다. 강한 자는 부리기 힘들다. 그러나 약한 자는 약간의 도움만 주면 얼마든지 쓸 수가 있다. 결국 내가 약한 자에게 도움을 구하는 것이 아니라 약한 자가 나에게 도움을 구하는 격이다.

남자와 여자의 차이점을 따져 보면 다른 점이 있겠지만 그중 가장 특이할 만한 것은, 남자는 이것저것 따져가며 위험한 상황인지, 손해가 날 것인지 등을 헤아리지만, 여자는 자신이 좋으면 좋고, 싫으면 싫다는 식의 가부可否 결정이 빠르다는 것이다.

대체로 남자는 이것저것을 면밀히 살필 수 있는 특징을 갖고 있지만, 이처럼 따질 수 있는 능력이 있음에도 불구하고 실패하는 남자가 있다는 것은 어딘가 결함이 있는 것이다. 그중 가장 큰 결점은, 쉽게 할 수 있는 일이면 택하고, 조금이라도 위험하면 물러서는 것이다.

그러나 손쉽게 할 수 있는 일이라는 것은 진정한 일이 아니다. 왜냐하면 누구나 다 할 수 있기 때문이다. 그러나 여자는 아무리 위험한 일이라 하더라도 본인만 좋다면 죽음을 무릅쓰고 한다. 그래서 어떨 때는 남자가 감히 상상할 수 없는 것을 여자가 해내는 수도 있다. 즉 위험하다고 느껴서 물러서는 남자는 그 일을 진정으로 좋아하고 있지 않기 때문이다. 진짜 그 일이 좋아서 아무도 못 말릴 지경이 되면 그 사람은 반드시 그 일을 성공시키고 만다. 승리란 이렇게 하여 붙여진 이름인 것이다.

사리를 따지는 것도, 자기 자신의 안위를 위해서 따질 것이 아니라 그 일을 성공시키기 위해서 따져야 한다. 그렇지 않으면 〈나는 그 일이 좋아서 했는데 왜 실패를 했습니까〉 하고 되묻게 된다.

일을 위해서 머리를 사용하는 것, 그러기 위해서는 좋아하는 에너지가 일로부터 나에게 와서 〈나는 좋아한다〉는 느낌을 갖는 것이 아니라, 나의 에너지가 나로부터 그 일을 향해 흘러나가야 한다. 그때 그 일은 반드시 성취된다. 이것이 승리의 가장 기본이 되는 지름길인 것이다. 왜냐하면 좋아하는 에너지가 나로부터 상대일에게 흘러갔을 때 그 상대일의 비밀을 볼 수 있기 때문이다.

일이 〈성취되었느냐, 안 되었느냐〉는 그 일을 〈했느냐, 안 했느냐〉에 있는 것이 아니라 마음이 그 일을 향해 〈흘러갔느냐, 안 갔느냐〉에 따라 나타나는 것이다.

우리 속담에 〈이가 없으면 잇몸으로 씹는다〉는 말이 있다. 이 대신 잇몸으로 씹으면 먼저 잇몸이 조금이라도 아파 오게 될 것이다. 그래도 먹는 것이 맛이 있어서 그 맛있는 것을 먹기 위해 씹는 것이다. 만약 그때 〈잇몸을 다치면 어쩌나〉 하는 위험을 느낀다면 그 순간 당장 씹는 것을 멈추게 될 것이다. 자신의 안전을 위해 씹는 것을 멈출 것이냐, 아니면 좋은 맛을 즐기기 위해 나의 에너지를 잇몸을 통해 발휘할 것이냐에 따라, 잇몸으로라도 씹어 삼키는 자와 그렇지 않은 자가 있는 것이다. 승패는 이렇게 나타나는 것이다.

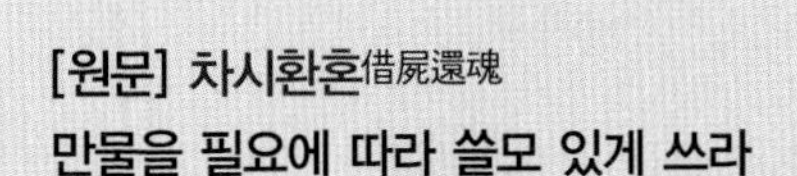

[원문] 차시환혼借屍還魂

만물을 필요에 따라 쓸모 있게 쓰라

쓸 만한 것은 이용할 수 없으니 부리기가 어렵다. 쓸모없는 것을 이용해야 한다. 쓸모없는 것을 이용하면 부리기가 쉽고, 나 외에 다른 사람에게 이용되지도 않으니, 이는 내가 다른 사람을 지배하는 것이 된다. 이는 몽괘蒙卦의 원리를 응용한 것이다.

누구에게나 소용되고 있는 것은 이용할 수 없지만, 소용되고 있지 않은 것은 사실 이쪽의 손길을 바라고 있는 것이다. 소용되지 않는 것을 이용한다는 것, 이것은 그 상대가 절실하게 이쪽의 손길을 바라고 있는 것이다.

차시환혼借屍還魂, 그 원래의 뜻은 이미 죽은 자가 달리 딴 형식을 빌려 나타난다는 뜻이다. 즉 이용할 수 있는 것은 무엇이나 다 이용해서 뜻하는 바를 실현시킨다는 뜻이다.

옛날에 왕조가 바뀔 때면 실권자가, 망한 나라의 군주

의 자손을 내세워 왕좌에 앉히려 했다. 이것이 곧 주검을 빌려 혼을 찾아오는 계략에 속한다. 아무 실권도 없는 자손을 왕으로 앉히고 그 배후에서 실권을 장악하는 것이다.

옛날 일본의 교토를 장악하고 있던 아시까가 가家의 다카우지가 창건한 무로마치 막부는 차츰 권위를 잃어 신하인 미쓰요시三好, 마쓰나가松永 무리들이 실권을 장악하여 아시까가 가家의 장군들을 몰아내고 있었다.

그때 제15대 장군 아시까가 요시아끼는 쫓겨나 할 수 없이 측근 몇 명만을 데리고 여기저기 다이묘大名들을 찾아다녔으나 어디서나 쓸모없는 인물이라는 낙인을 받았고, 아무도 상대해 주지 않았다. 할 수 없이 요시아끼는 매정하기로 소문난 오다 노부나가를 찾아가게 되었다. 그런데 한 마디로 거절할 줄 알았던 오다 노부나가가 뜻밖에 그를 반갑게 맞이하는 것이었다.

그리고 두 달 뒤, 오다 노부나가는 요시아끼를 데리고 교토로 쳐들어갔다. 노부나가가 혼자서 교토를 쳐들어갔다면 아무리 그의 군사가 강하다 하더라도 맹수 같은 전국의 다이묘大名들이 그를 결코 용서하지 않았을 것이다. 그러나 〈원래 교토에 있어야 할 장군이 교토로 돌아오는 것을 호위하고 온다〉라는 명분 하에 들어오는 것은 미쓰요시, 마쓰나가도 어쩔 수가 없었다. 더군다나 오께하시마 싸움이나 미노 공략에서 그 용맹을 천하에 떨친 노부나가 군軍에게 섣불리 덤벼들 수도 없는 처지였다. 대의명분과 실력을 겸비한 노부나가 군대는 요시아끼를 내세워 쉽게 교토에 침입해 미쓰요시, 마쓰나가 무리들을 제압하고 만 것이다. 전국의 여러 다이묘들은 장군 요시아끼를 쓸모없다고 돌보지 않았는데, 혜안慧眼을 가진 노부나가만은 쓸모가 있다고 간파했던 것이다.

대체로 실패하는 사람들의 대부분은, 다른 사람들이 무엇을 시작해서 잘된다고 하면 그때 비로소 자기도 그것을 하려고 한다. 사실 이 세상은 우리가 원하는 것뿐만 아니라, 소용되기를 바라고 있는 것들이 많다. 그것을 발견하면 엄청난 이득을 얻을 수 있으며, 노력에 대한 성과가 성공으로 나타난다.

알고 보면, 이 세상의 모든 만물은 필요를 느끼지 않을 때는 모두 다 소용없는 것처럼 느껴지지만, 필요할 때는 모두가 소용되는 것들이다. 평상시에 아무 필요 없는 돌멩이라 하더라도 망치가 없을 때는 매우 소중한 것이며, 소용없이 흘러가는 시냇물도 목에 갈증이 나면 매우 소중한 값어치를 갖는 것이다. 때문에 만물은 필요에 따라 모두가 소중하므로, 어떻게 그 필요를 찾아내는가에 따라 무궁무진한 값어치를 창조해 낼 수 있는 것이다.

혹시 지금 여러분은 주변에 요시아끼 장군 같은 쓸모없는 것을 소용없다고 무시하고 있지는 않은가? 그 사람 자체는 별 소용이 되지 않는 것이라고 하더라도, 쓰기에 따라 필요 이상의 값어치를 만들어 낼 수도 있는 것이다.

성공 그리고 승리. 그것은 꼭 필요한 것만을 찾는 곳에서 그 답을 잃어버렸을때, 그 곳에 있는 것이다.

〈쓸모 있게 쓰라〉. 이것이 곧 차시환혼의 계計가 우리에게 주는 교훈인 것이다.

제15계
조호리산調虎離山
충분한 힘을 갖추었는가

호랑이를 산 속에서 유인한다. 유리한 입장에 있는 적을 공격하는 것은 어리석다. 날씨 등 자연 조건이 적에게 불리해지기를 기다려 적이 쳐들어오도록 유인한다. 커다란 위험을 무릅쓰고 적이 공격해 오도록 유혹한다.

우주의 신비 중 하나는, 힘이 힘을 흡수하며, 힘이 힘을 막아 낸다는 사실이다. 이 우주 만물은 서로가 이득과 손실을 동시에 주고받으면서 상호보완 작용을 하고 있다. 식물도 그 자신만으로는 살 수가 없다. 땅으로부터 영양을 공급받는 것은 물론이고, 하늘로부터 햇빛과 빗줄기 등 무수히 많은 보완 작용을 통해 자라고 있는 것이다.

그러나 때로는 햇빛이 식물을 말려 죽일 수도 있고, 빗줄기가 식물을 뭉개 죽일 수도 있다. 그럼에도 불구하고 모든 식물이 죽지 않는 이유는 식물 자체가 생명력을 갖추고 있기 때문이다. 즉 생명력이 햇빛으로부터 필요한 만큼의 에너지만 흡수하고, 불필요한 것은 자신의 생명력으로 막고 있기 때문이다. 떨어지는 빗줄기로부터도 역시 필요한 만큼의 영양만을 흡수하고 나머지는 자신의 힘으로 막고 있는 것이다. 이때 자신의 생명력으로 막을 수 없을 만큼의 큰 힘이 주어지면 식물은 그 생명을 잃고 만다. 즉 힘이, 필요한 만큼의 힘을 흡수하고, 불필요한 힘은 막고 있는 것이다. 이렇게 스스로 갖춘 힘이 클수록 많이 흡수하며, 큰 것을 막아 낼 수가 있다.

우리 인간의 삶도 역시 이와 같다. 흡수하고 막는 것을 잘하는 것, 우리는 그것을 경영이라고 부른다. 많은 사람들이 노력은 하고 있으나 안정권을 구축하지 못하는 이유가 바로 이 경영이 잘못되어 있기 때문이다. 망하는 사람의 대부분은 결과적으로, 흡수를 위한 노력이 아니라 소모를 위한 노력을 하기 때문에 망하는 것이다. 사업을 위해서 한다는 투자가 수입을 위한 준비여야 하는데, 막연한 예상을 갖고 투자하기 때문에 결국 망하고 마는 것이다.

그래서 물건을 만들 때에도 먼저 사지 않으면 안 될 것을 만들어야 한다. 그러나 아직 경영의 눈이 열리지 않은 상태에서는, 이것이 팔릴 물건인지 아닌지를 본인이 확실히 모르는 것이다. 그때는 먼저 자신이 심사관이 되라. 적당한 가격에 내가 먼저 사고 싶은 물건인지 아닌지를 검사하는 것이다. 내가 원하지 않는 것은 다른 사람도 원하지 않기 때문이다. 그리고 그 물건을 만들어 냄에 있어서, 필요한 양을 만들어도 충분히 버텨 나갈 재력을 갖추고 있는가가 문제다. 만약 충분한 재력을 갖추지 못했다면 그보다 규모가 작은, 즉 큰 피해가 없는 쪽으로 피해를 줄여서 시작하여야 한다.

한편, 그 사람이 갖고 있는 재능은 곧 그 사업의 주체다. 좋은 아이디어, 좋은 제품의 개발 등, 또 힘이 남보다 세다든가 싸움을 잘하는 등의 기술도 모두 이에 포함된다. 그러나 결코 주체만으로는 성공할 수가 없다. 적절한 시기, 알맞은 가격, 손쉽게 구입할 수 있는 조건, 좋은 장소, 이와 같은 여건은 곧 경영이다. 훌륭한 장수는 힘이 세기보다 이와 같은 경영이 훌륭해야 한다. 여건만 잘 형성하면 적은 힘으로도 큰 것을 이길 수 있기 때문이다. 그렇다고 물론 형편없는 주체로 여건만 좋게 했다고 해서 성공할 수는 없다. 주체가 형편없을 때는 시작하지 않는 것이 경영의 안목이다. 왜냐하면 상대편 여건을 뚫고 나갈 힘이 없기 때문이다.

이 세상은 이미 보이지 않는 여건을 갖추고 있다. 경영의 주체자는 없지만 보이지 않는 커다란 영역을 갖고 있는 것이다. 성공은 먼저 조그마한 나의 영역으로 큰 영역 속의 사람들을 유인해 오는 것이다. 그것이 성공하면 차츰 큰 영역사회을 움직일 수 있는 능력을 갖게 된다. 그리하여 사회라는 큰 영역의 주체자가 되면 비로소 대성大成을 하게 되는 것이다. 물론 어느 한 부분이겠지만.

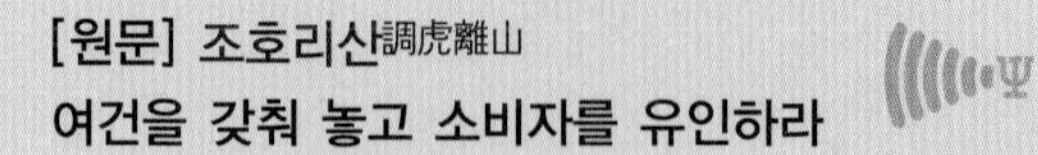

[원문] 조호리산調虎離山

여건을 갖춰 놓고 소비자를 유인하라

적에게 불리한 일기 조건이 형성되기를 기다려 적을 곤경에 처하도록 하며, 인위적인 위장술로 적을 유인하라. 이는 건괘乾卦의 원리를 이용한 것이니, 적을 공격하면 위험이 따르지만 반대로 적이 공격해 오면 오히려 유리해진다.

호랑이를 잡기 위해 산에서 호랑이와 직접 싸우는 것은 불리하다. 왜냐하면 호랑이는 산에 익숙해 있을뿐더러 산의 지형을 잘 알고 있기 때문이다. 미리 함정을 만들어 놓고 호랑이를 산으로부터 유인하여 덫에 걸리게 만드는 것, 이것이 바로 조호리산調虎離山이다. 이미 이길 수 있는 여건을 갖추어 놓고 소비자를 꼬여 내는 것, 이것이 바로 36계의 열다섯 번째 계인 것이다.

1575년 4월, 일본의 다케다 가쓰요리는 1만5천 명의 정예군을 이끌고 도쿠가와 이에야스를 공격하기 위해 나가시노 성으로 출발했다. 도쿠가와 이에야스는 이와 같은 급보를 듣고 오다 노부나가에게 구원을 요청하여 3만8천 명의 연합군을 이끌고 나가시노 성에서 4km 떨어진 렌꼬 강변에 진지를 구축하였다.

도쿠가와 이에야스도 오다 노부나가도 모두 다께다 군대를 두려워하고 있었다. 도쿠가와는 전에 한 번 공격을 받은 적이 있어 다케다와의 결전을 회피하고 있었으며, 오다 노부나가도 우수한 장비와 병력 수는 많았지만 갑자기 편성된 혼합 군이라, 다케다의 백전의 용사들로 구성된 정예군과의 정면 대결에서 이길 자신이 없었다.

이때 오다 노부나가는 다케다를 이길 수 있는 비책秘策을 생각해 냈다. 바로 36계의 열다섯 번째인 조호리산이었다. 물론 오다 노부나가는 자신의 장점인 많은 사람과 무기로 그 승산을 예측하는 것이었다. 총은 검객이 아니라도 쓸 수 있으며, 칼을 쓸 줄 모르는 농민들이라 하더라도 총만 쥐어 주면 충분히 대항할 수 있다. 더군다나 사람 수는 다케다 군보다 압도적으로 많다. 그렇다면 계략만 잘 쓰면 충분히 이길 수 있는 것이다.

오다 노부나가

노부나가 전술

이렇게 하여 오다 노부나가는 다케다 군과 결전하기 위해 그 서쪽에 방어진을 구축했다. 그리고 진지 앞에 목책을 세워, 다케다 군이 자랑하는 기마 돌격을 저지, 거기서 우왕좌왕하는 틈을 타, 총을 든 군대로 공격할 작정으로 목책과 함정을 만들어 놓았다. 그러나 함정이란 상대가 걸려들지 않으면 아무 소용이 없는 것이다. 〈산에서 호랑이를 불러내라.〉 오다 노부나가의 가슴 속에는 계속 이와 같은 말이 울리고 있었다.

오다 노부나가에게는 다케다 편에서 투항해 온 아마노시라는 사람이 있었다. 노부나가는 그를 다케다의 첩자로 보고 있었다. 노부나가는 평소에 자신과 사이가 좋지 않은 최고 간부 사쿠마를 아마노시가 보는 앞에서 호되게 꾸짖고 매질을 했다. 오다 노부나가와 사쿠마는 평소부터 과히 좋지 않은 사이였으므로 사소한 일로 감정이 격화되는 것은 별로 이상할 것이 없었다.

어이없는 표정으로 노부나가를 노려보는 사꾸마의 형상은 일그러질 대로 일그러져 보는 사람조차 새파랗게 질렸다. 그리고 노부나가의 태도는 중신을 대접하는 도리가 아니라고 모두들 입을 모아 비난했다.

노부나가의 진지 최전선 좌익에서 앞으로 쭉 뻗어 거점을 장악하고 있던 사쿠마는 그날 밤 다케다와 내통을 하였다. 〈이쪽에서 모른 척 할 테니 내 진지로 무조건 돌진해 오라〉고.

렌꼬 강 골짜기를 산 위에서 지켜보는 마루야마 고지에 사쿠마 부대가 버티고 있는 한, 다케다 군은 그 옆구리에 칼을 들이대고 있는 형편이어서 여간 해서는 공격을 엄두도 못 내는 형편이었다. 그러나 반대로, 이곳을 손에 넣기만 하면 다케다 군대는 노부나가와 이에야스 군 진지를 내리막길로 석권할 수 있다.

그날 밤 작전 회의에서 다른 부장들은 대부분 반대했

으나 다케다는 아마노시로부터, 사쿠마의 배신은 틀림없다는 정보를 받고 총공격 명령을 내렸다.

결전의 날, 다케다 군은 아직 날도 밝기 전부터 모든 배치를 끝내고 공격 신호만을 기다렸고, 전선에는 정적만 고요할 뿐이었다. 기침소리조차 들리지 않는 긴장감이 감돌고 있었다.

이때 갑자기 수백 발의 총소리가 요란하게 울려 퍼졌다. 순간, 함성이 하늘을 찔렀다. 그것이 바로 머리 위, 더욱이 후방이었다. 간밤에 노부나가는 뒤를 장악하고 있었던 것이다. 이렇게 되니 다케다는 뒤로 물러설 수가 없었다. 그리고 황급히 공격 명령을 내렸다. 결국 다케다 군은 노부나가가 미리 만들어 놓은 함정에 걸려 괴멸하고 만 것이다.

승리, 그것은 결코 우연히 붙잡는 행운은 아니다. 우연한 승리는 곧 사라지고 만다.

또한 충분한 힘을 갖추고 있지 않으면 아무리 훌륭한 경영법이라 하더라도 지탱할 수 없다. 갖추고자 하는 그대의 〈의지〉, 그 의지가 그대 가슴에 없다면 승리 또한 그대에게 머무르지 않을 것이다.

〈구축의 힘〉, 그것이 경영에 있어 성공의 씨앗임을 깊이 연구해야 한다. 왜냐하면 그 씨앗의 꽃이 곧 승리이기 때문이다.

제16계

욕금고종欲擒姑縱

약해진 뒤 흡수하라

큰 것을 얻기 위해 작은 것을 풀어 준다. 적을 지나치게 바짝 쫓으면 적은 도리어 맹렬하게 반격한다. 적이 도망가게 길을 터주면 그 기세가 꺾일 것이다. 적을 쫓되 다급하게 쫓지 말고 적의 힘을 고갈시키고 전투의지를 쇠약하게 만들어 적을 분산시킨 후 사로잡아야 한다. 그러면 칼에 피를 묻히지 않고도 적을 진압할 수 있다. 즉 공격을 주도면밀하게 지연시킴으로써 적을 스스로 자멸하게 만드는 것이다.

〈바위에 달걀 던지기〉, 〈지렁이도 밟으면 꿈틀 한다〉 라는 말이 있다. 상대가 너무 강하거나, 지나치게 덤벼들면 도리어 반격을 받아 이쪽의 손실이 크다는 말이다. 전자는 패하여 손해 보는 것이고, 후자는 설사 이긴다 하더라도 손실이 많아 승리의 의미가 없다는 뜻이다. 결국 싸움은 적과의 싸움이 아니라, 보이지 않는 힘과 힘의 대결인 것이다.

옛날 중국의 삼국시대에 촉나라 승상 제갈량은 한민족조차 복종하고 있다는 맹획孟獲이란 장수를 일곱 번 놔 주었다가 일곱 번 잡은 때가 있었다.

당시 맹획은 중국 남쪽 지방에 가장 강한 장수로 이름이 나 있었는데, 남쪽 지방의 전 부족을 상대로 하여 싸울 것이 아니라, 맹획 한 사람만을 잡아들이면 나머지 부족 국가들은 자연히 항복할 것을 알고 제갈량은, 맹획을 사로잡아 오는 자에게는 포상을 하겠다고 선포했다.

처음 맹획이 잡혀 오자 제갈량은 그를 데리고 자기 군 진지를 시찰시키고 〈어떠냐? 이 진지 상태는?〉 하고 물었다. 맹획은 〈이제까지는 어디가 허술한지를 미처 몰랐었지만, 덕택에 이제 자세히 알았으니 이 정도라면 쉽게 격파할 수 있을 것 같소.〉라고 대답했다.

제갈량은 크게 웃으며 맹획을 놔주었다가 다시 싸웠다.

이렇게 일곱 번을 석방했다가 또 일곱 번째로 잡혀 왔는데, 그를 다시 놔주려 하자 맹획이 이번에는 돌아가려 하지 않고 이렇게 말했다.

〈공께서는 마땅히 하늘의 위광을 가지고 계시오. 남쪽 무리들이 이제 다시 반역하려 들지 않을 것이외다.〉

이렇게 해서 제갈량의 군사들은 오지인 전지塡池까지 진격하여 모조리 평정했다.

아무리 용맹하기로 이름 난 맹획이라 하더라도, 이미 한 번 사로잡고 놔준 뒤라 제갈량의 군사들이 그를 무서

워할 리가 없었다. 또한 맹획 자신도 자기도 모르게 마음의 힘이 약해져 있음을 느꼈을 것이다.

결국 제갈량은 만만한 맹획을 놔줌으로써, 다시 잡을 때마다 영토를 넓혀 갔으며, 맹획이 일곱 번이나 잡혔다는 사실이 다른 부족에게 싸울 기력을 잃게 만든 것이었다.

결국 제갈량은 맹획을 잡은 것이 아니고, 맹획의 힘을 약화시킴으로써 다른 부족의 힘을 제압하였으며, 은혜를 입은 맹획이 최후의 발악을 할 수 없게끔 마음의 힘을 제압한 것이다.

어부가 고래나 상어 등 큰 고기를 잡을 때도 역시 마찬가지로, 화살을 쏜 뒤 얼른 줄을 잡아당기지 않고 지칠 때까지 줄을 풀어 주며, 힘이 빠질 때 잡아들이는 것도 역시 힘을 다루는 기술인 것이다. 만약 날뛰는 고래를 잡아당기려 하면 도리어 고래의 힘에 배가 뒤집힐 가능성이 많은 것이다. 고래는 잡았으되 배가 뒤집혀 버렸다면 그것은 결국 진정한 승리가 아닌 것이다.

적과 대항할 때는 항상 힘을 보고 다룰 줄 알아야 하며, 사람을 쓸 때에도 역시 그 힘을 느낄 줄 알아야 한다. 그래서 손자는 사람을 다룸에 있어 다음과 같이 말했다.

〈졸卒이 아직 익숙해지지 않았는데 그럼에도 처벌하면 불복한다. 또한 완전히 익숙해졌음에도 실수를 벌하지 않으면 버릇없이 되어 버려 다루기 어려워진다.〉

아직 마음이 동화되지 않은 상태에서 처벌을 하거나 하면 반항하고, 동화된 상태에서 실수를 벌하지 않으면 되려 이쪽을 얕잡아 본다는 말이다.

힘의 균형, 그리고 그 가늠을 분명히 볼 줄 모르면, 아무리 큰 힘을 가졌다 하더라도 결코 승리를 기대할 수 없는 것이다.

[본문] 욕금고종欲擒姑縱
약해진 뒤 흡수하라

적을 달아날 길이 없이 추격하면 맹렬한 반격을 받게 되니, 고의로 간신히 살아갈 길을 터주어야 한다. 비록 그들이 살아가더라도 기세는 떨어진다. 추격할 때는 바짝 몰아붙이지 말고, 놓치지 않을 정도로 쫓아서 그들의 체력이 떨어지고 투지가 사그라져 병력이 분산될 때를 기다려 붙잡는다. 이와 같이 용병하면 피를 흘리지 않고도 이길 수 있다. 이는 수괘需卦의 원리이니 적에게 한 가닥 희망을 주는 것이다.

<잡으려면 먼저 놔 주어라>. 이것이 욕금고종이다. 여기서 놔준다는 것은 적을 내팽개쳐 버린다는 뜻이 아니라, 뒤를 쫓는 방법을 다소 느슨하게 하라는 뜻이다. 추격이 너무 지나치면 적의 반격을 받는다. 적을 쫓아 너무 벌리기만 하면 그 세력은 이미 약해져 있는 것이다. 적을 놓치지 않을 정도로 그 뒤를 쫓아야지, 너무 바짝 몰아붙여서는 안 된다. 체력을 소모시키고 그 투지를 와

해시켜 지리멸렬해지기를 기다렸다가 붙잡도록 해야 한다. 이런 용병이라면 유혈을 방지할 수 있다. 천천히 대응하고 세심하게 실행하여 적을 와해시켜라. 이렇게 해야만 우리 쪽에 유리하다.

서기 200년, 중국의 삼국시대에 조조曹操와 원소袁紹가 격돌했다. 이 싸움은 〈관도官渡의 싸움〉이라고 하여, 약한 편이 강한 편을 이긴 예로서 역사상 유명한 싸움의 하나로 알려져 있다. 약한 편은 물론 조조 쪽이다.

싸움을 앞둔 양군의 병력을 보면, 원소 군이 10여 만, 조조 군이 1만이 못 되어, 대략 10배가 넘는 차이가 있었다. 원소는 할아버지 대代부터 4대를 계속 재상을 배출한 후한 왕조後漢王祖의 명문의 아들로서, 그 위광을 배경으로 황화 북쪽에 강대한 세력을 구축하고 있었다. 이에 대항하는 조조는 신흥 세력으로 뻗어 나가는 중이었지만, 실력으로 말해도 도무지 원소의 적수가 못 된다는 것이 일방적인 평가였다.

싸움이 벌어지자 조조 군은 기동 작전에서 선봉 부대

를 격파하여 다소 승리를 거두었지만, 원소 군이 압도적으로 우세한 병력을 투입하여 정면에서 바짝 압박을 해왔다.

싸움이 길어짐에 따라 조조 군은 피로의 기색이 짙어지고, 군량이 얼마 남지 않게 되었다. 자신만만하던 조조는 마음이 약해져, 후방을 지키도록 위임한 신하 순욱荀彧에게 편지를 보내어, 일단 군대를 철수시키고 싶은데 어떠냐고 의논했다. 그러자 순욱은 다음과 같이 격려했다.

〈임금님은 지약至弱으로써 지강至强에 맞서고 있으므로, 만약 여기서 군대를 철수시키면 순식간에 완전 붕괴될 것은 뻔합니다. 지금이 견뎌야 할 중요한 시점입니다. 곧 반드시 승기勝機가 올 것입니다.〉

조조는 마음을 고쳐먹고 스스로 진두지휘하여 부하들을 질타 격려하며 반드시 이긴다고 말했으나, 내심은 다음과 같았다. 〈아무리 비교해 보아도 우리 쪽의 승산은 없다. 하는 수 없다. 나라를 위해 죽자. 정의를 위해 신명을 바치자. 그러면 후세에 이름이라도 남을 것이 아닌가?〉

조조는 죽음을 각오하고 싸운다. 이때 조조의 군사는 사력을 다해 싸움으로써 시간을 끌고 있었다. 이윽고 싸움을 시작한 지 반 년. 버틸 수 있는 한계점에 다다랐을 때 찬스가 왔다. 10만 군대로 1만 군대를 격파하지 못하고 6개월 이상을 질질 끈다고 원소의 분노가 그 참모 허유許攸에게 몰아치자, 허유는 조금만 더 참으면 조조 군은 스스로 항복해 올 것이라고 말했지만, 그에 아랑곳없이 질타하는 원소를 배신하여 허유가 조조 편에 투항해 온 것이다. 〈조조는 사력을 다해 싸운다. 그러나 우리 군대는 싸움에 지쳐 싸우고 싶은 마음이 없다. 그러나 이 상태로 조금만 끌면 조조 군은 자연히 자멸한다.〉라는 허유의 지모를 무시한 채 원소는 자신의 힘만을 믿고 승리를 요구하다 결국 허유가 원소의 약점을 도리어 반격해 와 원소의 10만 군대는 1만 군대의 조조에게 패하고 만 것이다.

삶과 현실. 삶에 치우쳐서 현실의 변화를 느끼지 못한 채 자신의 만족만을 구하게 되면 현실이라고 하는 세태의 힘은 그 삶을 약하게 만든다.

여름이면 더워서 싫다고 집을 떠나 시원한 곳만을 찾아다니는 사람은 그 집안을 위할 힘을 잃는 것이며, 가난이 싫다고 돈이 풍족한 사람을 만나 행복해지길 바라는 사람은 언젠가 홀로 설 수 없는 처량한 신세가 되는 날이 올 것이다.

더위를 무릅쓰고 자신의 일에 정성을 쏟는 사람이야말로 땀 뒤의 시원함과 현실적 결실이 함께 오는 것이며, 배고픔 속에서 만물을 귀하게 여길 줄 알아야 만물의 풍족을 누리며 살 수 있다.

풍족할 때 귀한 줄 모르고 낭비하는 사람은 삶을 낭비하는 자이며, 궁극적으로 현실을 뚫고 이겨 나갈 수 있는 사력死力이야말로 현실에 결실을 맺을 수 있는 진정한 생명의 힘인 것이다.

강한 힘과 강한 힘이 맞부딪치면 양쪽 다 손실이 크며, 사로잡아 보낼 수 있는 균형이 되어야 비로소 힘을 다스릴 수 있는 지혜가 되는 것이다.

약해진 뒤 흡수하라. 이것이 진정한 승리의 열쇠이다.

승리, 득실이 없는 승리는 결코 승리가 아니다.

작은 물은 큰 물에 융화되어 바다가 되듯, 작은 힘을 흡수하여 나의 것에 보태라.

서로 클 때는 격돌하지 말라. 흡수할 수 있을 때, 바로 그 찬스를 놓치지 말라.

득실, 그것이 바로 승리를 보존할 수 있는 유일한 승리의 길인 것이다.

강한 것은 약해지도록 먼저 놔주어라. 이것이 바로 영원한 승리자가 되기 위한 힘의 조화인 것이다.

제17계
포전인옥抛塼引玉
당연한 곳에 승리의 지름길이 있다

벽돌을 던져서 구슬을 얻는다. 비슷한 것으로 적을 미혹시킨 다음 공격한다.

당연한 것을 외면한 곳에 함정이 있다. 우리는 살아가면서 〈어떻게 할까〉 하는 고민을 누구나 한다. 그러나 우리는 그 답을 이미 알고 있다.

입학시험을 앞둔 학생이 〈어떻게 할까〉 하고 고민하고 있다면, 틀림없이 〈떨어질 것을 어떻게 하면 붙게 할 수 있을까〉를 고민하고 있는 것이다. 그러나 이미 그 학생은 합격할 수 있는 방법을 알고 있다. 내일 배울 것을 예습하여 모르는 것은 다음날 확실하게 알아서 배운 것을 잊지 않게 한다든지, 아니면 매일 학교 수업이 끝난 뒤 다섯 시간 이상 공부를 한다든지, 방학 중에 전前학기 공부를 마스터한다든지 하는 등등, 이미 합격할 수 있는 길을 알고 있다. 두 말 하면 잔소리 같은 당연한 길을. 그 당연한 것을 당연히 한다면 아무 문제가 없다. 그러나 그 당연한 것을 하지 않고, 당연으로부터 먼 곳에 가서 〈어떻게 할까〉를 고민하고 있으니 당연히 될 턱이 없는 것이다. 부정입학이니, 부정축재니 하는 것도 결국, 당연한 길을 외면한 채 당연한 사람들 축에 끼고자 하는 억지에서 생겨나는 것이다.

지금 이 시점에서 그대가 원하는 것, 그것을 이루기 위한 길을 그대는 알고 있다. 그 길을 그대로 가면 그대는 그 원하는 것을 당연히 이룬다. 그러나 당연히 알면서 그렇게 되지 못하는 것, 그것은 왜일까?

이 만물은 항상 움직이고 있다. 그대도 물론 움직이고 있다. 집에 가기 위해 정류장에 나왔다가 뜻밖의 친구를 만나면 함께 차라도 마시러 간다. 애초에 집에 가고자 했던 것이, 느닷없이 만난 친구 때문에 그만 카페나 술집으로 발걸음이 바뀐 것이다. 당연히 집에 갈 사람이었다면, 설사 친구를 만났다 하더라도 다음을 약속하고 집에 갈 수도 있다. 그랬다면 틀림없이 집에 도착하였을 것이다. 집에 가고자 했던 사람이 집이 아닌 다른 곳에 가 있다면, 결국 그 사람은 〈당연하지 않았다〉는 것뿐이다. 당연히 알고 당연히 갔다면 당연히 도착해 있을 것을, 다른 이유 때문에 그렇게 하지 못했다면, 결국 당연하지 못했다는 결론일 뿐이다. 당연한 길을 포기하고, 움직이는 만물의 작용 속에 자신을 잃어 버렸기 때문이다.

승리자, 그것은 결국 당연한 길을 단지 당연히 간 사람일 뿐이다. 승리, 그것은 당연한 길을 당연히 갔을 때 붙여지는 이름인 것이다. 그 당연한 길을 외면했을 때 승리는 사라지고, 사라진 승리를 되찾기 위해 아우성치는 삶 속에 인생의 허점이 있는 것이다. 그리고 승리자가 아닌 그 유사품이라도 잡기 위해 발버둥 칠 때, 거기에 함정이 있는 것이다.

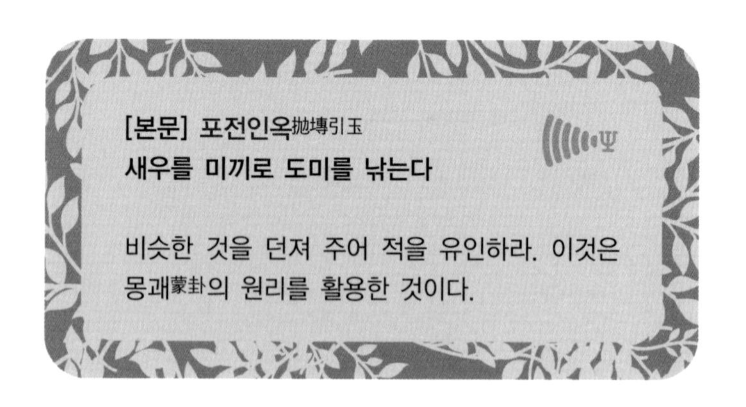

[본문] 포전인옥抛塼引玉
새우를 미끼로 도미를 낚는다

비슷한 것을 던져 주어 적을 유인하라. 이것은 몽괘蒙卦의 원리를 활용한 것이다.

비슷한 것으로 적을 홀려 뭐가 뭔지 모르게 하는 것, 유사품을 던져 상대를 함정에 빠뜨리고 자신의 당연한 길의 장애를 없애는 것, 이것이 곧 포전인옥이다. 직역을 하면 〈벽돌을 던져 옥을 당겨 온다〉라는 뜻으로, 쉽게 말하면, 새우를 미끼로 도미를 낚는다는 것이다. 물론 당연한 길을 당당히 가는 사람에게는 이 계략이 통하지 않는다. 그는 이미 모든 유혹으로부터 자신을 빼앗기지 않는, 자기로부터의 승리자가 되어 있기 때문이다. 그러나 대부분의 사람은 그 당연한 길을 가지 못한 죄로 길을 잃고 자신을 잃었기 때문에, 길 아닌 곳에 던져진 새우를 잡기 위해 자신을 잃어버리고 마는 것이다.

어느 부인은 남편 몰래 저금해 둔 돈을 그냥 묻어 두기가 아까워 무언가 부업을 할 생각을 하였다. 그러나 눈에 보이는 사업을 벌이면 남편이 응하지도 않을뿐더러 집안일을 볼 수도 없기 때문에 그 돈을 부동산에 투자하기로 마음먹었다. 수소문 끝에 수완이 좋다는 부동산 소개업자를 알게 되어, 그 돈을 땅을 사는 데 다 써버렸다. 현금은 없어도 결국 땅으로 남는 것이니 전혀

해 될 것이 없기 때문이다.

얼마 후 그 소개업자는 20%의 이익을 남겨서 다시 팔자고 하였다. 순식간에 20%의 이익금이 불어났다. 다시 그 소개업자는 좋은 땅이 있으니 사두자고 하였다. 물론 이때도 전혀 밑질 것이 없기 때문에 쉽게 응했다. 그리고 얼마 후 다시 30%의 이익을 남겨서 되팔자고 하였다. 처음에 작은 돈이었던 것이 서너 번 만에 다섯 곱 이상의 큰돈이 되었다.

소개업자는 이젠 돈이 커졌으니 더 크게 한 번 해보자며, 아주 큰 땅을 구입하여 쪼개서 팔면 배 이상의 이익을 볼 수 있다고 했다. 이제까지의 신용을 믿고 선뜻 그 돈을 모두 소개업자에게 맡겼다. 그러나 일주일이 지나고 한 달이 지나도 땅을 보러 가자는 연락은 없었다. 결국 부동산 소개업자는 처음 몇 번은 신용을 지켜 주어 이익을 보게 하고, 그 신용을 미끼로 이익금 모두를 챙겨 버린 것이다.

스스로 당당히 살지 않고 남의 힘과 남을 믿고 해서는 안 되는 줄 알면서 〈한 번 더, 한 번 더〉 하다가 결국 망해 버린 예이다.

이 세상 모두가 당당하게 산다면 이 36계는 탄생되지도 않았을 것이다. 모두가 당연한 길을 당당히 간다면 병법은 결코 이 세상에 등장하지 못했을 것이다. 당연한 길, 그 당연한 길을 당연히 가지 못하기 때문에 패자가 되고 실패의 고배를 감수해야 하는 것이다. 반대로, 당면한 길에 최선을 다하여 노력하는 자에게 승리는 당연히 주어지며, 그는 승자가 될 수 있는 것이다.

빛이 있는 곳에 반드시 그림자가 있다. 만물이 가는 곳에는 반드시 부딪쳐 되돌아오는 것이 있다. 희망만을 갖고 앞을 향해 가는 자는 결코 그 희망에 도달하지 못한다. 왜냐하면 그 희망과 함께 장애의 그림자가 깔려 있기 때문이다.

그림자를 제거할 줄 아는 자가 빛에 도달한다.

불행을 막을 줄 아는 자가 행복에 도달한다.

실패를 막을 줄 아는 자가 승리에 도달한다.

자신의 부족을 메워 나갈 줄 아는 자가 결국 승자가 된다.

유혹을 뿌리칠 줄 아는 자가 끝내 목적지에 도착한다.

이것이 당당하게 사는 길이다. 그렇게 당당해졌을 때 비로소 자신의 뜻하는 바를 당당하게 차지할 수 있는 것이다.

패자의 눈에는 목적지만 보이지만, 승자의 눈에는 목적지 앞에 장애가 보인다.

희망에 도달하기 전 잠시 만족에 빠질 때 장애가 스며들어 온다. 이렇게 장애에 빠지면 눈앞의 희망은 아주 멀리 사라져 가는 것이다. 〈아, 어떻게 할까?〉 하며. 돌과 옥을 쳐다보면 둘은 서로 비슷하지만 분명히 다른 것이다. 그러나 〈아, 어떻게 할까?〉 하며 희망을 놓쳤을 때는 돌과 옥이 같게 보인다. 왜냐하면 당당한 눈이 없기 때문이다.

태세가 갖추어지지 않은 해이해진 정신은 허수아비와 사람을 분간하지 못한다. 깃발이나 장막을 둘러치고 징이나 북을 치면서 적을 홀리는 방법이 이렇게 해서 탄생된 포전인옥이다. 그러나 당당한 장수는 유유히 하늘을 나는 새를 보고 그것이 허수아비임을 알고 있다.

당당하라! 왜냐하면 당당한 그 길이 곧 정도正道이기 때문이다. 정도 앞에 계략은 통하지 않는다. 그러나 당당한 길을 외면한 채 다른 곳에 있다면 그대는 바람결에 휘날리는 가랑잎을 보고도 놀라게 될 것이다.

승리, 그것은 당당한 정도를 걷고 있는 자에게는 단순한 길처럼 보이지만, 당당한 길을 외면한 자에게는 신기루처럼 환상적인 것으로 보이게 될 것이다.

그대 진정 승리자가 되기 위해서는, 그리고 인생의 승리를 위해서는 정도를 걸어라. 왜냐하면 그것이 곧 지름길이기 때문이다.

당당하라! 당연한 길을 당연히 갈 때 그대는 어렵지 않게 당당해질 것이다.

제18계

금적금왕擒賊擒王

먼저 그 세계를 사랑하라

적을 이기려면 우두머리부터 잡아라. 적의 주체 세력을 궤멸시키고, 그 우두머리를 사로잡아 적을 와해시킨다. 용龍도 물을 떠나게 되면 어쩔 도리가 없게 된다.

아무리 높이 잘 나는 연도 그 실을 끊으면 힘없이 날아가 버린다. 장기판에 수많은 장기 알이 있다 하더라도 그 왕王 하나만을 잡으면 게임은 끝나게 된다. 힘차게 돌아가는 자전거 바퀴가 흩어져 부서지지 않고 잘 굴러갈 수 있는 것은 그 중심축에 힘이 모여 있기 때문이다. 나라가 발전하고 부강할 수 있는 것은 그 나라 지도자와 국민 간에 단단한 결속이 있기 때문이다. 세상 모든 존재가 존재할 수 있는 것은 반드시 그 핵심을 갖추고 있기 때문이다.

회사가 되었건 나라가 되었건 아니면 다른 단체가 되었건, 회사나 나라, 아니면 그 밖의 다른 단체라는 세계와 우리 인간은 서로 별개의 것처럼 느껴지지만 사실은 그것을 연결해 주는 고리가 있다. 즉 아무나 그 회사의 대표가 될 수 있는 것은 아니며, 아무나 그 나라의 주인

통치자이 될 수 있는 것도 아니다.

회사나 나라라는 개념은 사실 분명히 있는 것이지만, 그 실체는 보이는 것이 아니다. 회사의 건물만 보고 회사라고 할 수도 없는 것이며, 영토만 있다 해서 나라라고 말할 수도 없는 것이다. 또 아무도 없는 영토에 혼자 앉아 있다 해서 그 곳의 통치자가 되는 것은 더더욱 아니다.

그러나 회사나 나라는 인간과 같은 생물은 아니지만, 그것 자체가 생명력을 갖고 있다. 처음부터 크게 발전된 회사는 없다. 회사도 회사 나름대로 어려운 고비를 몇 번씩 넘기고 발전을 거듭해 크나큰 회사로 변모해 가는 것이다. 작은 회사가 큰 회사로 된 것은 물론 사람이 일으킨 결과라고 하겠지만, 어쨌든 아기가 자라 어른이 되듯이, 회사도 성장을 해 나가는 생명력을 갖춘 것임에는 틀림없다.

중요한 사실은, 그 회사나 단체 혹은 나라가 그렇게 발전하고 번영되기 위해서는 반드시 그 회사, 그 나라를 사랑하고 위하는 사람이 있어야 한다는 것이다. 이때 회사를 위하는 사람과 회사라는 세계는 마치 한 몸처럼 연결되는 어떤 고리가 있는데, 그것을 우주의식세계와 연결하여 작용하려는 심리 기제이라 부른다. 자신의 우주심 속에 회사가 들어 있어, 자신과 회사가 하나로 연결된 상태라는 뜻이다.

진정으로 회사를 위하고 아끼는 사람은 회사 밖에서도 항상 회사를 느낄 수 있다. 왜냐하면 우주의식을 통해 연결되어 있기 때문이다. 그러나 자의식自意識 속에서 단지 자신만을 위해 월급을 받고자 회사에 다니는 사람은 그 회사와 연결된 우주의식이 없기 때문에 회사를 느낄 수가 없다. 때문에 회사의 아픔이나 성장을 알아챌 수가 없다. 이것은 인생에 있어서 매우 중요한 문제이다. 왜냐하면 어떤 사람들은 회사에 좋지 못한 일이 벌어졌을 때 자신의 신상을 먼저 생각하며 회사를 그만두는데, 이런 사람의 대부분은 회사가 망하기 전에 손해보지 않고 먼저 그만두자는 심산에서 그만두는 사람들이다.

그러나 이때, 회사를 살리기 위해 안간힘을 쓰며 노력하는 사람이 있다. 결국 회사는 안간힘을 쓰며 노력한 사람 덕분에 오히려 그 고비를 통해 더 큰 발전을 이루게 되며, 그렇게 노력한 사람들은 결국 유복한 생활을 누리게 된다. 그러나 자기 개인의 안전만을 위해 미리 그만두는 사람은 결국 회사를 번영시킬 사람도 아닐뿐더러, 결코 번영된 회사의 복을 누릴 수 있는 사람도 아니다.

망해 가는 회사를 바라보고 흥하도록 애쓰는 사람은 결국 회사와 함께 흥하고, 망해 가는 회사보다 자신을 위해 먼저 그만두는 사람은, 흥한 회사에 몸담을 수 없는 사람이기 때문에 그 흥한 세계로부터 밀려나는 것이다.

때문에 예로부터 나라 사랑 없는 인물이 자기 욕심만 채우기 위해 최고 통치자를 살해하여 그 나라를 차지한 예는 일찍이 있어 본 적이 없다. 혁명은 성공하면 영웅, 실패하면 역적이라고 말들 하지만, 영웅과 역적은 혁명의 성공에 있는 것이 아니라 그 우주의식과 연결된 세계에 있는 것이다. 즉 나라 사랑 없는 혁명은, 성취해도 실패하는 역적이 되는 것이다. 결코 최고 통치자를 살해한 다 해서 그 나라, 그 회사가 자기의 것이 되는 것은 아니다. 그 나라, 그 회사와 우주의식이 연결되어 있지 않으면, 결국 최고의 통치자를 살해했다 하더라도 그 세계를 가질 수는 없는 것이다.

그래서 인생이란 그 사람과 시간에 의해 형성되지만, 자기 자신을 진정으로 위하고 자기 발전을 진정으로 원한다면 먼저 자기에 대한 책임을 가져야만 한다. 그때 그 책임감은 시간을 통해 표현되는 것이며, 결국 자기가 처해 있는 환경이나 여건과 얼마나 밀착되어 있는가에 따라 인생이라는 드라마가 연출되는 것이다. 자기 책임 없이 욕심으로만 해결하려 하면, 또 그 처해 있는 세계를 위하지 않고 자기 고달픔만 면해 보려 한다면, 마치 나라 사랑 없이 통치권만을 노리다가 얼마 후 총살이나 아니면 극형에 처해지는 역적과 같이 되고 마는 것이다.

만약 그대, 인생의 성공을 원한다면 먼저 그대의 우주의식이 활발하게 작용할 수 있도록 먼저 그 세계를 사랑하라. 가정을 사랑하는 자의 집안은 행복해질 것이며, 회사를 사랑하는 자의 직위는 높아질 것이며, 나라를 진정 사랑하는 자에게 역사는 눈길을 줄 것이다. 이렇게 시간이라는 역사는 사랑으로 연결된 자와 함께 성장하는 것이다.

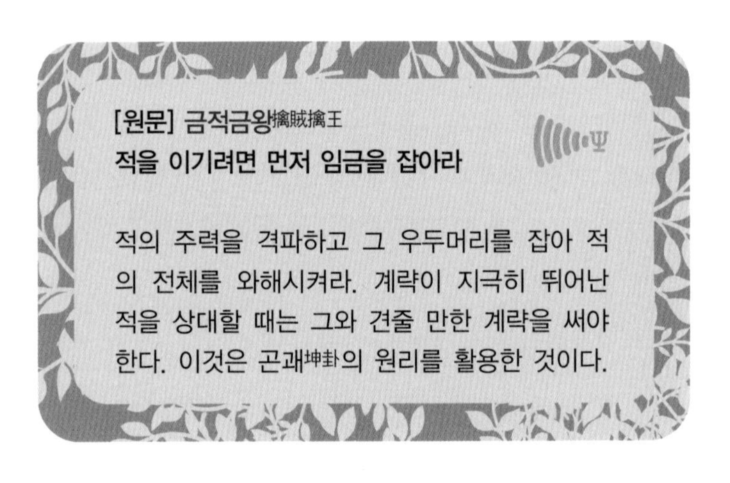

[원문] 금적금왕擒賊擒王

적을 이기려면 먼저 임금을 잡아라

적의 주력을 격파하고 그 우두머리를 잡아 적의 전체를 와해시켜라. 계략이 지극히 뛰어난 적을 상대할 때는 그와 견줄 만한 계략을 써야 한다. 이것은 곤괘坤卦의 원리를 활용한 것이다.

그 바탕을 차지하려면 먼저 그 핵심을 제거하라. 그 세계를 차지하려면 먼저 그 세계를 차지하고 있는 자보다 더 그 세계를 사랑하라. 왜냐하면 그래야만 그 결과 영웅이 될 수 있기 때문이다.

〈적을 잡으려면 먼저 임금을 잡으라〉. 이 열여덟 번째 〈금적금왕〉은 두보杜甫의 시詩 〈전출새前出塞〉에, 〈사람을 쏘려거든 먼저 그 말을 쏘고, 적을 잡으려거든 먼저 그 왕을 잡으라.〉는 구절에서 생겨났다.

옛날 알렉산더 대왕은 단 한 번도 싸움에 패해 본 적이 없는 영웅인데, 그렇다고 해서 무슨 특별한 방법을 구사해서 이긴 것은 아니다. 단지 용맹스런 소수 정예부대만을 이끌고 왕 하나만을 잡기 위해 돌진하였으며, 남이 갈 수 없는 곳이라고 믿고 있는 곳을 통과해 적의 중심부를 급습하였기 때문이다.

중국 당나라 숙종의 장순張巡은 윤자기尹子奇와 싸우기 위해 적진으로 쳐들어가 바로 적장의 깃발이 있는 데까지 이르렀다. 적진은 대혼란에 빠져, 장순은 적의 장수 50명과 병졸 5천여 명을 베어 죽였다. 그런데 윤자기를 죽이려 했으나 도무지 윤자기가 눈에 띄지 않는 것이었다. 그래서 그는 병사들에게 화살 대신, 볏짚으로 만든 화살을 쏘게 했다. 그런 화살에 맞은 적병들은, 장순 쪽 군사들이 이미 화살이 떨어진 줄 알고 이 사실을 알리려고 급히 윤자기에게 달려갔다. 이렇게 해서 장순은 윤자기가 있는 곳을 알게 되어 당장 활로 그를 쏘도록 했다.

핵심과 세계는 반드시 연결고리가 있다. 세계를 얻기 위해서는 반드시 먼저 그 고리를 찾아야 한다. 먼저 우주의식을 차단시키고 핵심을 쳐라. 그리고 그 핵심의 위치를 차지하라. 그리하면 세계를 얻을 수 있다.

이 세상을 차지하는 승리자가 되길 원한다면, 먼저 세상을 탓하지 말고 그 세상을 사랑하라. 그때 그대는 세상과의 연결고리를 갖게 될 것이다.

이 세계는 수많은 연결고리에 의해 이루어져 있다. 때문에 승리는 단순히 욕심만으로 채워지는 것이 아니다. 승리의 길을 갖추어야 한다. 수많은 병법서와 처세술, 그리고 지금 이 36계도 그 연결고리의 비밀을 파헤치기 위해 탄생된 것이다.

그래서 손자는, 패배를 막는 비결은, 먼저 도道를 닦고 그 법法을 지켜야 된다고 말했다.

그대 진정 영원한 승리자가 되길 원한다면 먼저 그 세

계를 사랑하라.

그리고 그대로 인해 그 연결고리가 느슨해지지 않도록 자신에 안주하지 말라.

승리를 자만하지 말라. 왜냐하면 자만은 세계를 잊고, 세계를 잊은 그대의 고리가 누군가에 의해 끊어질 만큼 연약해져 있다는 증거이기 때문이다.

코스모스센타 용어

| **우주의식**宇宙意識 | 우주심을 통해 느끼는 현실. 자의식이 개인적이라면 우주의식은 전체적이다. 현실 자체를 선입견 없이 객관적 입장에서 보며 양 에너지이기 때문에 있는 그 자체를 느낀다. 육감·직감 그리고 영감을 통해 일어난 생각.

| **자의식**自意識 | 5관을 통해 인식된 것 속에서 일어나는 생각. 경험과 축적된 지식을 통해 선입견을 갖고 생각하며, 일어나는 현실 그 자체를 직접 보지 못한다. 우주의식이 파동적이라면 자의식은 입자적이다. 기분과 감정을 일으키고 신체조절을 한다.

제4부

혼전계混戰計

혼란한 국면에 처한 전쟁 상황 하에서 집중적으로 응용되는 계책이다. 쉽게 말하면 적이 혼란할 때 이길 수 있는 계책이다. 움직이는 것은 양陽이 되고, 사태의 추이를 살피는 것은 음陰이 된다. 혼란스러운 것은 양陽이 되고, 질서가 잡힌 것은 음陰이 된다. 그러한 까닭에 진정과 질서는 혼란한 국면에 처했더라도 승리를 쟁취할 수 있는 요체이다.

강한 적은 그 마음을 돌려라

양생술養生術은 우리 몸의 기운을 크게 네 가지로 분류한다. 그 첫째는 심기心氣이며, 둘째는 골기骨氣, 셋째는 근기筋氣, 넷째는 신기神氣이다. 심기란 곧 마음이며, 골기란 뼈의 기운, 즉 생기生氣를 말한다. 근기란 근육의 기운, 곧 살의 기운을 말하며, 신기란 신경의 기운, 곧 몸을 움직일 수 있는 회로와 신경 계통에 사용되는 기운을 뜻한다.

마음이 귀찮으면 신경 쓰기가 싫고, 몸이 피곤하면 근육을 움직이기 싫으며, 나이를 먹으면 뼈가 쑤시고 아픈 것이 곧 이와 같은 우리 몸의 구조 때문이다. 이 네 가지 기운 중 그 주인은 마음, 즉 심기心氣이다. 그러나 골기, 근기, 신기가 약해지면 마음도 약해진다. 때문에 상대를 이기려면 먼저 상대의 마음을 약화시켜야 한다.

그래서 혼전계混戰計는 말한다.

〈싸움이 혼란할 때는 그 마음을 공격하라.〉

일본에 오사카 성城을 구축한 도요토미 히데요시는 사람의 마음을 움직이는 기술이 남다른 데가 있었다. 경영의 신이라 불리는 일본의 마쓰시타 고노스케는 이 오사카 성을 보고 20세기의 기술을 총동원하여 지으면 아무리 빨리 지어도 1년 6개월은 걸릴 것이라고 말했다.

그러나 도요토미 히데요시는 불과 6개월 만에 오사카 성을 완성시켜 놓았다.

〈열심히 일하는 자는 크게 포상한다. 그러나 게으름

을 피우는 자는 즉시 참수한다.〉

이것이 오사카 성을 쌓기 위해 처음 내린 포고령이었다.

처음에 사람들은 겉으로는 열심히 하는 척하면서 실제로는 시간만 때우는 식으로 매일 일당만 받아 가고 있었다. 그 중, 아픈 다리를 이끌면서도 열심히 하는 자는 세 배 이상의 일당을 주었으나, 다리를 다쳤다고 쉬려고 하는 자는 가차 없이 목을 쳤다.

그러자 사람들은 〈죽느냐, 사느냐, 아니면 더 많은 일당을 받느냐〉 하는 선택을 하지 않으면 안 되었다. 이렇게 해서 오사카 성은 6개월 만에 훌륭하게 그 모습을 빛내게 되었던 것이다.

한 번은 이런 일도 있었다. 도요토미 히데요시가 오다 노부나가의 몸종으로 있다가 무사로서 대접을 받기 시작한 지 얼마 안 되어서였다. 당시 도요토미 히데요시는 기요스 성에 출퇴근을 하고 있었다. 그때 기요스 성은 전쟁으로 한쪽 성벽이 허물어져 있었다.

오다 노부나가는 속히 그 성벽을 구축하라고 야마우

찌 우공이라는 자에게 명했다. 야마우찌는 공사장 앞길에 〈공사장 내 무단출입 금지 - 야마우찌 우공〉이라는 간판을 걸어 놓고 20일 동안이나 전전긍긍하고 있었다.

그때 도요토미는 그 공사장을 통해 성 안으로 출퇴근을 하고 있었다. 그것도 당시 중신의 아들인 야마우찌에게 인사 한마디 없이, 쌓아 놓은 목재를 밟고 지나다녔다.

야마우찌는 신출내기 무사가 허락도 없이 공사장을 넘나드는 것이 괘씸하기 짝이 없었다. 그래서 하루는 지나가는 도요토미를 불러 세웠다.

〈원숭이!〉

〈야! 원숭이!〉

별명이 원숭이인 도요토미는 인사성이 밝고, 누구나 원숭이라고 불러도 개의치 않았으나 그 날만큼은 아무런 대답이 없었다.

〈귀가 없냐? 이 원숭아!〉

그러자 도요토미가 대답했다.

〈이 멍청아, 사람을 불러 세워 놓고 헛소리 작작해라.

원숭이가 뭐냐?〉

공사판의 수많은 사람이 보는 가운데 그 책임자 야마우찌에게 도요토미는 대들었던 것이다.

야마우찌는, 공사판도 전쟁과 같은 처지여서, 물자를 밟고 지나가는 것은 군사를 밟고 지나가는 것이라며, 군법에 의해 처단하겠다고 으름장을 놓았으나 도리어 도요토미한테, 이 전시에 조그마한 공사를 20여 일이 지나도록 아무것도 해놓지 못한 것이 죄라며 오히려 역습만 당했다.

결국 이 이야기는 당시의 주군인 오다 노부나가의 귀에까지 들어갔다. 오다 노부나가는 도요토미를 아끼는 마음에서, 조심하고 야마우찌에게 사과하라고 말했다.

그러나 도요토미는 좋지 않은 선례先例가 될 것이라고 말하며, 3일이면 그 공사를 끝낼 수 있다고 장담했다. 모두들 어처구니없다는 태도였으나 오다 노부나가는 그 자리에서 도요토미를 그 공사의 책임자로 임명하고 야마우찌 우공을 교체해 버렸다.

그날로 도요토미는 공사장 십장들을 집에 불렀다. 일단 후하게 대접할 계획이었다. 그러나 밤늦도록 기다려도 연락한 십장들은 아무도 와 주질 않았다. 친구가 걱정스러운 듯이 도요토미에게 물었다.

〈자네, 되지도 않을 일로 고집부리며 그 일을 맡은 건 아닌가? 주군께서도 하찮은 일로 그대 목숨을 잃고 싶지 않다고 하셨네. 그래, 사흘 안에 해낼 승산은 있는가?〉

〈없네.〉

〈그렇다면 도대체 어쩔 셈인가?〉

〈다만, 공사를 하는 것은 인간이니까 그 인간의 능력을 완전히 사용할 수 있다면, 인력이 미치는 한의 일은 해낼 수 있다고 믿고 있을 뿐이네.〉

다음날 아침 일찍 공사장으로 나가 한 손에 칼을 잡고, 사흘 안에 공사를 완공시키라고 인부들에게 큰소리쳤다. 십장들은 서로 얼굴을 바라보며 입가에 조소를 짓고 있었다.

도요토미는 다시 십장들만을 불러 세웠다. 그들은 〈네이!〉 하며 대답을 하고 나오긴 했으나 모두가 입가에

냉소를 머금고 있었다. 도요토미는 그중 한 사람을 칼등으로 다짜고짜 내리쳤다.

〈무례한 놈, 감히 책임자 앞에서 팔짱을 낀 채 서 있다니!〉

그 십장은 칼로 베인 줄 알고 비명을 지르며 뒤로 넘어졌다. 모두들 후들후들 떨고 있었다. 그러고 나서 도요토미는 작업 지시를 내렸다.

추상같이 그들을 몰아세워 일했으나 반나절이 되도록 전혀 진척이 없었다. 일하는 소리만 요란할 뿐 실제로는 위장에 지나지 않는 공사였다. 게다가 인부들은 그날 밤부터 사흘 동안은 성 밖으로 나갈 수 없다는 명령을 받고 있었기 때문에 더 한층 힘을 아낄 궁리만 하고 있었다.

점심시간이 끝난 뒤, 도요토미는 작업을 중지시키고 십장들을 광장으로 집합시켰다. 그곳에는 술과 안주가 산더미처럼 쌓여 있었다. 아침의 태도와는 달리 도요토미는 인간미 넘치는 인간으로 변해 있었다.

〈자, 마음들 놓고 마시게. 술이 싫은 사람은 안주나

과일을 먹고.〉

그러나 십장들은 속으로 〈흥, 뻔한 수작을 떨고 있군.〉 하며, 이런 비천한 곳에서 술을 먹겠느냐 하는 얼굴로 술잔 따위에는 손도 대지 않았다.

도요토미는 술잔을 들고 그들에게 다가갔다.

〈그대들은 전혀 마시지 않는군. 십장은 전쟁터의 무장과 마찬가지지. 책임을 통감하고 술을 마시지 않는 모양인데, 그렇게 걱정할 필요는 없네. 되는 일은 되고, 안 되는 일은 안 되는 법이지. 자칫 잘못하여 사흘 안에 끝마치지 못하면 나 혼자 배를 가르면 되는 일일세.〉 하면서 그는 가장 못마땅해하고 있는 십장에게 직접 술을 따라 주었다.

〈그러나 오히려 걱정이라면 그건 이번 공사 일도 아니고, 물론 도요토미의 목숨 따위도 아닐세. 나는 그대들이 살고 있는 이 나라의 운명이 걱정이야. 몇 번이나 말하는 것 같지만, 이 따위 간단한 공사에 20일씩 매달려 있어야 하는 상태라면, 그러한 마음가짐을 갖고는 이 나라는 망하고 말걸세.〉

이미 날은 어두워지고 있었다. 사흘 중 하루가 지나고 있는 것이었다.

계속해서 도요토미는 말했다.

〈흥하는 나라, 망하는 나라, 그대들도 숱하게 보아 왔을 것이다. 나라가 망한 백성들의 비참함을 알고 있으리라. 나라의 주군이나 무사들 모두 한 치의 땅도 잃지 않으려고 노력하지만, 사실 나라의 흥망은 성 안에서만 있는 것이 아니야. 오히려 그대들 마음속에 있는 것이지. 이번 공사도 그대들 가운데는 남의 집 벽을 고치는 정도로 생각하는 사람이 있겠지만, 그건 천만의 말씀이야. 그대들 자신의 벽을 쌓고 있는 거야. 만일 이 성城이 하루아침에 재로 변해 버리면 어찌 되는가? 성만이 그렇게 되는 게 아니야. 성 아래 마을도 불길에 휩싸이지. 아비규환 지옥. 부모를 잃고 우는 아기, 자식을 찾아 헤매는 노인, 비명을 지르며 도망 다니는 처녀들, 아무도 돌아보지 않아 타 죽은 병자. 아, 나라가 망하면 그것으로 모든 것은 끝난다.〉

계속되는 말에 모두 눈물을 흘리고 있었다.

이렇게 하여 그들의 마음은 일심동체가 되었으며, 맡

은 공사는 사흘 만에 청소까지 깨끗하게 되어 있었다.

혼란할 때는 강한 기세로 꺾지 말고, 부드럽게 심기心氣를 정복하라. 이것이 곧 혼전계의 비밀인 것이다.

제19계

부저추신釜底抽薪

힘이 부족할 때는 먼저 상대의 기세를 꺾으라

솥 밑에 타고 있는 장작을 꺼내 끓어오르는 것을 막는다. 강한 적을 만났을 때는 정면으로 공격하지 말고 가장 약한 곳을 찾아내 공략하라. 쾌락의 근원을 없애지 않고 쾌락을 즐기고자 하는 마음을 닫으려고 하면, 강의 근원을 무너뜨리고 그것을 맨손으로 막으려는 것과 같다. 이것이 부드러운 것으로 강한 것을 이기는 법이다.

우주의 숨은 비밀 중의 하나는, 질량과 에너지는 전혀 다른 것 같지만 결국은 하나라는 것이다. 그러나 그 기능은 달라서, 질량은 물체로 있는 그대로의 사물이고, 에너지는 질량이 작용을 일으켰을 때 그 작용의 움직임이라는 것이다. 쉽게 말해서, 하나의 사물이 눈에 보일 때는 단지 사물에 불과하지만, 그 분자 하나하나가 움직이면 에너지로 변하고, 그 에너지의 작용에 의해 사물 자체가 변화를 일으킨다는 것이다.

20세기의 과학은 결국 질량과 에너지는 둘이 아니라 하나라는 사실을 입증했으며, 에너지를 통해서 물질이 변화하여 만물이 탄생된다는 사실도 알아냈다.

두 사람이 싸울 때 이길 수 있는 조건은 물론 체격이 큰 사람이 유리하지만, 결코 승패를 결정짓는 것은 육체가 아니다. 육체의 힘을 발휘하는 것은 결국 마음의 힘이기 때문이다.

〈사기士氣가 높다〉라는 말은 결코 병사들의 육체가 크다는 뜻은 아니다.

그래서 기필코 훔치고자 하는 도둑은 아무리 철통같은 방비를 한다 해도 당해 낼 수 없다는 말이 있다.

그래서 중국의 위료자尉繚子는 이렇게 말했다.

〈사기가 왕성해지면 전쟁에 돌입하라. 그러나 사기가 부족하면 적을 피하라.〉

육체의 힘이 약할 땐 마음의 에너지를 쓰라. 몸이 약할 땐 마음의 기세를 사용하라. 그것이 곧 상대방 육체사업체, 병사를 정복하는 길이다.

그래서 마음의 힘두뇌을 사용할 줄 아는 사람은 할 일 없이 놀고먹는 것처럼 보이고, 마음의 힘을 사용할 줄 모르는 사람은 육체만 고되게 중노동을 하며 사는 것이다.

에너지, 그것은 곧 움직이는 작용이다. 보이지 않는 에너지를 사용할 줄 아는 자가, 보이는 육체를 사용하는 사람보다 훨씬 유리한 이유가 여기 있는 것이며, 일을 잘할 줄 아는 사람은 보이지 않는 에너지를 볼 줄 알기 때문에 능히 그 일을 성사시키는 것이다.

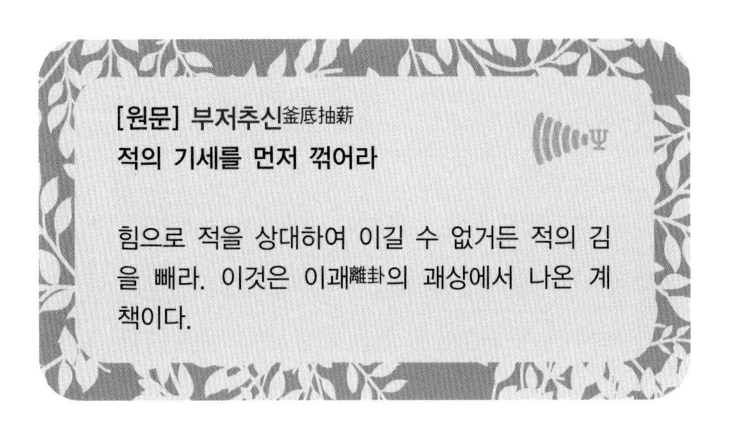

[원문] 부저추신釜底抽薪

적의 기세를 먼저 꺾어라

힘으로 적을 상대하여 이길 수 없거든 적의 김을 빼라. 이것은 이괘離卦의 괘상에서 나온 계책이다.

물이 끓는 것은 일종의 힘, 즉 불이라는 에너지에 의한 것이다. 불의 에너지가 세면 셀수록 물은 더 심하게 끓어, 그 기세를 저지하기가 어렵다.

장작은 화력火力을 생산하는 원료, 즉 불의 에너지를 저장한 존재다. 불의 에너지는 결국 장작에 저축되어 있는 것이다.

그러나 그 장작 자체는 결코 무섭지도 않고, 가까이

간다 해도 해를 입히지 않는다. 그런 까닭에 비록 불이나 끓는 물의 강한 힘은 저지할 수 없지만 그 기세만은 꺾을 수 있는 것이다.

부저추신, 그것은 끓는 물을 막으려면 그 장작을 빼내란 뜻이다. 상대가 힘이 센 경우, 힘으로 대항할 수는 없어도 그 기세를 꺾을 수는 있기 때문이다.

중국 후한後漢 초에 오한吳漢이 대사마大司馬였을 때, 한밤중에 적이 진지를 습격해 온 일이 있었다. 그때 온 부대가 당황하여 우왕좌왕 했는데, 그는 끄떡도 하지 않았다. 병사들은 이러한 태연스러운 오한의 태도를 보고 곧 평정을 되찾았다. 그러자 오한은 지체 없이 정예 부대를 뽑아 어두운 것을 이용, 반격하여 적을 무찔렀다.

이것이 곧 적과 직접 부딪치지 않고, 적의 힘에 기세를 빼앗기지 않고 계략으로써 적을 무찌르는 방법이다.

북송北宋의 설장유薛長儒는 한주漢州의 통판通判이었다. 어느 날, 문지기를 하던 병사가 반란을 일으켜 영내의

문을 부수고 불을 질러 영내로 쳐들어와 주지사와 병마兵馬군감을 죽이려 했다. 그 소식을 들은 지사나 군감은 벌벌 떨면서 꼼짝도 못하고 있었다. 이때 장유가 목숨을 내걸고 영문 밖으로 나가 반란 병사에게 이렇게 타일렀다.

〈너희들에게는 부모처자가 있을 게 아니냐? 어찌하여 이런 일을 저질렀느냐? 주모자 외에는 모두 물러가라! 물러간 자들은 탓하지 않겠다.〉

그 결과 부화뇌동한 자는 모두 냉정을 되찾고 조용해졌다. 주모자 8명만이 도망쳐서 가까운 마을에 잠복했으나 곧 체포되고 말았다. 그때 사람들은 모두, 장유가 없었더라면 큰일 날 뻔했다고 수군거렸다.

이것이 곧 적의 투지, 사기를 꺾는 데 대한 효용이다. 현실적 처지와 입장이 곧 장작땔감인 것이다. 이쪽에서 먼저 강적의 약점을 찔러 버리면 승리의 기회를 잡을 수 있는 것이다.

부저추신釜底抽薪, 이 말은 북제北齊 위수魏收의 〈장작을 꺼내 물이 끓는 것을 그치게 하고, 풀을 먼저 베고 그 뿌리를 뽑는다.〉에서 나온 말이다.

그러므로 물이 끓는 것을 그대로 멈추려 해도 소용없는 일이다. 마땅히 그 근본을 꺼내야 한다. 즉 근본적으로 적의 모략을 부수어 버려야 한다는 뜻이다.

모든 에너지는 반드시 그 근본이 되는 질량을 갖고 있다. 왜냐하면 그것은 곧 하나이기 때문이다. 때문에 상대편의 사기를 꺾기 위해서는 반드시 그 마음이라는 정신적 투지를 꺾어야만 한다.

그러므로 모든 병법은 마음을 공격함을 상책으로 하고, 성城을 공격함을 하책으로 한다고 말하고 있다. 또한 삼군三軍은 기氣를 뺏어야 하고, 장군은 심心을 뺏어야 한다고 말하는 것이다.

중국의 조조가 말했다.

〈한 번 북을 치면 기氣를 만들고, 두 번 치면 기가 쇠해지고, 세 번 치면 기는 다한다.〉

즉 기라는 것은 첫 번째 북소리를 들으면 솟아나나, 두 번째는 쇠해지고, 세 번째는 없어져 버린다는 것이다.

남을 야단칠 때, 강한 한마디는 마음에 충격을 주지만, 같은 말을 두 번 하면 잔소리처럼 들리고, 세 번 하면 도리어 성을 내는 것이다. 상대가 강할 때, 그때는 힘으로 맞서 싸우지 말고, 상대편의 힘을 약화시킬 수 있는 마음을 정복하라는 뜻이다. 아무리 강한 에너지도 반드시 그 파동적 실체코스모스센타 용어:파동의 세계에 존재하는 것으로서 행동을 불러일으키는 에너지의 원천. 사랑, 용기 등가 있기 때문에, 그 파동적 실체를 제거함으로써 에너지를 정복할 수 있는 것이다. 결국 힘으로 싸워 이기는 것은 우매한 것이다. 그것은 단 한 번의 승리일 뿐, 승리자의 길은 아닌 것이다.

결국 승리자는 싸워 이기는 것이 아니라, 승리가 되게끔 미리 공작하는 것이다. 상대의 약점이 없을 경우에는 극한 상황에 가도록 내버려 두는 것이다. 왜냐하면 극한 상황에 도달하면 곧 원래 상태로 되돌아오기 때문이다.

상대가 강하면 그 강한 기운을 없앨 근본을 찾는 것, 이것이 바로 혼전계混戰計강한 상대와 싸워야 할 불리한 상황의 첫 번째 가르침인 것이다.

그대 진정 승리자가 되길 원한다면, 먼저 눈에 보이는 외양에 나타난 물체만을 보지 말라. 눈에 보이지 않는 에너지를 볼 줄 알라. 세상의 흐름은 곧 에너지이기 때문에, 에너지를 느낄 줄 모르는 자는 〈무엇이 될까〉를 알지 못한다. 이미 나타났을 때는 먼저 그 뿌리를 뽑으라. 그리하면 적은 스스로 주저앉을 것이다. 적이 주저앉은 자리, 거기에 승리가 들어 있는 것이다.

〈힘에는 힘〉. 이 말은 상대가 약한 힘일 경우에 통하는 말이다.

강한 힘을 향해 공격하는 것은 달걀로 바위 치기이다. 근본을 치든가, 상대가 약해지길 기다리는 방법을 찾으라. 왜냐하면 에너지는 한군데 오랫동안 머물러 있지 않기 때문이다.

또한 항상 방비하라. 싸워 이기기보다 자신의 에너지를 지키는 것이 더욱 어려운 일이기 때문이다.

그때 그대는 진정한 승리의 길을 보게 될 것이다. 인생의 승리자가 될 것이다.

제20계
혼수모어混水摸魚
상대가 강할 때는 먼저 그 균형을 깨라

물을 흐려 놓고 고기를 잡는다. 적의 내부가 혼란할 때 그 중 약자를 당신 편에 끌어들여라. 그러면 적은 자멸하게 될 것이다.

이른바 건재하다는 사실은, 곧 적당한 균형이 잘 조화되어 있다는 뜻이다. 아무리 힘이 센 사람도 균형을 잃고 비틀거릴 때는 그 힘을 사용할 수가 없다. 중심은 곧 균형에 의해 유지되는 것이며, 중심이 힘이 되어 나타나기 위해서는 적절한 균형에 의해 사용되어져야 한다.

모든 조직이나 또는 사회 역시 정치, 경제 모든 면이 골고루 균형이 잘 잡혀 있어야만 부강할 수 있다. 어느 한쪽이 크거나 작으면 그만 중심을 잃기 때문이다. 각 조직을 경영하는 경영자나 통치자가 고심해야 할 과제가 바로 여기에 있는 것이다. 그리고 그것은 개인적 생활에 있어서도 역시 같은 적용을 받는다.

우리는 흔히 〈나〉라고 자신을 지칭했을 때, 그 〈나〉는 오로지 자기 자신만을 일컫는 자아를 말한다. 그것은 아무런 책임도 갖지 않으며, 외부와 아무런 연관도 갖지 않는다. 그것을 코스모스센타는 〈개인적 자아〉라고 부른다.

그런데 그 〈나〉가 첫째는 사회 속에서 자신의 인생에 대한 책임을 가지며, 작게는 가정에서부터 직장, 사회, 국가, 크게는 인류와 세계, 또는 자신의 연구 분야 등, 자신과 함께하는 세계관을 갖는다. 이때의 자아는 개인적 자아와 구분하여 코스모스센타는 〈사회적 자아〉라 부른다.

개인적 자아는 오로지 자기 자신만을 생각할 뿐 그 어떤 책임이나 의무를 갖지 않지만, 사회적 자아는 자기가 속해 있는 주변이나 단체 혹은 조직 분야에 대한 의무감과 책임을 지기 때문에 발전과 공헌을 할 수가 있다.

이른바 성공이란, 사회적 자아가 클수록 그 크기가 큰 것이며, 사회적 자아와 개인적 자아의 균형이 적당해야만 건강한 인생을 보낼 수 있는 것이다.

그러나 사회적 자아가 약하고 오로지 개인적 자아만 큰 사람은, 사회적 불만이 많고 삶의 균형이 없어 건강한 인생을 개척하지 못한다. 오히려 자기 개인적 자아에 깊이 빠지면 정신이상자와 같은 폐인이 되기 쉽다.

결국 폐인이란, 사회적 자아의 균형이 없이, 사회관과 세계관이 결여된 자기 자신만을 주장하며 고집하는 고지식한 사람들이다. 누군가 사람은 사회적 동물이라고 말했듯이, 역시 우리의 인생은 사회 속에서, 사회를 바탕으로 하여, 사회와 균형을 이루며 성장해야 하는 것이다.

건강한 인생, 그리고 성공과 발전, 그것은 곧 사회적 자아의 균형에 의해 이루어지는 것이다. 사회적 자아를 갖추지 못한 사람은 균형도 없고 오로지 중심만 있으며, 균형 없는 중심이 사회 속에서 인정받지 못하는 것은 당연한 이치라 하겠다.

또한 세계관이 큰 사람은 자신의 인생뿐만 아니라 사회의 균형 역시 중요함을 알기 때문에, 작게는 자기 회사의 조직이나 경영에서부터, 크게는 국가 사회의 균형과 조화, 더 크게는 인류 사회의 균형과 조화에 힘을 기울이게 되는 것이다.

정치적으로나 사상적으로 혹은 경제적으로 균형을 이루지 못한 사회는 역시 안정된 중심을 갖추지 못했기 때문에 쉽게 멸망할 수가 있다. 이른바 혼란한 사회가 바로 그것인데, 그렇기 때문에 사회의 안정은 곧 국가의 힘이 되는 것이다. 이것은 국가뿐만 아니라 회사나 그 밖에 조직 단체 모두에게 똑같이 적용되는 중요한 과제다.

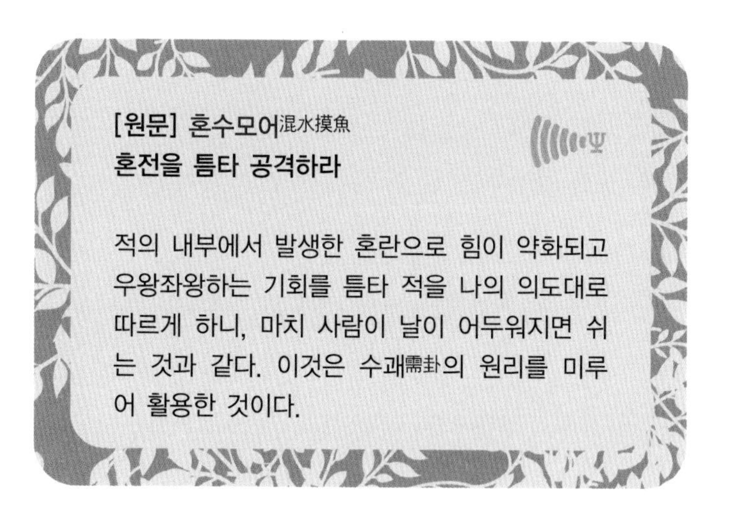

[원문] 혼수모어混水摸魚
혼전을 틈타 공격하라

적의 내부에서 발생한 혼란으로 힘이 약화되고 우왕좌왕하는 기회를 틈타 적을 나의 의도대로 따르게 하니, 마치 사람이 날이 어두워지면 쉬는 것과 같다. 이것은 수괘需卦의 원리를 미루어 활용한 것이다.

모든 병법서가 말하는 순이익은, 손자가 말했듯이 〈싸우지 않고 이기는 것〉을 그 최상으로 삼는다.

일본의 도요토미 히데요시는 1만 명의 적과 싸울 때

도 병력을 10만 명 이상 동원하여 쳐들어갔다. 3만 명 정도의 병력이면 충분히 이길 수 있는 싸움에 10만 명을 이끌고 가는 이유를 알 수 없다는 듯이, 한 부하가 그 이유를 물었다.

도요토미 히데요시는 〈물론 3만 병사면 싸움에 이길 수 있다. 10만 병사가 움직이려면 비용도 많이 드는 것은 사실이다. 그러나 3만 명의 병사를 동원하여 쳐들어가면 우리 병사도 1만 명 정도는 희생해야 한다. 그러나 10만 명을 동원하면 단 한 명의 희생도 없이 이길 수 있다. 그리고 또 다른 적이 싸우려고 하지 않을 것이다. 이것은 결코 눈에 보이는 비용으로 계산될 문제가 아니다.〉 하며 유유히 소풍 가는 기분으로 승전을 거듭했다.

그러나 아무리 많은 군사라 하더라도 그 조직이 균형을 갖추지 못했다면, 그 조직은 결코 이긴다는 보장이 없다. 왜냐하면 균형을 잃은 조직은 그 중심을 보호하고 지킬 힘이 없기 때문이다.

때문에 전쟁에 있어서는 쳐들어가기 전에 먼저 그 사

회를 혼란시켜 놓는 것이다. 혼수모어混水摸魚, 바로 이것이 그것이다. 그 뜻은, 물을 저어서 고기를 찾는다는 말이다. 바위틈에 숨어 있거나 보호색으로 자신을 감춘 물고기는 잡기가 힘이 든다. 그래서 먼저 물을 휘저어 놓으면 그때, 숨어 있던 고기가 눈에 띄게 나타나게 된다. 그때 그 고기를 잡으라는 뜻이다.

싸움에 이기기 위한 열쇠는 먼저 이쪽의 우세로써 상대의 약세를 치는 것인데, 그것도 중심이 확고하게 잘 잡혀 있는 적은 아무리 이쪽이 우세하다 해도 결코 이긴다고 보장할 수는 없다. 때문에 먼저 치려거든 상대를 혼란에 빠뜨려야만 한다. 유언비어, 사상의 분열 등으로 민심을 교란시키는 이유가 바로 여기에 있다. 단결되고 응집력이 강한 조직이나 사회는 아무리 힘이 센 적이라 하더라도 함부로 넘볼 수 없는 것이다.

그대 진정 승리자가 되길 원한다면, 힘을 기르기 전에 먼저 균형을 갖추라. 개인적 능력이나 실력이라는 것도 사회적 균형 앞에서는 별로 힘이 되지 못한다. 사회적 균형이 견고한 뒤에야 실력과 능력이 안정되는 것이다. 그리고 발전할 수 있는 것이다.

그리고 항상 유념하라. 균형의 조화가 깨어져 나가지는 않는지를. 조직의 분열은 곧 멸망이고 파멸이라는 사실을.

결코 심리적으로 불안한 상태에서는 결정짓지 말라. 인사 문제나 경쟁사와의 대립 등 중요한 결정은 결코 화가 난 상태에서 다루지 말라. 하룻밤 푹 쉬고 난 상태에서 생각하라.

아무리 얌전한 사람도 놀라거나 화가 나면 그 본심을 폭로한다. 중국의 귀곡자가 〈돌을 한 개 먼저 던져 보라〉고 말한 뒤, 교섭에 있어서는 먼저 상대편의 마음에 충격을 주어 그 균형을 깨서 상대편의 본심을 알고 나서 대책을 강구하고, 그 약점을 파악하여 이를 찌르라는 것도 혼수모어의 계략인 것이다.

생각지 않던 일을 당했을 때 심리적 평형을 잃고, 나중에 생각하면 아무래도 이해할 수 없는 일을 저지르게 되었다면, 그대는 혼수모어의 교훈을 깊이 깨우쳐야 한다.

항상 안정되어 있으라. 안정이 곧 그대의 존재를 확고하게 해줄 것이기 때문이다.

동시에, 상대를 무너뜨리기 위해서는 먼저 그 안정 상태를 확인하라. 안정이 흐트러져 있을 때 그대는 그 중심부를 차지할 수 있기 때문이다.

흐트러진 물결 속의 물고기는 그 모습을 드러낸다는 사실을 결코 잊지 말라.

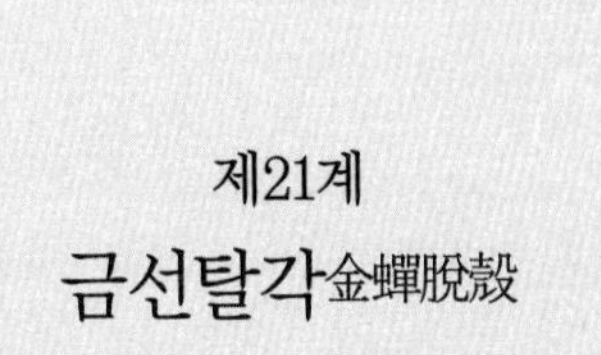

제21계
금선탈각金蟬脫殼
있는 자리에서 변신하라

매미가 허물을 벗듯이 위기를 모면하라. 적이 행동하지 못하도록 진지의 원형을 보존하고 군대가 여전히 주둔하고 있는 것처럼 하라. 그러면 적이 감히 공격하지 못할 것이다.

실패와 성공의 주도자도 자신이지만, 성공을 누리거나 실패의 시련을 당하는 것도 바로 자신이다. 자신만을 생각하며 인생을 생각하지 못하는 사람은 실패하기 쉽고, 인생을 생각하며 자신을 희생하는 사람은 스스로 자신을 책임질 수 있는 사람이다. 그래서 그 인생은 성공한다.

인생과 〈나〉는 나누려 해도 나눌 수 없는 하나이지만, 〈나〉와 인생은 엄연히 하나가 아닌 둘이다. 대체로 인생은 내가 원하는 모든 것을 이루어 주지만, 그렇다고 반드시 나를 위해 존재하는 것만은 아니다. 〈나〉라는 것은 좋을 때와 나쁠 때의 두 가지를 갖고 있지만, 인생은 좋든 나쁘든 언제나 하나다. 단지 죽음과 함께 끝을 맺을 뿐이다.

중요한 사실은, 자신을 먼저 생각하는 사람은 인생의

종從이 되고, 인생을 먼저 생각하는 사람은 인생의 주主가 된다는 것이다. 어떤 사람은 현재의 직장이 마음에 들지 않는다고 무턱대고 먼저 그만두고, 또 어떤 사람은 자기만 좋다면 무엇이든 무턱대고 시작한다. 이렇게 좋고 싫음은 두 가지이지만 인생은 하나다.

어떤 사람은 인생을 위해서 싫어도 꾸준히 하는 사람이 있다. 좋아도 거기에 빠지지 않는다. 그 사람의 마음은 중용을 갖고 있으며, 그 인생 역시 꾸준한 방향을 갖고 있다.

학교에 다닐 나이에 해야 할 일은 학업이다. 그러나 공부가 싫다 하여 오락이나 연애에 열중하다 보면, 상급학교에 진학해야 할 인생에 실패를 가져온다. 그러나 비록 공부하기가 싫지만 꾸준히 참고 공부하는 학생은 인생에 진학이라는 좋은 결실을 이루게 된다.

그런데 이렇게 분명하게 정해진 진학이라는 인생은 눈에 확실하지만, 사업이라든가 생활이라는 인생은 쉽게 눈에 보이는 것이 아니다.

무슨 일이든 처음에는 좋았던 일도 지나고 보면 대수롭지 않게 보이고, 또 자연히 싫증나게 마련이다. 하지만 좋고 대수롭지 않으며 싫증나는 것은 그 사람의 마음이지 결코 그 일이 아니다. 인생은 그 마음에 의해 결정되는 것이지만, 마음이 곧 그 인생은 아니다. **실패하는 사람들의 대부분은 마음이 주主가 되어 인생으로 하여금 어리둥절하게 하며, 맡은 바 일의 행사권자가 되지 못하고 항상 일에 눌려 사는 패배자가 되는 것이다.**

인생의 승리자가 되기 위해서는 먼저 그 마음의 지배자가 되어야 한다. 그때 그대는 일을 자기 마음처럼 다룰 수 있으며, 원하는 인생을 누릴 수 있다. 그리고 이렇게 되기 위해서는 반드시 〈현실을 마음〉으로 삼아야 한다. 〈마음이 현실〉이 되면 인생은 마음에 가려 일관성을 잃게 되는 것이다.

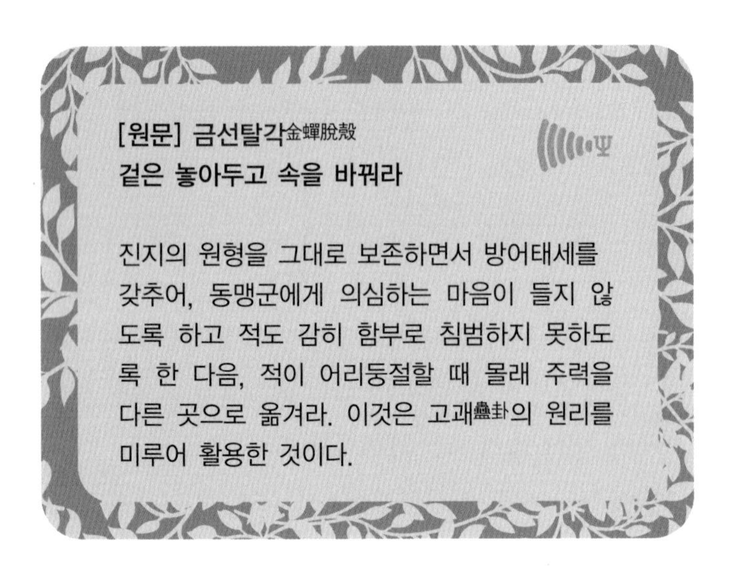

[원문] 금선탈각金蟬脫殼

겉은 놓아두고 속을 바꿔라

진지의 원형을 그대로 보존하면서 방어태세를 갖추어, 동맹군에게 의심하는 마음이 들지 않도록 하고 적도 감히 함부로 침범하지 못하도록 한 다음, 적이 어리둥절할 때 몰래 주력을 다른 곳으로 옮겨라. 이것은 고괘蠱卦의 원리를 미루어 활용한 것이다.

어떤 사람은 싫은 일은 무턱대고 그만둔다. 처음에는 좋을 것이라는 기대감으로, 혹은 아주 좋아서 시작했다 하더라도 싫은 상황이 벌어지면 단번에 그만두는 것이다. 일이 너무 고되다든지, 미운 상사가 있다든지, 다른 곳보다 대우가 좋지 않다든지 하는 이유 등으로 무턱대고 직장을 그만두는 사람들이 모두 이에 속한다. 그런 사람은 직장에 다니는 시간보다는 직장을 구하는 시간이 훨씬 많기가 십상이다.

또 어떤 사람은 사전에 충분히 알아보지도 않고, 좋을

것이라는 기대감만으로 무턱대고 시작한다. 이런 사람은 얼마 지나지 않아 기대감이 점점 허물어지고, 앞의 타입처럼 불만이 일의 모든 것이 되어 버린다. 대체로 이와 같은 타입들은 싫은 것을 참지 못하고, 또 싫은 것을 좋은 것으로 만들어 낼 수 없는 사람들이다.

반면에 어떤 사람은 좋을 때 더욱 열심히 하고, 싫을 때 전혀 싫어하는 내색이 없이, 아무도 눈치 채지 못하게 열심히 일하면서 새로운 일을 개척한다. 대체로 이런 사람은 좋은 일이 생기면 서둘러 시작하되, 좋지 않은 일을 철저하게 끝마무리 지으며, 또 좋지 않은 일을 좋게 만들기 전에는 결코 새로운 일에 착수하지 않는 타입이다.

요컨대 나쁜 일은 좋든 싫든 먼저 시작하여 끝내고, 좋은 일을 만나도 나쁜 일을 확실하게 끝맺음을 하면서 변신하는 것이다.

금선탈각金蟬脫殼. 그렇다! 나쁜 상황을 피하지 않고 끝맺음을 하면서 새로운 돌파구를 찾는 것, 이것이 바로 금선탈각의 기본자세인 것이다. 금선탈각金蟬脫殼을 직역하면 〈매미가 허물을 벗는다〉는 뜻이지만, 원래는 중국의 한나라 고조인 유방과 항우의 싸움에서 유래한 말이다.

항우項羽에게 성을 포위당한 유방劉邦은 꼼짝도 못하고 마침내 항우에게 항복하기로 했다. 그러나 그는 항우에게 잡히는 몸이 되고 싶지는 않아, 동쪽 성문으로 부녀자들을 나가게 하여, 적병들이 부녀자를 구경하러 몰려든 틈을 타서 서쪽 문으로 탈출해 버렸다. 항우가 성 안에 들어왔을 때는 이미 껍질만 남아 있는 성이 되었다.

진지의 원형을 그대로 보존하면서 위세를 보이고, 동맹군에게 걱정하는 마음을 일으키지 않도록 하며, 적도 침공할 용기를 갖지 못하도록 해놓고, 이쪽에서는 은밀히 주력을 딴 곳으로 옮겨 적을 어리둥절하게 만드는 계략, 이것이 곧 금선탈각인 것이다.

더욱이 동맹군과 연합하여 적과 싸울 경우에는, 적과 나, 동맹군, 이렇게 세 곳의 태세를 자세히 관찰해 두지 않으면 안 된다.

만약 딴 곳에 적이 또 있으면, 원래의 전투태세를 흩트리지 말고 군사를 분산해서 싸움을 맞이해야 한다. 〈금선金蟬매미이 허물을 벗다〉라는 계략은, 오직 허물만 벗는 것이 아니라 하나의 〈분신分身몸을 나눔의 법술法術〉인 것이다.

그러므로 이쪽에서는 대군을 이동시킨 뒤라도 여전히 깃발이나 장막을 그대로 두고, 북이나 징을 울리며 그 전의 전투태세를 그대로 유지하도록 해야 한다. 이렇게 함으로써 적이 움직이지 못하게 하고, 동맹군 쪽도 걱정하지 않도록 할 수 있다. 딴 곳에 있는 적을 무찌르고 돌아올 때까지도 적이 미처 눈치 채지 못하다가, 나중에 비로소 눈치를 채기는 하지만 그때는 이미 때가 늦은 것이다.

금선탈각은, 적과 싸우고 있으면서 몰래 정예부대를 딴 곳으로 옮겨, 딴 곳에 있는 적을 습격하는 계략이다.

새로운 변화를 일으킬 때는 지금 현재 상태를 그대로

유지하면서 아무도 모르게 새로운 상황에 최선을 다한다. 그리하여 새로운 일이 확고하게 되었을 때, 비로소 하던 일을 마무리 짓는다. 이것이 바로 금선탈각인 것이다.

그러나 경솔한 사람은 새로운 일이 되기도 전에 먼저 떠벌려 놓고, 막상 그 일을 추진할 때는 역시 처음의 일처럼 변변치 못해 결국 허풍쟁이가 되고 마는 예가 허다하다.

좋지 않은 문제가 발생하면 반드시 먼저 해결해야 한다. 새로운 일도 일단은 보류해야 한다. 왜냐하면 최선을 다할 수 없기 때문이다. 그러나 새로운 일을 시작할 때는, 하던 일을 그대로 유지하면서 새로운 일 쪽에 최선을 다해 결실을 다져 놔야 한다. 번데기가 현실을 끌어안고 앞을 향해 나가듯이. 그리고 변신하라. 마치 매미가 하늘로 날기 전까지는 그때 그 모습을 그 자리나무에 그대로 남겨 두고 있듯이.

부득이 직장을 옮겨야 할 때는 반드시 새로운 직장을

먼저 구해 놓고, 다니던 직장을 그만두어야 한다. 홧김에 먼저 그만두어 버리면 또다시 새로운 직장을 구하는데 상당한 시간이 소요되며, 이곳저곳 다녀 보면 다니던 곳만큼 좋은 곳도 없다는 사실을 발견하게 될 것이다.

그러나 지금의 직장을 당신이 좋아할 수 있는 직장으로 당신이 바꾸어 놓는다면 당신은 분명히 크게 성공할 사람이다. 이것이 인생을 쉬지 않고 이끌고 가는 방법이요, 생활을 유지시키는 길이다.

새 직장이 생겼다고 다니던 직장을 갑자기 그만두는 사람은, 처음에는 좋을지 모르지만 말년에 가서는 결국 인생의 터전이 없어서, 머무를 곳 없는 삶을 살게 된다. 이와 같은 사람은 틀림없이 새 직장도 곧 싫증을 내어 결국 세상으로부터 버림받는 인생이 되고야 만다. 새 곳으로 자꾸 자리를 옮기는 사람, 직장이 그를 버릴 것이다.

때문에 인생의 승리자는 있는 곳을 넓히기 위해 새로운 시도를 추구하며 변신을 하되, 하던 일을 그대로 하는 상태에서 이미 새로운 일을 남모르게 완성시킨 뒤, 하던 일의 세계를 점점 넓혀 가는 것이다.

지금 당신은 마음이 주主가 되어 인생을 종從처럼 무책임하게 살고 있지는 않은지 다시 한 번 분명하게 점검해 보아야 할 것이다.

제22계
관문착적關門捉賊
성공의 길

문을 닫아걸고 도적을 잡는다. 세력이 약한 소규모의 적은 포위하여 멸망시켜야 한다. 도망가게 놔두면 섬멸하는 데 불리하다.

일을 하다 보면, 처음에는 신이 나서 시작하다가도 마지막에는 흐지부지 용두사미처럼 끝나는 사람과, 처음에는 할 것인지 안 할 것인지 분명해 보이지 않더라도 끝에 가서 훌륭하게 일을 매듭짓는 사람이 있다.

또 어떤 사람은 정해진 약속 시간을 위해 준비를 하나 시간이 지나서야 나타나는 사람이 있고, 어떤 사람은 정해진 시간보다 미리 약속 장소에 나와 한가하게 기다리는 사람이 있다.

처음에 신이 나서 시작했지만 끝맺음이 분명하지 못한 사람은, 시작만 하면 결과는 자신의 희망대로 되겠지 하는 기대감으로 시작한 사람이고, 처음에는 할 듯 말 듯 하다가도 그 끝이 분명한 사람은, 원하는 결실을 위해서 무엇을 준비해야 하며, 어떻게 시작할까를 궁리하며 착수한 사람이다.

또한 약속 시간에 늦지 않게 도착한 사람은 약속된 일의 중요함과 상대방 모두를 마음에 두고 시작한 사람이며, 늦게 나타난 사람은 오로지 자기 이기심으로 상대방도 장소도 시간도 자신을 위해 정해져 있는 것처럼 마음이 온통 자기 욕심으로 채워져 있는 사람이다.

실수가 없고 주도면밀하며 용의주도한 사람은, 일을 시작해서 끝을 맺는 것이 아니라 미리 마음속에 끝을 맺어 놓고 계획이 선 다음에 몸을 써서 현실에 시작하는 것이다. 시작에서 끝으로 도달하는 것이 아니라 원하는 끝에서 시작하는 것이다.

일의 성공만 바라보고 가는 사람은 가다가 엉뚱한 길이 나오고, 생각지 않던 문제가 발생하는 등, 원하는 의도는 자꾸 멀어지고 다른 일에 휩싸이다 보니 길을 잃고 포기하는 것이다.

그러나 끝맺음이 분명한 사람은 진정한 휴식을 누릴 수 있고, 휴식 속에서 또 다음 일을 구상해 나가는 것이다. 이렇게 끝맺음을 모르는 사람은 진정한 휴식을 누릴 수 없으며, 휴식도 일도 아닌 할 일 없는 상태에서 또 다시 실패를 위한 일을 꾸며 대는 것이다.

어디에 도달할 것인가? 그것은 이미 〈도달될 자〉라야만 갈 수 있는 것이다. 일상적으로 쓰는 말 가운데 〈돈을 많이 벌어서 부자가 되어야지〉, 〈공부를 많이 해서 훌륭한 사람이 되어야지〉 하는 등의 말은, 맞는 것처럼 들리지만 이와 같은 말들은 모두 도달할 수 없는 사람들의 막연한 바람으로 일시적 희망을 말하고 있을 뿐이다.

완성의 길, 그것은 〈시작에서 끝으로〉가 아니라 〈끝에서 시작으로〉인 것이다. 그리고 그 끝은 막연한 희망이 아니라 반드시 분명한 목적이어야만 확실한 계획이 준비되는 것이다.

〈지금까지 나는 왜 하나도 이루어 낸 것이 없을까〉라고 의심이 들면, 바로 완성의 길을 잘못 실행한 것이 아닌지 점검해 보아야 한다.

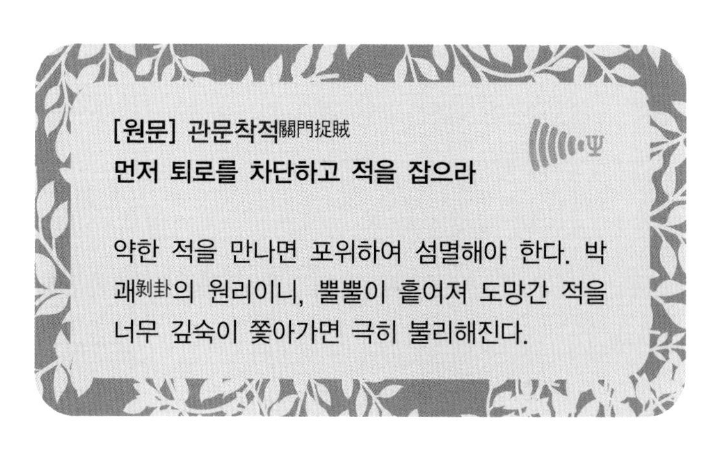

[원문] 관문착적關門捉賊

먼저 퇴로를 차단하고 적을 잡으라

약한 적을 만나면 포위하여 섬멸해야 한다. 박괘剝卦의 원리이니, 뿔뿔이 흩어져 도망간 적을 너무 깊숙이 쫓아가면 극히 불리해진다.

일을 완성시킬 때에 끝맺음을 위해 일을 완성으로 매듭짓듯이, 적은 수의 적이나 도적이 들어왔을 때에는 먼저 성문을 잠그고 도망할 곳을 차단한 뒤에, 큰 우리에 가두어 놓은 것처럼 천천히 조여 가며 잡든지 죽여 버리든지 해야 한다.

〈문을 잠그고 도적을 잡으라〉. 이것이 곧 관문착적이다. 즉 퇴로를 차단하고 잡으라는 뜻이다. 만약 퇴로가 차단되어 있지 않고 도망갈 곳이 있다고 믿으면 최후의 발악을 하게 된다. 또한 달아난 적은 반드시 그 세력을 재편성, 재침범해 오게 마련이다.

회사의 경영이 되었든지, 기계의 고장이 되었든지, 문제가 발생되었거나 결함이 생겼을 때, 그 결함을 찾아내는 데는 크게 두 가지의 방법이 있다. 그 첫째는, 먼저 이상한 조짐에 의해 원인을 판단하는 절반법折半法이고, 둘째는, 계통을 밟아 가며 그 원인을 찾아가는 점근법漸近法이다.

절반법이란 이상한 조짐이 보인다고 생각되는 계통의 한가운데서 어느 쪽에 이상이 있는가를 먼저 확인하고, 다음에는 나머지 반 가운데서 어느 쪽에 있는가를 유추하여, 원인이 있는 구역을 1/2, 1/4, 1/8의 순으로 찾아가는 방법이다. 절반법은 합리적이며 능률적이기 때문에 맨 먼저 이 방법을 써 보는 것이 좋다. 그러나 절반법으로도 확실한 원인이 밝혀지지 않으면 그때는 점근법을 써야만 한다.

점근법이란, 원인이 있는 계통의 흐름 한쪽 끝에서 시작하여 하나씩 조사하면서 점차로 원인에 가까이 가는 방법으로, 시간은 많이 걸리지만 확실성이 있다.

점근법은,

1. 사고력이 극도로 저하되어 있을 경우
2. 절반법으로 성공하지 못했을 경우원인이 여러 가지가 있으면 절반법은 쓰기 어렵다.
3. 어느 정도 절반법으로 찾아간 다음
4. 시간의 여유가 많은 경우

등에 특히 유효하다

결국 성공이란, 그리고 완성이란, 시작에서 과정 그리고 결실에 이르기까지 어느 것 하나라도 실수가 있으면 결국 얻을 수 없는 것이라는 사실을 깊이 명심해야 한다.

시작만 했다 하여 저절로 좋은 결실이 만들어지는 것도 아니며, 뼈아픈 중간 과정이 확고하지 않은 채 완성이 이루어질 리도 만무하다.

결국 성공은, 그리고 여유로운 시간은 결실 → 계획 → 시작 → 과정이라는 완벽한 계획에 의해서 탄생되는 것이다. 결코, 시작하면 되겠지 하는 기대만으로는 완성되지 않는다.

〈시작이 반이다〉. 이 말은 분명한 결과를 갖춘 뒤에 일을 벌였을 경우이지, 결과가 분명하지 않은 상태에서 벌인 시작은 이미 반은 망한 것과 다름이 없다.

약한 적은 포위해서 섬멸시키지 않으면 안 된다. 그러나 최후 발악하는 적을 만약에 놓쳐 이를 너무 깊숙이 쫓아갔다가는 극히 불리하다.

안 되고 안 될 때는 잠깐 멈추고 다시 시작하라. 왜냐하면 도적이 아직도 또 도망할 기회가 있을 것이라고 눈치를 챘다면 반드시 죽음을 무릅쓰고 최후 발악을 하게 되기 때문이다. 따라서 만약 퇴로를 끊었다면 반드시 도적을 잡아야 한다. 그러나 만약 그렇게 할 수 없다면 일시적으로 적을 도망치도록 내버려 둘 수밖에 없다.

잘못된 실수는 반드시 찾아 고쳐야 한다. 그러나 그 실수가 무엇인지 모를 때는 자꾸 더 크게 벌이지 말고, 일시 중단한 채 처음부터 다시 시작해 보아야 한다. 이것이 완전무결을 이룩하는 성공의 길이요, 완성의 길이다.

완성이란, 그리고 일이란, 마치 큰 그물을 치고 야금야금 조여 가듯 그렇게 이룩되는 것임을 명심하라. 그리고 반드시 기억하라. 완성이란 〈시작에서 끝으로〉가 아니라 〈끝에서 시작으로〉라는 사실을.

제23계

원교근공遠交近攻

힘을 써서 커지도록 만들라

멀리 있는 나라와 사귀고 이웃나라를 공격한다. 멀리 있는 적보다는 가까이 있는 적을 공격하는 편이 유리하다. 멀리 있는 적과는 잠시 연합하라.

옛날 중국에 〈백발백중〉이라는 별명을 가진 사람이 있었다. 당시 나이가 30세쯤 된 군인이었다. 지금껏 이 사나이는 활을 쏘아서 단 한 번도 실수한 적이 없었다고 소문이 나 있었다. 그 소문은 황제의 귀에까지 들어가, 어느 날 황제가 그 사람을 불렀다.

송구스러운 마음으로 황실에 들어가자 황제는 대뜸, 옷을 갈아입고 따라오라고 명령했다. 백발백중이라는 사나이는 얼떨떨한 표정으로, 시키는 대로 옷을 갈아입었다. 그의 손에는 10개의 화살이 들어 있는 화살 통과 활이 주어졌다. 황제를 비롯하여 몇몇 사람들도 모두 똑같이 10개의 화살과 활을 갖고 있었다.

황제는 인사도 받는 둥 마는 둥, 옷을 갈아입고 서 있는 그에게 말을 한 필 주면서 따라오라고 하며 앞에서 먼저 달렸다. 그때 그 사나이는 사냥을 나간다는 것을 눈치 챌 수 있었다.

벌판을 한참 달리고 있을 때 멀리 사슴 한 마리가 보였다. 모두들 화살을 재어 사슴을 향해 쏘았다. 단, 황제와 백발백중이라는 사나이만 화살을 뽑지 않았다. 그때 백발백중이라는 사나이는 어딘가를 향해 쏜살같이 달려가고 있었다. 나머지 사람들은 계속 화살을 쏘며 사슴을 향해 뒤쫓기 시작했다.

얼마 후, 멀리서 백발백중이라는 사나이가 달려오고 있었다. 그리고 그의 말에는 사슴이 얹혀 있었다. 사슴의 정면에는 정확하게 화살이 하나 꽂혀 있었다. 황제는 그의 화살 통을 유심히 보았다. 거기에는 아직 9개의 화살이 고스란히 있는 것이었다.

그때 갑자기 황제가 황실로 환궁한다고 말하며 말을 되돌려 달리기 시작했다. 나머지 모두는 〈이제 시작인데 왜 벌써 가느냐〉 하는 투로 어이없어하며 황제의 뒤를 쫓기 시작했다.

황실에 돌아온 황제는 백발백중이라는 사나이를 가까

이 불렀다.

〈자네는 어떻게 백발백중이 되었는가? 그 비결을 말해 주게.〉

그 사나이가 대답했다.

〈사실 비결이랄 것도 없습니다. 그러나 굳이 물으신다면 두 가지를 말씀드릴 수 있습니다.〉

황제가 물었다.

〈첫째는?〉

사나이가 대답했다.

〈저는 백 보 안에 있는 목표물은 눈을 감고도 맞힐 수 있습니다.〉

고개를 끄덕이며 황제가 대답했다.

〈그래, 그것은 정말 별것 아니군. 사실 여기 있는 사람 모두는 20년 이상 활을 쏜 사람들이라 그 정도는 모두 할 수 있다고 보네. 그렇다면 둘째는?〉

사나이가 대답했다.

〈예, 저는 목표물이 백 보 안에 들어오기 전에는 절대로 화살을 뽑지 않습니다.〉

그때 황제가 무릎을 탁 쳤다. 그리고 나직이 그 사나

이에게 말했다.

〈자네 지금 계급이 무엇인가?〉

그 사나이는 오늘날 대위쯤에 해당하는 계급을 갖고 있었다. 황제가 말했다.

〈빠른 시일 안에 자네를 군 총사령관으로 임명하겠네.〉

사나이가 불안스러운 눈으로 황제를 보자, 황제가 빙긋이 웃으며 그 사나이에게 말했다.

〈물론 자네를 갑자기 총사령관으로 임명하면 많은 사람들의 반대가 있을 것이네. 그러나 그것은 염려하지 말게. 왜냐하면 자네를 총사령관으로 임명하는 이유는 결코 활을 잘 쏘아서가 아닐세. 자네가 총사령관이 되면 국방비가 30% 이상 절감될 것이기 때문이며, 이웃의 적국을 이길 수 있기 때문이네.〉

같은 적이라도 대책은 달리해야 한다. 물과 불의 성질을 모르고, 불을 밑에서 막고 물을 위에서 막아봐야 아무 소용이 없다. 또 내 힘과 상대의 힘을 이용하여 쓸 줄 알아야 한다. 내 힘이 강하다고 하여 무턱대고 활을 뽑아선 안 되며, 오히려 상대의 힘으로 나의 활 앞에 오도록 해야 한다.

변화가 일어나기 위해서는 그 변환점을 알고 있어야 한다. 변환점을 모른 채 움직이는 노력은 모두가 허사인 것이다. 승리는 변환점의 순간에서 해결되는 것이기 때문이며, 명장名將은 바로 그것을 아는 사람이다.

경영자, 그리고 지도자는 항상 변환점을 느끼며 그 순간순간을 항상 알고 있어야 한다. 왜냐하면 바로 그 순간에 승리와 멸망이 함께 있기 때문이다.

[원문] 원교근공遠交近攻

멀리 있는 적은 교섭하고, 가까운 적은 공격하라

군사적인 목표가 지형상의 제약을 받을 때에는 가까이 있는 적을 공격하는 것이 유리하며, 먼 곳에 있는 적은 공격하는 것이 불리하다. 이것은 규괘睽卦의 원리를 활용한 것이다.

〈멀리 있는 적은 교섭하고, 가까운 적은 공격하라.〉 이것이 원교근공이다. 중국 전국 시대에 위나라 범수范雎라는 사람이 주장한 대외 전략이다.

범수는 당시 진秦나라가 국력을 믿고 멀리 있는 강국 제나라와 대결하려 할 때, 이웃에 있는 한韓, 위나라를 제치고 제나라를 공격한다는 것은 어리석은 일이라며 왕에게 이렇게 말했다.

〈임금께서는 멀리 교섭하고 가까이를 쳐야 합니다. 한 치의 땅을 얻어도 임금 것이요, 한 자의 땅을 잃어도

역시 임금 것이외다.〉

진나라 임금은 범수의 말을 듣고 깊이 생각하여 그의 뜻을 따르기로 하였다. 그리하여 진나라는 범수의 원교근공 정책을 써서, 먼저 가장 가까이 위치한 한韓나라를 치고, 이어서 조趙나라를 치고, 또 위魏나라를 쳤으며, 다음에는 연燕나라를 치고, 대代를 멸망시키고, 끝에 가서는 제齊나라를 멸망시켜, 여섯 대국을 차례로 무찌르고 천하를 통일시켰다.

아무리 힘이 넘쳐도, 멀리 있는 적을 무찌르기 위해 달려 나가면 피로에 지쳐 힘이 빠진다. 이렇게 힘이 빠지면 주변에 있던 약소국가들이 먼저 쳐들어오게 된다. 때문에 멀리 있는 적은 외교 관계를 맺어 우방을 만들고, 가까운 적은 무찔러야 하는 것이다. 그래야만 멀리 있는 적이 그 틈을 이용해 쳐들어오지 않는 것이다.

멀리 있는 적은 백발백중 사나이처럼 만반의 준비를 갖춘 뒤 사정거리에 들어오도록 만들어야 한다. 힘은 나의 것이 아니라 〈사용되기 위한 재산〉이어야 한다. 왜냐하면 그 어떤 힘도 결코 영원한 것이 아니기 때문이다. 그래서 힘을 써서 약하게 만들 것이 아니라, 변환기에 변화를 일으킬 수 있도록 사용해야만 하는 것이다.

큰 힘이 작은 힘을 제압하는 것은 사실이다. 그러나 아무리 처음에 강했던 힘이라 하더라도 변환점의 순간에 약해져 있다면 도리어 제압당하고 마는 것이다.

〈멀리 있는 적은 교섭하고, 가까운 적은 공격하라.〉라는 범수의 정책은 결코 아는 것만으로 사용할 수 있는 것은 아니다. 힘을 집중시키기 위해서는 힘의 분산을 막을 줄 알아야 되기 때문이다. 먼 적과의 우호 관계는 가까운 적을 치기 위한 힘의 집중을 만들어 주기 때문이다.

힘을 써서 줄어드는 사람이 있고, 힘을 써서 늘려 가는 사람이 있다. 만약 당신의 경영이 투자를 통해 재산이 줄어든다면 당신의 경영은 문제가 있는 것이다. 〈쓰는 만큼 더 커진다〉. 이것이 경영의 승리이기 때문이다.

제24계

가도벌괵假途伐虢

마음이 곧 기세가 되도록 하라

기회를 빌미로 세력을 확장시킨다. 적과 나, 두 개의 강대국 틈에 끼인 소국이 적의 위협을 받게 되면 즉시 군대를 보내 구해줌으로써 영향력을 확장시켜야 한다. 곤란한 지경에 빠졌을 때 단지 말만 앞세우면 신뢰받을 수 없다.

삶과 생존은 같은 말 같지만 엄연히 다르다. 살아 있는 모든 생명체의 생존은 평등하지만, 그 생활, 그 여건, 그 처지라고 하는 삶은 서로 다르기 때문이다.

우리는 흔히 남에게 의존하지 아니하고 자립적으로 성공하기 위해 〈홀로서기〉라는 말을 한다. 여기서 홀로서기란, 생존을 의미하는 것이 아니라 삶을 의미하는 것이다.

인생의 고뇌! 누구나 살면서 고뇌가 없을 수는 없다. 그러나 고뇌는 크게 나누어서 두 가지가 있다. 그 첫째로, 단지 생존하는 자신만을, 자기의 마음, 자기의 심정, 자기의 만족만을 위하는 고뇌는 사실 자신에 대한 책임이 없는 고뇌이다. 그리고 자기 자신에 대한 고뇌는 사실 홀로 서고 말고 할 것도 없다.

그러나 자기 인생을 진정으로 사랑하고, 자기의 처지

가족이나 단체 등나 여건현재 처해 있는 사회적 입장 등, 자기 생활의 향상 등을 걱정하는 고뇌는 진정으로 홀로서기의 의무감과 새로운 시선, 새로운 생각, 새로운 행동을 요구하게 되는 것이다.

홀로서기에서 처음으로 배우게 되는 것은 먼저, 세상은 각각 개개인이 존재하는 것 같지만, 처지나 여건이 하나의 파워를 갖춘 실체로, 홀로서기에 성공한 사람은 그 덩어리로 존재하고 있다는 사실이다.

홀로서기를 얻지 못한 사람은 무언가 남에게 의존하게 되는데, 그 의존이라는 것은 결국 어떤 세력을 가진 자의 그 세력의 혜택을 받고 싶다는 의미이다. 가난한 사람은 부자의 부의 혜택을 받고 싶어 하고, 힘이 약한 사람은 권력을 갖고 있는 사람의 권세에 의지하고 싶어 하는 것이다.

그렇다면 결국 홀로서기란, 부의 힘이나 권세의 힘 혹은 명예의 힘을 얻는 것인데, 인생에 있어 경쟁이라는 것도 결국, 작은 세력에서 시작해서 큰 세력으로 구축해 가는 과정인 것이다.

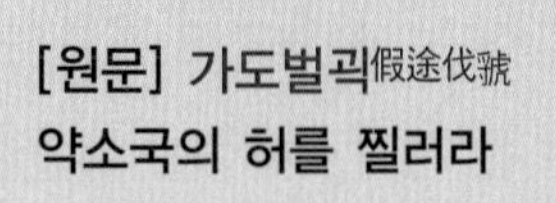

적과 나, 양대 강국 사이에 끼어 있는 약소국이 적의 침공을 받을 지경에 이르면, 이쪽에서도 군대를 출병시켜 위력을 보이고 구원해 주지 않으면 안 된다. 이는 곤괘坤卦의 원리를 이용한 것으로, 오직 강대국만이 사용할 수 있는 것이니, 적의 침략에 직면한 약소국에 대하여 말로만 〈출병하여 구원해 주겠다〉고 해서는 신뢰를 얻을 수 없다.

가도벌괵假途伐虢, 이것은 약한 자의 심정을 만족시켜 그 자체를 정복하라는 이야기다.

중국 춘추 시대에 우나라와 괵나라는 서로 이웃되어 있어서 모두 진나라와 접경을 이루고 있었다. 그런데 진나라는 일찍부터 이 두 나라를 정복하려는 야심이 있었다. 그래서 진나라는 먼저 우나라 왕에게 좋은 말과 보옥寶玉을 보내서 우나라를 매수하여, 괵나라를 칠 테니 길을 비켜 달라고 하였다. 우나라는 진나라를 믿고, 괵나라를 칠 수 있도록 길을 열어 주었다. 이렇게 해서 괵나라가 망하게 되자 진나라는 곧 우나라마저 멸망시키고 말았다는 이야기다.

강한 자는 약자의 심정을 다독거려 그 기세를 멸망시킨다. 기세를 알고 기세를 움직이는 능력을 터득한 자는 큰 기세도 무찌를 수가 있다. 자기보다 기세가 약한 나라와 동맹을 맺고 기세가 큰 나라를 무찌른 다음 다시 동맹 관계의 약한 나라를 멸망시키는 방법이다.

단지 개인적인 자기를 말할 때는 벌거벗은 모습의 인간의 몸일 뿐이지만, 사회적인 자기를 말할 때는 옷에 붙어 있는 계급장과 같이 그 사람의 역량이 포함된다.

떨어지는 한 방울의 물방울과 바다 속의 작은 한 방울의 물방울은 똑같은 작은 액체이지만, 한 그릇의 물이 갖는 힘과 바다가 갖는 힘의 크기는 완연히 다르다. 때문에 바다가 바다라는 사실을 모르고 단지 물인 줄만 알고 뛰어드는 수영선수는 결국 바다에 의해 죽음을 면치 못하게 된다.

만약 그대가 진정으로 성공하기를 바란다면, 그리고 진정으로 홀로서기를 원한다면, 한시바삐 세력이 갖추어진 덩어리를 볼 줄 알아야 한다. 그렇지 않으면 경쟁을 이겨 나갈 수가 없다. 처음엔 개인과 개인의 경쟁인 것 같지만 결국엔 세력과 세력의 경쟁이기 때문이다.

또한 세력이라고 하는 덩어리를 위한 고민을 하지 않고 개인을 위한 심정을 고민하는 사람은 그만큼 뒤진 인생을 살고 있다는 것을 빨리 자각해야 한다. 가정을 갖지 않으면 아무리 나이를 먹어도 어린애라는 이유가 바로 여기에서 비롯된 이야기인 것이다.

세력이 약한 자는 먼저 자신의 심정에 의존하게 되고, 심정이라는 주관에 의해 행동하지만, 세력을 갖고 있는 자는 기세를 통해 생각하고, 기세를 움직이며, 객관적으로 먼저 기세를 살피는 것이다.

홀로서기! 홀로 선 자의 기상은 늠름하다. 그러나 홀로 서지 못한 자는 기상은 전혀 없고 심정만 무겁다. 그렇다면 어떻게 해야 홀로 설 수 있을까?

처지나 여건, 환경 등의 발전을 위해 자기의 심정을 숙이는 자는 홀로 선다. 그러나 홀로 서지 못하는 자는 여건 처지를 생각하지 않고 심정의 고달픔만 하소연하기 때문에, 심정에 의해 또 다른 처지, 환경으로 옮겨 다닌다. 편한 곳을 찾는다. 그리고 편한 곳에 안주하려 하기 때문에 전혀 기상이 발산되지 않는다.

기상은 어려운 처지나 환경을 정복해 나가는 것에서 점점 더 활기차져 강렬해진다. 그러나 기상이 없는 자는 정복할 힘이 없기 때문에 조금 후에 곧 다시 불만만 커져 간다. 결국 기상이 큰 자는 기상이 약한 자를 잘 알고 있기 때문에, 기상이 약한 자의 심정을 편하게 해주면서 그 기상을 정복한다.

자연은 기세가 약한 것은 기세가 강한 것에 흡수되기 마련이다. 고기압이 저기압보다 강해지면 비가 그치고 햇살이 빛난다.

상대를 움직이려면, 상대의 기세를 움직이려면 먼저 상대의 심정을 움직여라. 이것이 통솔력의 근본이기도

하다.

그러나 기세가 강한 두 지도자는 존재할 수 없다. 그래서 전쟁이 시작되는 것이다. 심기일체心氣一體, 이것이 영원한 평화이며, 이 또한 무적의 막강한 기세인 것이다.

그렇다면 먼저 그대 자신의 마음이 곧 기세가 되도록 하라. 이것이 곧 〈홀로서기〉의 비밀인 것이다.

코스모스센타 용어

| **파동적 실체**實體 | 파동의 세계에 존재하며 현실세계에 작용을 일으키는 에너지의 원천. 불의를 보고 싸우기 위해서는 〈용기〉가 필요하듯, 남의 어려움을 보고 돕기 위한 〈배려〉나 〈친절〉, 그리고 포기하지 않고 끝까지 해내는 〈의지〉나, 꼭 완수해야만 하는 〈의무〉나 〈책임감〉 같은 것이 모두 파동적 실체이다.

| **개인적 자아** | 자기 입장에서 보고 느끼며 자신만을 위해 생각하고 행동하는 개인주의적 자기.

| **사회적 자아** | 전체를 위해 생각하고 행동하며 전체를 위해 자신을 희생하는 지도자적 자기.

제5부

병전계併戰計

병전이란 〈겸병兼倂:한데 합침〉의 뜻이니, 모두 우군에게 쓰는 계책이다. 춘추 전국 시대의 서로 먹고 먹히는 어지러운 싸움터에서는 적과 우군의 개념이 명확하지 않았다. 어제의 우군이 형세 변화에 따라 오늘의 적이 될 수도 있고, 오늘 불리한 처지에 놓여 있던 나라도 주변국과의 세력 균형에 따라 내일은 강국이 되어 위협적인 존재가 될 수 있는 상황이었던 까닭에, 우군은 모두 잠재적인 적군이었다.

그러므로 열강들은 승승장구하는 우군을 시기하여 원수처럼 적개심을 품고 있었다. 형제처럼 어깨를 나란히 하고 함께 작전을 수행하다가도 표변하여 우호국을 멸망시키거나 병탄남의 재물이나 다른 나라의 영토를 한데 아울러서 제 것으로 만듦한다.

따라서 병전계는 모략의 극치를 이루어 일반의 상상을 초월하고 그 변화 양상 또한 복잡하다.

질質을 바꿔 양量으로 만든다

인생의 깊은 묘미 중의 하나는, 밖의 세상으로부터 획득한 소유물을 향유하는 것에 있는 것이 아니라, 자신의 내부에 숨겨진 힘과 그 힘을 사용할 수 있는 권리에 있는 것이다. 예를 들어, 자기보다 힘이 센 친구가 자기를 못살게 굴 때 옆집 형이 갑자기 나타나 힘센 친구를 쫓아 버린다면, 비록 힘센 친구가 그 자리를 쫓겨났다 하더라도 그 승리는 진정한 자기 승리라고 말할 수 없다.

만약 어렸을 때 위와 같이 우연히 나타난 옆집 형에 의해 힘센 친구를 쫓아버린 경험이 있어 그 순간 대단한 승리감을 느꼈다면, 그 사람은 틀림없이 지금 크게 성공하지 못했을 것이다. 그러나 비록 자신은 상대보다 힘이 약했지만, 더 강한 힘을 가진 사람옆집 형을 움직여 상대를 제압했다면 지금쯤 그 사람은 틀림없이 성공해 있을 것이다.

승리는 밖에 있는 것이 아니라 자신의 내부에 있는 것이다. 내부에 들어 있는 승리의 신이 외부에 존재하는 만물을 움직일 때, 그때 비로소 인생의 진정한 묘미를 느낄 수 있는 것이다. 승리의 신은 누구에게나 있다. 어쩌면 인생은 자신의 내부에 잠자고 있는 승리의 신을 깨워서 그로 하여금 활동할 수 있도록 하는 과정에서부터 시작되는 것인지도 모른다. 그때 그대는 막강한 재산가가 될 것이다.

지금까지 여러분이 이 36계를 이해하지 못했다면, 그리고 중요하게 생각하지 않았다면, 당신의 승리의 신은 아직 깊은 잠에 빠져 있는 상태이다. 그러나 어쩌면 당신은 이 병법서를 탐독하면서 자신속의 승리의 신을 잠으로부터 깨어나게 할 수도 있을 것이다. 그리고 승리의 신이 탐독할 때 비로소 이 모든 방법의 가치를 분명하게 이해할 수 있을 것이다.

상대와 싸워 상대를 물리치는 것만이 승리가 아니다. 나에 의해서 상대가 물러나게 되었을 때, 승리는 나 자신으로부터 나타나는 것이기 때문이다. 자신의 내부에 숨겨져 있는 승리를 모르는 자는 승리의 만족은 잠시뿐, 또 다시 고통 속으로 빠져들고 말 것이다.

어렵게 공부를 해서 얻은 합격은 승리가 아니다. 합격

할 수 있도록 한 자신이 승리인 것이다. 합격의 순간 승리를 자신으로부터 발견하지 못하고 남과 비교하여 상대적으로 느꼈다면, 그 사람은 합격했기 때문에 또다시 학기마다 치러야 하는 시험을 귀찮아하게 될 것이다.

회사가 점점 커지면 그에 따라 일거리도 많고 문제점도 많다. 차라리 무일푼의 거지를 부럽게 여기는 것은, 자신의 내부에 존재하는 승리의 신이 취할 태도가 아니다. 때문에 승리의 주역은 어디까지나 자기 자신이어야만 한다.

36계는 총 6부로 나누어져 있는데, 제5부 병전계併戰計는, 연합하여 싸울 때 연합군 중에서도 자기의 군대가 그 주역이 되어야만 진정한 승리를 차지할 수 있다는 이야기다.

앞의 예에서처럼, 옆집 형의 도움으로 얻은 승리는 진정한 내 것이 아니다. 냉정하게 전쟁의 눈으로 판단하면, 나 역시 그 옆집 형의 패배자가 되어 있는 것이다.

그러므로 병법은, 눈에 보이지 않게 승리의 주역을 자신의 것으로 만들어야 한다는 것을 말해 주고 있다. 그것이 곧 병전계인 것이다.

제25계

투량환주偷梁換柱

겉은 놔두고 속을 바꾸라

대들보를 빼내고 기둥으로 바꾸어 넣다. 연합군으로 하여금 진영을 자주 바꾸게 하여 그 주력 부대를 빼내게 한다. 그들이 스스로 붕괴하기를 기다려 그 틈을 타 적을 공격한다. 이는 마치 수레의 바퀴를 빼는 것과 같다.

1561년 오와리의 오다 노부나가는 장인의 손자가 아버지를 죽이고 다이묘가 된 미노를 정벌하기 위해 물살이 세기로 유명한 기소 3강기소 강. 나가라 강. 아비 강이 교차하는 나가라 강 서쪽 스노마타에 성을 쌓고자 하였다. 사쿠마 우에몬 노부노리가 3천 명의 병력과 2천 명의 인부 그리고 금화 3천냥 등 재료 일체를 싣고 성을 쌓기 위해 공사를 하려는 순간, 미노의 다이묘 사이토 다쓰오키는 만 명이 넘는 군사를 출동시켜 야습을 가했다.

결국 우에몬은 모든 재목을 빼앗기고 강물에 빠져 익사한 자가 천 명이 넘는 참패를 당하고 말았다.

두 번째는 시바타 곤로쿠 가쓰이에가 성을 축성할 자신이 있다며 또다시 수많은 목재를 베어 가지고 사쿠마 우에몬과 같은 조건에서 스노마타로 향했다. 그리고 곧바로 공사에 착수했으나 이번에는 적이 상류와 하류에서 배로 기습 공격해 와 역시 모든 재료를 다 빼앗기고 겨우 목숨을 부지해 도망 왔다.

오다 노부나가는 조용히 도요토미 히데요시를 불렀다. 그때 히데요시의 직책은 군인이 아니라 노부나가의 식사를 책임지고 있는 주방 담당이었다. 히데요시는 노부나가가 왜 자신을 불렀는지 잘 알고 있었다. 그리고 미리 사전 계획을 철저히 준비해 놓고 있었다.

노부나가가, 실패한 원인을 물었을 때 히데요시는 정확하게 사태를 파악하고 있었다. 우에몬이나 곤로쿠는 유명한 장수들이었기 때문에 상대편이 어떤 식으로 할 것인지 쉽게 파악할 수 있었지만 자신은 주방 담당이므로 적이 알지를 못해 사태를 파악할 수도 없을뿐더러 만약 알아차렸다 하더라도 미리 쳐부수지 않고 성이 다 된 뒤에 빼앗을 것이라는 예언도 하였다. 그리고 도요토미 히데요시는 장수로서 첫 출정을 하게 된다. 이때 히데요시는 노부나가에게 몇 가지 조건을 건다. 첫째, 필요한 것은 모두 마련해 줄 것. 둘째, 노부나가는 절대 간섭하지 말 것. 셋째, 만든 성과 빼앗은 영지는 자신이 다스릴 수 있게 해 줄 것. 노부나가는 흔쾌히 승낙하고 필요한 것은 앞의 장수들처럼 해 주겠다고 하였으나 히데요시는, 다 필요 없고 병력 3백과 금화 5백 냥만 달라고 하였다. 노부나가는 깜짝 놀라며 군사가 3천도 아니고 3백에 재목 하나 돌 하나도 가져가지 않고 5백 냥만 있으면 된다 하니 놀라지 않을 수 없었다.

히데요시는 미노에 살고 있는 호족 노부시野武士:산야에 숨어살면서 패잔병 등의 무기를 빼앗아 무장한 무사의 대장인 고로쿠 마사카쓰를 찾아가 일본 통일을 위해 일어선 노부나가를 도와 성을 축성하면 정식 무사로 회복시켜 주겠다고 하며, 그들 모두가 미노의 땅에 있는 재목을 잘라 성을 쌓도록 하였다. 그때는 바야흐로 장마철이어서 강가 주변이 잘 보이지도 않을 뿐더러 동원된 노부시도 7천 명이 훨씬 넘었다. 히데요시의 철두철미한 계산 아래 진행된 공사는 이틀 만에 성을 쌓고, 때마침 비가 그

일야성

쳐 성의 모습이 홀연히 드러나자 갑자기 어제까지만 해도 없던 성이 하룻밤 사이에 나타났다 하여 스노마타의 성을 하룻밤의 성-夜城이라 부른다.

히데요시는 성을 쌓은 뒤, 곧바로 노부나가를 찾아가지 않고 무언가 커다란 선물을 준비할 계획을 갖고 있었다. 미노는 다쓰오키가 주군이긴 하지만 나이도 겨우 20세 정도여서 미노의 3인방이라 하는 원로 3명이 주도하고 있었다. 그리고 스노마타 옆에 우누마 성을 지키는 우누마의 호랑이라고 하는 오사와 지로자에몬이 있었다. 그런데 우누마의 호랑이는 다쓰오키의 사람됨이 옹졸하여 꾀병을 핑계 삼아 우누마 성에서 책이나 보며 주군을 찾지 않았다. 히데요시는 우누마의 호랑이를 설득시켜 함께 노부나가를 찾아갔다.

노부나가는 히데요시가 성을 축성한 것에 대해 기분 좋아하면서, 왜 일찍 오지 않고 이제 왔느냐고 물었다. 히데요시는 미노의 거물인 우누마의 호랑이를 귀순시켜 함께 데리고 왔다면서 설명을 한 뒤 인사시키겠다고 하자 돌연 노부나가는 〈언제부터 적과 내통을 하였냐〉고 하면서, 〈나는 지금 목마르게 미노를 원하고 있다. 네가 스노마타 성을 축성한 공로는 인정해 상은 주겠다. 그러나 우누마의 호랑이는 만나지도 않을뿐더러 가서 목을 베어라.〉 하며 축하주를 내렸다.

히데요시와 우누마의 호랑이는 밤새도록 노부나가의 저의가 무엇인지 생각해 보았다. 만약 노부나가가 호랑이를 접견했다면 호랑이는 다시 미노에 돌아가 전처럼 있을 수가 없다. 만나주지 않음으로써 두 사람의 관계는 아무런 상관이 없는 것이다. 왜냐하면 노부나가는 목을 베라 하지 않았는가? 밤새도록 두 지략가는 노부나가의 속마음을 파악하고 아침에 웃으면서 서로 각자의 자리로 돌아갔다. 결국 미노는 호랑이의 지략과 도움으로 3인방을 끌어들여 크게 싸우지 않고 난공불락의 이나바야마 성을 1567년에 점령했던 것이다.

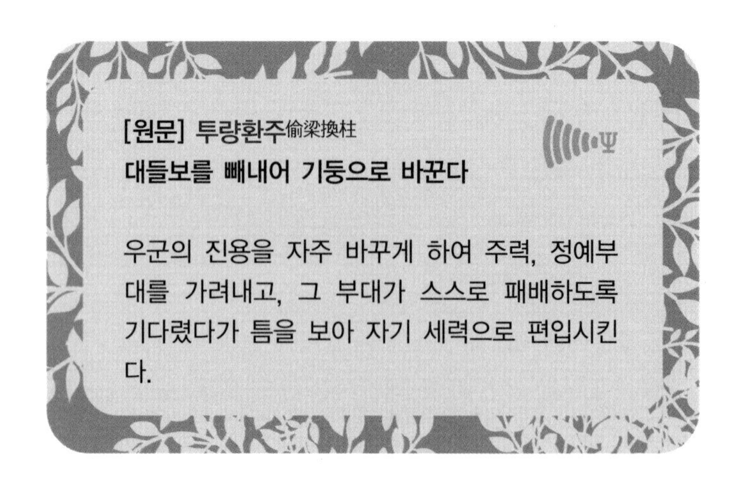

[원문] 투량환주偸梁換柱

대들보를 빼내어 기둥으로 바꾼다

우군의 진용을 자주 바꾸게 하여 주력, 정예부대를 가려내고, 그 부대가 스스로 패배하도록 기다렸다가 틈을 보아 자기 세력으로 편입시킨다.

투량환주의 원래 뜻은, 대들보를 빼내어 기둥으로 바꾼다는 뜻이다. 다른 나라 군대와 합동하여 싸울 때, 몰래 그 주력을 빼내어 전투하기에 불리하게 하고, 기회를 봐서 그 병력을 내 쪽으로 끌어들이는 계략이다. 즉 사람들이 눈치 채지 않도록 하여 본질을 아주 다른 것으로 바꿔 버리고, 겉은 아무 일도 없는 것처럼 해두는 것이다. 연합하여 싸우더라도 그 주도권은 내가 갖는다는 뜻이다. 또한 주체를 바꾸더라도, 그 주체가 바뀌었다는 사실을 모르게 겉은 그대로 놔둔다는 계략이다.

개혁을 단행할 때도, 겉이 모두 바뀌면 대중은 불안해진다. 때문에 개혁을 위해서 그 알맹이는 모두 바꾸더라도, 겉은 표 나지 않게 일단 그대로 놔두고 서서히 바꾸어 나가는 것이다.

옛날 로마 시대 때, 황제의 절대 권한을 빼앗기 위해 왕제王制를 그만두고 공화제共和制로 바꾸었다. 그때 민중이 왕이 없는 것을 눈치 채지 못하도록 집정관 두 사람을 두고, 왕의 경우와 마찬가지로 종자와 경호원을 붙여놓았다.

또 해마다 행해지는 부활제는 왕이 몸소 의식을 주재하는 것이 관례였는데, 왕이 보이지 않아 서운한 생각이 민중들에게 들지 않도록 하기 위해 최고의 성직자를 대신 〈부활 왕〉으로 부르게 했다. 이른바 〈법왕法王〉이 그것이다.

인간은 급격한 변화에 대해 누구나 저항하게 마련이다. 따라서 개혁을 수월하게 단행하려면, 실체는 바꾸더라도 겉만은 그대로 놔두지 않으면 안 된다.

민중은 겉만 보고 판단하며, 겉만 바꾸지 않으면 실체가 바뀐 것을 눈치 채지 못하기 때문이다. 내재된 우리의 승리의 신神은 결코 눈에 띄는 승리는 원하지 않는다. 왜냐하면 승리는 절대적으로 최고의 가치를 생산해 내야 되기 때문이다.

때문에 병전계는, 연합하여 싸울 때 그 주체 세력을 나의 것으로 바꾸고, 상대를 나의 병사처럼 사용하는 계략이다.

옛날 싸움에 있어서 그 진지를 잘 관찰하면, 앞뒤로는 막강한 주체 세력을 두고, 그 중앙을 지키기 위한 앞뒤 좌우에는 막강한 기둥과 같은 역할을 하는 주체 세력이 있다. 이 앞뒤 그리고 중앙을 지키는 두 주체 세력이 곧 주력 부대인 것이다.

동맹국과 연합하여 싸울 때는 몇 번이고 진지 구축을 위한 진용을 바꾸어 그 주력 부대가 자신의 부대가 되도록 하고, 동맹국 군대는 자신의 주체 세력 밑에 놔두게 하는 것이다.

인사 관리나 거래 혹은 비밀 연구 등 모든 분야에 있어서 투량환주의 계략은 매우 유용한 계책인 것이다. 단지, 자신의 욕심만을 위해서 사용하게 되면 반드시 눈에 띄게 들통나게 되므로, 정당한 승리의 신에 의해 움직여져야 할 것이다.

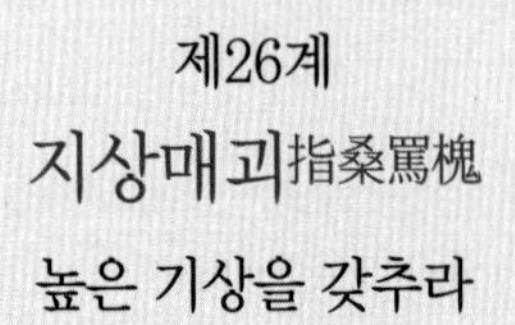

제26계

지상매괴指桑罵槐

높은 기상을 갖추라

뽕나무를 가리키며 홰나무를 욕한다. 강한 자가 약한 자를 지배하려면 경고를 해야 할 것이다. 강한 기세로 나아가면 충성을 바칠 것이고, 단호한 태도를 취하면 순종하게 될 것이다.

조직에 있어서 가장 중요한 것은 일치단결이다. 단결된 힘은 막강한 저항력을 갖추고 있기 때문이다. 그러나 분열된 힘은 그 조직을 끝내 파괴로 이끌고 간다.

사람을 고용할 때 단순히 손발의 대가만으로 월급을 지불한다면 그것은 일치단결이 아니다. 왜냐하면 손발은 정성과 충성을 갖고 있지 않기 때문이다. 일치단결은 단합된 마음을 뜻한다.

그러나 여러 사람의 마음을 하나로 단합시킨다는 것은 결코 쉬운 일이 아니다. 지도력은 얼마만큼 단합된 조직을 하나로 구축하느냐에 따라 평가된다.

여러 사람을 거느리기 위해서, 조직 전체를 움직이기 위해서, 그리고 여러 사람을 하나로 규합시키기 위해서 지도자는 첫째로, 다른 사람보다 그 기상이 높아야 한다. 왜냐하면 높은 기상을 갖추어야만 포용력과 이해심을 통해 많은 사람을 거느릴 수 있기 때문이다.

또한 높은 기상을 갖춘 자라야만 조직 전체를 보고, 전체가 나아가야 할 문제를 걱정하고, 전체의 존재를 위해 개인을 희생하는 〈대大를 위한 소小〉의 정신을 갖기 때문이다.

그러나 문제는, 기상이 높지 않고 오직 자신의 범주 안에서 생각하고 노력하는 조직원을 어떻게 하면 조직 전체를 위하는 길로 이끌고 가느냐 하는 데 지도자의 고심이 있다. 몇몇 안 되는 사람이라면 개인적으로 일일이 설명하고 달래 주면 되지만, 많은 수가 되면 서로 시기하고 자기주장을 내세워 조직의 뜻에 따르지 않는 결과가 벌어지게 된다. 물론, 설명에 의해 더욱 잘하게끔 북돋아 주기도 하고, 벌을 통해 자각심을 주기도 하지만, 상과 벌은 어디까지나 개인적이기 때문에 전체를 움직이기에는 부족한 부분이 있다.

어느 한 개인을 벌함으로써 모두가 느끼게 하는 것을 우리는 〈본보기〉라고 한다. 속칭 본때를 보여 주는 것이다.

몸은 담겨 있으나 마음이 담겨 있지 않은 상태에서 그 마음을 움직이기 위한 방법이 곧 경고인 것이다. 경고는 상과 벌처럼 직접적이지는 않지만, 그 효과는 직접적인 것과 거의 흡사하다. 일찍이 손자는, 군대를 통솔하는 데에는 경고가 가장 큰 효과가 있다고 말했다.

오나라 왕이 손자에게 처음으로, 〈여자들도 남자와 마찬가지로 군대를 만들 수 있겠는가?〉 하고 물었을 때, 손자는 〈3일이면 남자들처럼 열과 행을 맞출 수 있다.〉 고 장담하였다. 오나라 왕은 손자를 시험해 보기 위해, 〈좋다!〉 하며 손자에게 궁 안의 모든 여자를 교육시킬 통솔권을 주었다.

첫날 교육에 궁녀들은 소풍 나온 기분으로 서로 킥킥대고 웃으며 장난치고 있었다. 다음날, 손자는 두 팀으로 나누어 그 중 더 형편없는 팀의 팀장을 모두가 보는 자리에서 목을 쳐 죽였다. 목이 잘리는 모습을 본 궁녀들은 이미 여자가 아니었다. 남녀에 상관없이 그들은 손자의 구령 한 마디에 정확하게 움직이기 시작한 것이다.

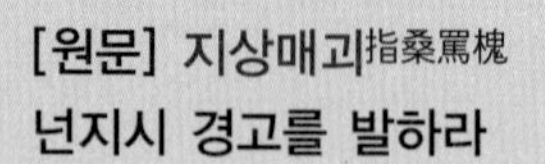

[원문] 지상매괴指桑罵槐

넌지시 경고를 발하라

강대국이 약소국에게 겁을 주어 복속시키려면 경고하는 방법으로 유도해야 한다. 사괘師卦의 원리를 활용한 것이니, 적절한 강경책을 쓰면 지지를 받게 되고, 과격한 수단을 쓰면 충심으로 복종한다.

〈뽕나무를 가리키면서 홰나무를 욕한다〉. 이것이 26번째 지상매괴의 계計이다. 이른바 당구의 〈쿠션〉과 같은 것이다.

사람은 누구나 남으로부터 명령을 받거나 모욕을 당하기 싫어한다. 본인이 잘못을 저지르고도, 그 잘못을 탓하면 아니라고 합리화시킨다. 때문에 직접적으로 지적하지 말고 간접적으로 지적하여 스스로 자각하게 하는 전략이 바로 지상매괴인 것이다.

〈병전계倂戰計〉는 연합된 상태의 군대이기 때문에, 아

무리 동맹을 맺은 사이라 하더라도 아군이 아니다. 때문에 먼저 통솔력을 발휘하여 주도권을 잡지 않으면 불리하다. 이때, 자기 군대를 나무라면서 그 나무람이 곁에 있는 연합군에게도 같은 효과를 갖게 하여 그 주도권을 장악하는 것이다.

또한 상대하기 어려운 상관에게는 직접적으로 그 잘못을 탓할 수 없다. 이때, 같은 상황의 다른 예를 들어 눈치 채게 하는 설명 역시 지상매괴의 계인 것이다.

〈호랑이를 죽이지 않고 심복마음으로부터 복종시키기 위해 그 산을 두드려라〉. 이것이 곧 경고의 의미인 것이다.

장대한 것이 약소한 것을 심복시키려면 경고를 하는 방법으로 상대를 복종시켜야 한다. 웬만한 강경책이면 상대의 지지를 얻게 되고, 과감한 수단을 쓰면 상대를 심복시킨다.

이제까지 복종하지 않았던 세력을 통솔하여 적과 싸울 때는 배치 전환을 하여 유리한 입장을 만든다 해도 소용없을 것이며, 그렇다고 선물을 주며 환심을 사려 하면 오히려 역효과가 날 수도 있다. 이럴 경우에는 고의로 오해해서 남의 과실을 비난하고, 이로 말미암아 넌지시 경고해야 한다.

경고란, 다른 면에서 상대를 복종케 하는 것이다. 이것은 강경하고 과감한 수단을 써서 상대를 복종시키는 방법이다. 또 이것은 부하를 다루는 방법이기도 한 것이다.

그러나 융통성이 없는 사람은 이 방법을 사용할 수가 없다. 왜냐하면 융통성이 없다는 자체가 직접적인 것이기 때문이다. 융통성은 간접적 해결책을 찾아내지만, 그렇지 못한 경우에는 〈예스냐, 노냐〉 하는 식의 직접적 해결만을 만들기 때문이다.

그대 만약 큰 뜻을 품고자 한다면 먼저 높은 기상을 갖추라. 높은 기상은 큰 폭의 포용력과 융통성을 갖고 간접적 방법으로 전체를 움직일 수 있기 때문이다.

작은 기상은 직접적이며, 개인을 상대하기 때문에 전체를 이끌 수가 없다. 그리하여 작은 기상은 큰 것을 품을 수가 없는 것이다.

크나큰 그대의 세계, 그것이 곧 그대의 성공을 말해 주는 승리의 증거인 것이다.

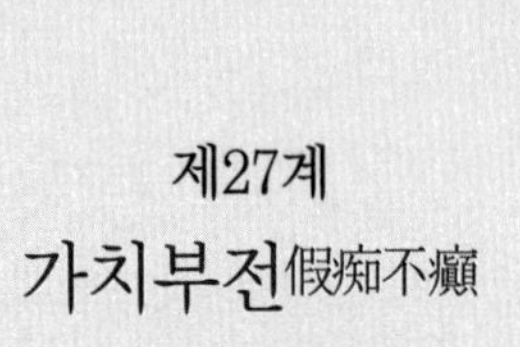

제27계

가치부전假痴不癲

불사不死의 성공법

어리석은 척하되 미친 척은 하지 말라. 무지한 척 가장하되 무엇인가 꾀하는 행동은 하지 말라. 총명한 척하며 경거망동하지 말라. 기밀을 누설하지 말고 조용히 계획하라. 천둥번개가 순식간에 치는 것처럼.

옛날에 한 바보가 있었다. 이 바보는 500원짜리 동전과 100원짜리 동전을 앞에 던지면, 히쭉 웃으면서 100원짜리 동전을 쥐고 좋아하는 것이었다. 사람들은 그런 바보가 재미있어서 그 바보만 나타나면 그 앞에 또 500원짜리와 100원짜리 동전을 던져 주었다. 그러면 바보는 또 100원짜리 동전을 주워 쥐고는 매우 만족해하는 것이었다. 사람들은 그런 바보를 향해 마음껏 웃으면서 즐거워했다.

이 바보는 점점 유명해져서, 다른 마을 어디를 가도 사람들은 그 앞에 동전을 던져 주는 것이었다. 이렇게 몇 년이 흐른 뒤 그 바보는 엄청나게 많은 동전을 모을 수 있었다. 만약 그 바보가 500원짜리 동전을 주웠다면 사람들은 더 이상 그 바보에게 동전을 던지지 않았을 것이다. 사실 그 바보는 바보가 아니고 그 바보의 속셈을 모른 채 동전을 던져 준 사람들이 바보였던 것이다. 그리고 후일 그 바보는 무역을 하여 대부호가 되었다.

어떤 사람은 사업을 하기 위해서는 사업 자금이 필요하다며 집을 저당 잡혀서 시작하는 사람이 있다. 또 어떤 사람은 돈을 벌기 위해서는 먼저 돈을 써야 한다고 말하고 있다. 벌기 위해서는 먼저 투자를 해야 한다는 지론이다. 그러나 위에 말한 바보는 사업 자금을 벌기 위해 집을 저당 잡히지 않았다. 돈을 벌기 위해 돈을 쓰지도 않았다. 물론 이처럼 바보짓을 하라는 이야기는 아니다. 만약 그 바보가 500원짜리를 주웠다면 사람들은 그 뒤로 그 바보에게 동전을 던지지 않았을 것이다. 그리고 또 100원 정도는 크게 손해 본다는 느낌도 없었을 것이다. 바보는 오히려 그들에게 100원 이상의 즐거움을 주었을지도 모른다.

진정한 투자란 낚시와 같아서, 들어올 예상이 확실해졌을 때 미끼를 투자하는 정도의 투자여야만 한다. 무엇을 낚을 것인가도 확실하지 않은 채, 무조건 많이 투자

하면 많이 들어오겠지 하는 식의 막연한 기대만으로 사업을 한다면 그 결과는 손바닥을 들여다보듯 뻔한 일이 아닌가? 이와 마찬가지로, 실속이 있는 사람은 결코 큰 소리를 치지 않는다.

조그만 승리에 자신을 자랑하는 사람은 〈그 이상은 끝〉이라는 운명을 모른다. 그래서 일본의 도쿠가와 이에야스는 〈인생이란 무거운 짐을 지고 먼 길을 가는 것과 같다.〉라고 말했다. 그리고 중국의 손자는 〈슬기롭게 싸워서 승리를 거두는 자는 그 지모智謀로 이름을 얻으려 하지 않으며, 또 그 용감으로써 공로를 내세우려 하지 않는 법이다.〉라고 말했다.

이렇게 실속을 챙길 줄 아는 자라야만 설혹 불경기가 닥친다 하더라도 지혜롭게 이겨 나갈 수가 있는 것이다.

중국의 고전에 〈니어泥魚〉라고 하는 불사신不死身의 물고기가 있다. 이 물고기는 냇물에 사는데, 냇물이 불어 많을 때는 활발하게 활동을 하다가도, 건기乾期에 접어들어 냇물이 줄어들면 냇가에 있는 진흙 속으로 들어가서 죽은 듯이 가만히 있다. 다른 고기들은 물을 찾아 허덕이며 헤맬 때, 니어는 있지도 않은 물을 찾아 허덕이는 일이 없으므로 지치지도 죽지도 않으며, 무사히 다음 우기雨期를 맞이하여 다시 활발하게 돌아다닌다.

이 물고기가 죽지 않는 열쇠는, 얻을 것이 없음을 알고 활동하지 않는 데 있다. 보통 사람들은 자기 주머니에 돈이 아쉬우면 벌려고 한다. 주머니에 돈이 있을 때에는 쓰려고 하며, 매사가 모두 자기 본위에서 시작한다. 니어는 상황이 좋을 때는 마음껏 활동하며 영양을 보충했다가, 건기가 되면 진흙 속에 들어가 최소한의 생활을 한다.

상황을 바로 알고 실속을 챙기는 자, 그는 바보처럼 보인다. 왜냐하면 자만심이 없기 때문이다. 상황을 모르고 자기만족에 빠져 사는 자, 그는 똑똑한 것 같지만 사실 그야말로 바보인 것이다. 지금 당신은 바보짓을 하고 있지는 않은가?

[원문] 가치부전假痴不癲
못난 소처럼 행동하라

알지도 못하고 할 줄도 모르는 것처럼 처신하는 것이 오히려 낫지, 아는 체 경거망동해서는 안 된다. 둔괘屯卦의 괘상에 나타난 대로이니, 간난신고艱難辛苦가 겹칠 때에는 납작 엎드려 몰래 책략을 세워야 한다.

〈어리석은 체하며 상황에 동요되지 않는다〉. 이것이 스물일곱 번째, 가치부전假痴不癲이다. 세상에 어리석게 보이면 오히려 상황에 휘말려 미치지 않는다는 뜻이다.

옛날 일본의 도요토미 히데요시가 어느 술자리에서 〈내가 죽으면 누가 천하를 잡을꼬?〉 하고 근친에게 물었는데, 그때의 대답은 다섯 대로五大老:도쿠가와 이에야스, 모오리 데루모또, 우끼다 히데이에, 고하야가, 다가다게의 범위를 벗어나지 않았다. 그러자 히데요시는 이 대답 모두를 부정하고 〈간베에!〉라고 단언하고 다음과 같이 설명했다.

〈나는 야마사끼 싸움 이래, 교전을 하기 여러 차례. 그때마다 중대한 국면에서 대책을 어떻게 해야 할지 망설이는 수가 있었다. 그럴 때마다 간베에에게 상의하면 그는 그 자리에서 즉시 판단을 내렸다. 그리고 그것은 모두가 내가 생각하고 생각한 결과와 일치했을 뿐만 아니라 때로는 나도 미처 생각지 못하던 훌륭한 판단도 있었다. 그의 마음은 강건해서, 사람을 잘 믿고 도량이 넓고 사려가 깊어 천하에 그를 따를 자가 없다. 내가 세상에 살아 있을 때라도 그가 바라기만 한다면 천하를 얻을 수 있을 것이다.〉

이 말을 전해들은 간베에는 기쁘게 생각하기는커녕, 〈이거야말로 우리 집안의 화근이다. 히데요시에게 주목받고 있다면 자손을 위해 미리 장래의 계획을 세워야 한다.〉 하면서, 머리를 깎고 여수如水라 호號하여 은거하고 말았다.

세상에 드러나길 바라지 말라. 그것은 잘되면 타깃target, 못되면 저주의 씨가 된다.

얻기 위해 함부로 쫓지 말고, 들어올 것을 미리 알고

기다리라.

그리하여 아주 월등한 사람은 뛰어난 재주를 부리지 않는 것이다.

만약 그대, 뛰어난 재주가 부러워 보인다면, 아직 그대는 불사不死의 승리를 보지 못하고 있는 것이다. 영원하게 실속을 챙기는 불사의 승리는 세상에 드러나지 않게 작용하는 것이다.

제28계

상옥추제上屋抽梯

정보화 시대의 필승법

지붕으로 유인한 뒤 사다리를 치운다. 고의로 약점을 노출시켜 적을 그대의 진영 안으로 끌어들여라. 그리고 적의 응원부대를 차단하여 적을 사지로 몰아넣어라. 판단착오 때문에 적은 해를 당하게 될 것이다.

흔히 현대를 정보화 시대라고 한다. 이제부터는 정보를 모르면 이길 수 없는 시대가 되었다는 뜻이다. 왜 그럴까? 세계는 급변하고 있고, 세계의 변화를 보지 못한 채 자기 이익만 생각하고 덤벼들었다가는 생각지 못한 함정에 빠져들기 때문이다.

도끼는 원래 인간이 나무를 쪼개거나 물체를 부수기 위해 만든 도구이다. 그렇다고 도끼가 반드시 나무를 쪼개거나 물체를 부수기 위한 기능만 갖고 있는 것은 아니다. 나무가 아니라 당신의 발도, 옆 사람의 손도 절단 낼 수 있는 것이다.

만약 당신이 〈도끼는 나무를 쪼개기 위한 도구〉라고만 믿고 있다면, 그것은 확실히 전체를 알지 못한 채 작은 자기 생각만 믿고 있는 것이다.

자신을 믿고 가는 길에는 반드시 함정이 있다. 먼저

길을 확실히 알고, 길에 대한 확신이 서지 않는다면 움직이지 말라. 길에 대한 믿음, 이것이 곧 정보화 시대를 살아가야 할 우리의 과제이다.

다음은 그 재미있는 예다.

옛날 손빈과 방연은 친한 친구로서, 〈오자병법吳子兵法〉으로 유명한 오기吳起의 제자였다. 손빈과 방연은 오기의 제자 중에서도 가장 뛰어난 수제자였다.

먼저 방연이 위魏나라 혜왕惠王의 장군이 되어 왕에게 손빈을 추천했다. 그러나 손빈의 재능이 자기보다 나은 것을 질투하여, 자신의 장군 지위를 빼앗길 것이 두려워 혜왕에게 모략 참소하여 손빈의 두 다리를 자르고, 얼굴에 먹물로 자자刺字:얼굴이나 팔뚝의 살을 따고 흠을 내어 먹물로 죄명을 찍어 넣던 형벌를 하였다. 뿐만 아니라 다른 나라에서 손빈의 재능을 이용할까 두려워 나라 안에 감금해 놓고 있었다.

이때 우연히 위나라에 온 제齊나라의 사자使者가 손빈이 병법의 천재임을 알고 몰래 자기 수레에 태워서 제나라라로 데리고 돌아왔다. 이것을 본 제나라의 장수인 전기田忌는 몹시 기뻐하며, 손빈을 군사軍師로 등용하여 우대했다.

그 뒤로 위나라는 조趙나라와 연합하여 한韓나라를 공격했다. 한나라로부터 구원병을 요청 받은 제나라는 전기를 장수로 삼고 손빈을 군사로 하여 위나라의 도읍인 대량을 공격하게 했다.

위나라의 장수인 방연은 다시 이 급보를 받고 달려와 제나라 군대를 추격했다.

이때 손빈은 전기에게 〈위나라 군대는 지금 제나라 군대를 업신여기고 교만하게 굴고 있소. 지금은 한번 그 교만함을 북돋아 공격하는 술책을 쓸 때요.〉 하고 말하고 작전을 지시했다.

손빈의 작전은 제나라 군대가 취사하는 가마솥의 수를 줄여 가는 술책이었다. 첫날에는 10만 명이 밥을 해 먹을 수 있는 가마솥에 불을 땐 흔적을 만들고, 다음날에는 5만 명, 그리고 또 다음날에는 3만 명분으로 줄이며 전진했다.

방연은 제나라의 군대가 자기가 추격해 오는 것을 두려워하는 것으로 믿고, 〈과연 생각했던 대로 제나라 군대는 도망병이 많아 사흘 동안에 3분의 1로 줄었다.〉고 좋아했다.

그리고는 방연은 주력 부대를 남겨 둔 채, 가볍게 차린 기마병들만 이끌고 밤낮으로 길을 배로 늘려, 피로함을 무릅쓰고 급히 추격했다. 그야말로 눈앞의 자기 이익에만 빠져 상황을 바로 보지 못한 처사였다.

손빈은 그날 밤 늦게 방연이 마릉馬陵에 도착할 것을 계산하였다. 이 지형은 지리가 좁고 양쪽에는 나무들이 울창하여 복병하기에 안성맞춤이었다.

손빈은 큰 나무의 껍질을 벗기고 그곳에 〈방연아, 너는 이 나무 아래서 죽는다.〉라고 쓴 다음, 활의 명수들을 주변에 매복시켜 놓았다. 그리고 밤이 되어 〈누가 이 나무 아래서 불을 켜거든 곧 일제히 사격하라.〉 하고 명령했다.

과연 방연은 그날 밤 늦게 마릉에 도착했다. 그때 흰 나무에 무언가 글이 씌어 있는 것이 보였다. 그러나 날이 어두워 자세히 보이지 않았다. 그래서 그곳에 횃불을 켜도록 했다. 바로 그때, 매복해 있던 제나라의 궁사들은 일제히 화살을 퍼붓기 시작했다.

위나라 군대는 즉시 대혼란에 빠져 전멸했으며, 방연도 그곳에서 미처 손 쓸 사이 없이 〈드디어 명성을 손빈에게 주고 말았군.〉 하고 한탄하며 자살했다.

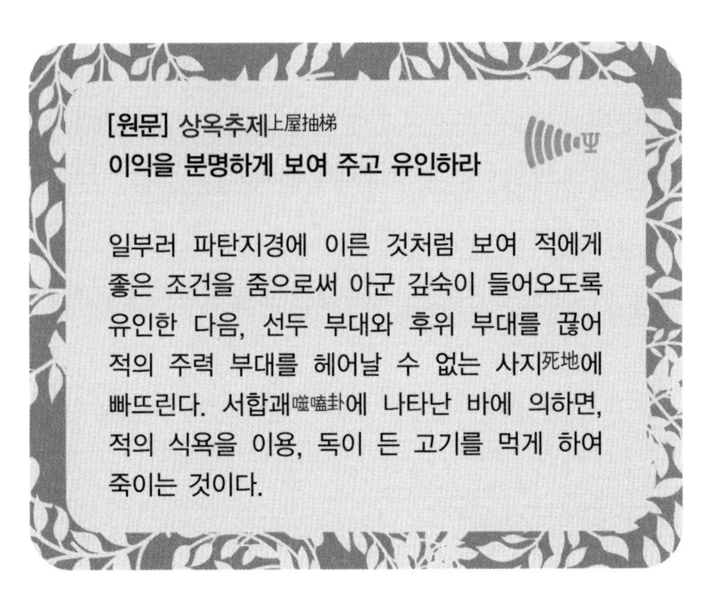

[원문] 상옥추제上屋抽梯

이익을 분명하게 보여 주고 유인하라

일부러 파탄지경에 이른 것처럼 보여 적에게 좋은 조건을 줌으로써 아군 깊숙이 들어오도록 유인한 다음, 선두 부대와 후위 부대를 끊어 적의 주력 부대를 헤어날 수 없는 사지死地에 빠뜨린다. 서합괘噬嗑卦에 나타난 바에 의하면, 적의 식욕을 이용, 독이 든 고기를 먹게 하여 죽이는 것이다.

작은 이익으로 적을 유인한 뒤 전멸시키는 책략. 〈지붕 위에 올려놓고 사다리를 치워라〉. 이것이 상옥추제의 계략이다. 즉 나무 위에 올려놓고 흔든다는 것과 같은 뜻이다.

상대는 이익으로 유도해야 한다. 그렇다고 상대를 속이기 위한 수단으로 이익을 제시하면 상대는 속아 주지 않는다. 먼저 상대가 완전히 믿도록 사다리를 단단히 걸쳐 놓고 그것을 똑똑히 보여 주어야 한다.

최근 일본인들의 상술에 보면 이 상옥추제의 술책이 많이 들어 있다. 처음에 신제품을 내놓을 때는 약간 비싸다 싶은 가격으로 소비자에게 내놓는다. 그리고 몇 달 뒤 같은 제품에 모양과 편리성을 추가하여 새 모델을 내놓는데, 처음 가격보다 낮은 가격으로 선전하여 시판한다. 소비자들은 첨단 기능이 더 추가된 제품을 처음 신제품보다 싼 가격으로 판매하니까, 처음에 사고는 싶었지만 비싼 느낌이 들어 망설였던 참에 〈얼씨구나!〉 하고 주저 없이 사게 된다.

그러나 알고 보면, 신제품 때는 함께 있던 옵션들이 새 모델에서는 모두 별매품이 되어 결국 처음 신제품이 나왔을 때보다 비싼 가격으로 구매하게 된다. 그러나 소비자들은 옵션은 당연히 별매품이려니 생각하고 아무런 의심도 갖지 않는 것이다. 결코 본인이 비싼 함정에 빠졌다는 사실을 모르는 것이다.

상옥추제는 크게 세 가지 의미를 갖는다. 첫째는, 상대를 유인한 뒤 그 퇴로를 차단하여 격멸시키는 방법, 즉 지붕 위에서 상대를 유인한 뒤 사다리를 치우는 방법. 둘째는, 스스로 퇴로를 끊고 배수진背水陣을 친 뒤 필사적 각오로 분투케 하는 방법, 즉 다리를 건너 적에게 다가간 뒤 그 다리를 끊어, 아군이 필사적으로 적과 싸워 적을 뚫고 지나가는 방법. 셋째는, 자기 쪽만 유리한 곳으로 가고 적은 못 오게 하는 방법, 즉 먼저 다리를 건넌 뒤, 적이 뒤따라오지 못하게 즉시 다리를 폭파시키는 방법이다.

섣부른 자기 판단은 항상 함정에 빠질 우려가 많다. 길이 길로 보이더라도, 길로 나타나기 전에는 함부로 가지 말라. 길로 보이기는 쉬워도 길로 나타나게 하기는 어렵다. 길로 보이는 것은 개인적 안목이지만, 길로 나타나기는 전체적 안목이 있어야 한다.

세상의 변화가 빠르지 않았을 때는 멀리 있는 목표가 분명했지만, 세상의 변화가 빠르다 보니 비슷비슷한 목표가 여기저기 쉽게 변한다. 현대는 정보화 시대라고 말하는 이유가 바로 여기 있으며, 21세기는 정보 산업이 주도한다는 이유도 여기에 있다.

길이 길로 보일 때, 거기에 함정이 있다는 사실을 생각하지 못하면 당신의 행로는 난항을 면치 못할 것이다.

승리의 길, 그것은 보이는 것이 아니라 나타나는 것임을 실감할 때, 당신을 속일 계책은 없을 것이다.

제29계
수상개화樹上開花
눈에 보이지 않는 승리의 비결

나무에 꽃이 피게 한다. 허위로 진영을 배치함으로써 실제보다 세력이 강해 보이게 만든다. 기러기가 높이 날아오를 때에 날갯짓으로 위용을 더하는 것과 같이.

어떤 사람은 태어날 때부터 용감성을 갖고 태어난다. 이런 사람은 이른바 겁이 없으며, 이것저것 가리지 않고 먼저 공격하는, 이른바 선제先制공격형이다.

반면, 외부로부터의 세력에 위압감을 당하고, 그 위압감을 감당하기 위하여 노력하는 사색파思索派가 있다. 이런 사람은 일단 겁은 나지만, 결코 겁이 나기 때문에 포기하는 그런 형은 아니다. 또한, 겁을 먹으면 아예 자기 의지를 포기하고 물러나는 사람도 있다.

태어날 때부터 사물을 파악하지 않고 천하를 겁내지 않는 그런 용기는 큰 것처럼 보이지만 사실 아주 작은 용기에 불과하다. 대체로 이런 사람들은 강골강육强骨强肉형으로, 매우 강해 보인다.

그런데 이상하리만큼, 어떤 조직이든지 최고의 보스들은 대체로 강해 보이는 형이 아니라 오히려 아주 약해 보이는 경우가 많다. 그리고 강해 보이기보다는 친절해 보이거나 젠틀gentle해 보이는 경우가 대부분이다. 그리고 강해 보이는 사람들은 이런 보스 밑에서 일하는 경우가 대부분이다. 얼핏 보면 강해 보이는 사람이 보스처럼 보이고, 약해 보이는 사람은 비서처럼 보인다.

옛날 일본에 도쿠가와 이에야스는 몸집은 컸지만 사실 매우 겁이 많았다. 그렇다고 결코 그가 겁이 나서 뒤로 물러선 일은 없었다. 도쿠가와 이에야스는 이렇게 말했다.

〈사실 나에게는 겁나는 일이 많았다. 그래서 겁을 느끼는 순간, 그 겁을 이겨낼 수 있는 철저한 사전 준비를 갖추기 시작했다.〉

그렇다. 진정한 용기는, 갖고 태어나는 것이 아니라 외부로부터의 자극으로 인해 안에서 솟구쳐 올라오는 것이다. 그 솟구쳐 올라오는 용기가 사물을 살피고, 앞뒤를 가리며, 때를 기다려 사전에 철저히 준비를 갖추는 것이다.

태어날 때부터 용감한 사람은 그 용감함을 전 재산으

로 삼아 상황을 살피지 않기 때문에, 미리 철저히 준비해 놓은 함정에 스스로 빠지고 마는 것이다.

승리의 주인공, 그것은 솟구쳐 올라온 용기인 것이다. 무능한 사람은, 부모로부터 물려받은 것이 없어서 일을 할 수 없다느니, 배운 것이 없어서 이 모양 요 꼴이라느니, 세상인심이 사나워 못해 먹겠다느니, 자금이 없어서 일을 만들지 못한다느니, 뒤를 봐 주는 빽이 없어서 성장할 수 없다느니 하는 푸념만 푸짐하다. 진정한 용기는 그와 같은 푸념의 상황에서 솟구쳐 올라온 것이다. 그리고 그 상황을 바꾸기 위해 미리미리 때를 기다려 준비를 하는 것이다. 당신의 내면에 그와 같은 용기가 솟구쳐 오른다면, 그 용기는 무엇을 준비해야 할지 길이 보일 것이다.

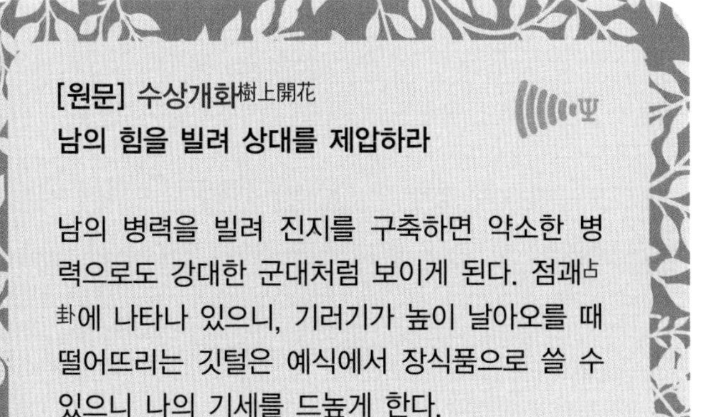
[원문] 수상개화樹上開花
남의 힘을 빌려 상대를 제압하라

남의 병력을 빌려 진지를 구축하면 약소한 병력으로도 강대한 군대처럼 보이게 된다. 점괘占卦에 나타나 있으니, 기러기가 높이 날아오를 때 떨어뜨리는 깃털은 예식에서 장식품으로 쓸 수 있으니 나의 기세를 드높게 한다.

수상개화, 이것은 강한 남의 것을 자신의 것처럼 하여 상대를 제압하라는 계책이다. 원래는, 그 동안 피지 않던 나무에 뜻밖에 꽃이 피었다는 뜻이다. 남의 병력을 빌려 적을 굴복시키는 계략인 것이다.

어렸을 때, 싸워서 이기기 힘든 놈을 때려눕히기 위해 동네 큰 형을 유인하여 같이 간 뒤, 그 형을 보고 겁이 나게 만들어 놓고 항복을 받아 내는 경우도 바로 수상개화의 일종이다.

스스로 솟구쳐 나온 용기는 먼저 철저한 방어벽을 만

든다. 그리고 강한 상대를 제압할 수 있는 함정을 만든다. 그리하여 상대를 완전 제압하는 것이다.

진정한 용기가 솟구쳐 나오기 위해서는 먼저 자신의 겁을 제압할 수 있는 내재된 의지가 필요하다. 겁이 나는 것은 좋다. 왜냐하면 겁은 당신의 안전을 지켜 주는 신호탄과 같은 것이기 때문이다. 그러나 겁을 통해 의지를 상실하는 자는 비굴하다. 그는 아첨과 아부로써 강자에게 약하고, 약자에게 강할 것이기 때문이다.

그러나 진정한 용기는 강자에게 강하며, 약자에게 약하다. 때문에 진정한 용기는 약자를 돌보는 배려와 사랑으로 덕망을 얻게 되어 많은 부하가 생기는 것이다.

겁을 이기기 위한 노력을 하는 어리석은 사람이 있다. 일부러 높은 곳에서 뛰어내린다거나, 불 속에 뛰어든다거나, 수영을 못하는데 물속에 들어가는 등. 이것은 겁을 극복하는 것이 아니라 자살 행위를 자초하는 경우처럼 보인다.

겁은 오히려 안전을 지켜 주는 센서와 같은 것이다. 겁이 있으므로 해서 강약을 느끼며, 강을 못 움직이게 제압할 수 있는 준비를 할 수 있는 것이다. 또한 상대의 강을 속일 수도 있는 것이다. 마치 남의 것을 자신의 방어벽으로 써 먹을 수도 있는 것이다.

만약 당신이 진정한 용기를 갖추고 있다면, 당신을 도와 줄 수상개화의 방어벽은 얼마든지 있다. 만약 당신의 힘이 곧 용기라고 믿고 있다면 반드시 그 힘은 꺾이거나 아니면 당신을 해칠 것이다.

세상 어려움으로부터 진정한 용기는 솟구쳐 나오고, 진정한 용기는 바로 그 세상을 방어벽으로 삼아 승리의 금자탑을 건설하는 것이다.

진정한 용기, 그것은 우주의 숨결과 같은 것이어서, 당신의 내면에서 솟구쳐 나온다면 우주의 생명은 만물을 동지로 만들어 그대를 도울 것이다. 진정한 용기는 바로 승리의 숨결인 까닭이다.

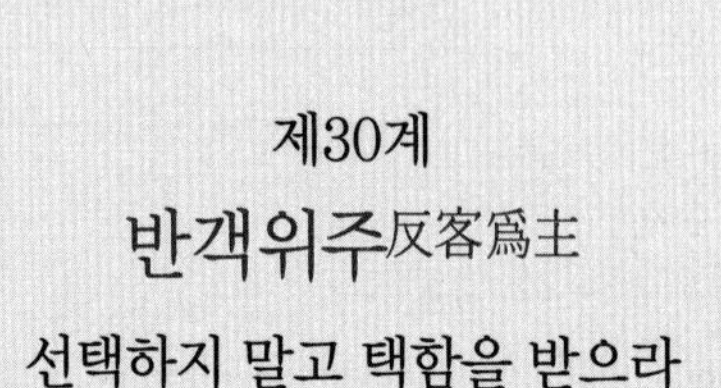

제30계
반객위주反客爲主
선택하지 말고 택함을 받으라

손님이 도리어 주인 노릇을 한다. 주객이 전도되다. 기회를 엿보아 발을 들여놓고, 관건을 파악한 다음, 차츰차츰 영향력을 확대하게 되면 마침내 주도권을 장악하게 된다.

〈이 세상에 나를 행복하게 해줄 곳은 어딘가? 이곳은 내가 원했던 곳이 아니다. 나를 흡족하게 해줄 곳은 어딘가?〉 하는 심정으로 이곳저곳 배회하는 사람이 있다. 직장도 여기저기 옮기면서, 자기 나름대로 견디기 힘든 상황이었다고 말하면서 더 좋은 직장을 찾아 헤매는 사람이 많다.

안목이 짧으면 짧을수록 눈앞에 힘든 일이 많고, 견디기 힘든 난관이 많다. 멀리서 바라보았을 때는 푸른 산이었던 것이, 정작 산에 들어서면 산은 없고 가파른 길목에, 방해되는 나무만 가득하다. 그리하여 다른 산을 바라보고 이 산 저 산 찾아 헤매다가 결국 아무 산도 정복하지 못한 채 길 위에서 인생을 한탄한다.

남의 밭은 곡식이 가득한데 자기 밭은 마른 흙덩이뿐

아무 것도 없다. 씨 뿌리고 땅 파는 귀찮은 일만 있을 뿐이다. 이 밭, 저 밭으로 곡식을 찾아 헤매다 결국 곡식 몇 단 얻어 가질 뿐, 자기 밭이 없다. 곡식 필요한 줄은 알았으되 밭 귀한 줄은 몰랐기 때문이다.

성공하는 사람들의 공통점은, 밭이 귀하다는 사실을 알고 있다는 점이다. 그리고 크게 성공하는 사람은 곡식보다 밭을 더 소중하게 가꾸고 지킬 줄 아는 사람이다. 곡식만을 위해 밭을 가는 사람은 결국 밭의 영양분을 말려 언젠가 황무지로 만들지만, 밭을 소중하게 생각하는 사람은 풍성한 곡식을 늘 재배할 수 있다.

어리석은 사람은 자신이 택하고, 현명한 사람은 택함을 받는다. 성공하는 사람은 매사에 정성을 기울이고, 실패하는 사람은 자기 정성을 아낀다. 어느 직장이든 어떤 일이든 진심으로 좋아하고 즐겨 하면 그 대가가 돌아오지만, 좋은 것만 택하고 싫은 것을 마다하면 설 곳이 없다.

흔히 만남을 인연因緣이라고 말한다. 인因은 만날 수 있는 동기에 해당된다. 그리고 연緣은 원인동기을 도와 결과를 낳게 하는 작용을 말한다. 중요한 것은 인因보다 연緣이다. 결과를 어떻게 만들어 내는가가 결실인 까닭이다.

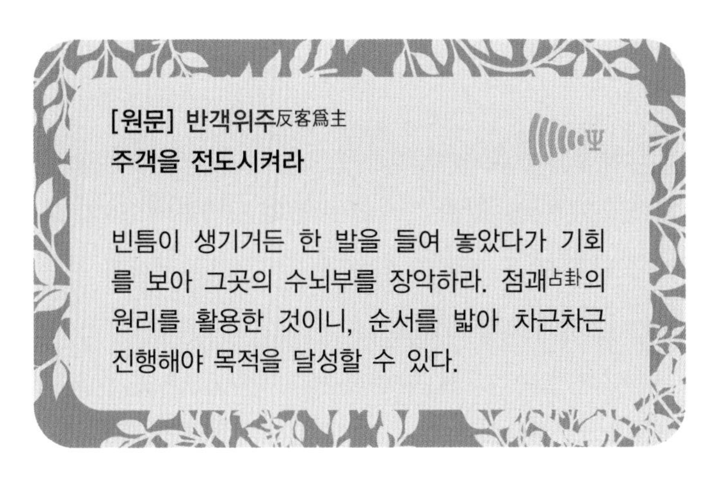

[원문] 반객위주反客爲主

주객을 전도시켜라

빈틈이 생기거든 한 발을 들여 놓았다가 기회를 보아 그곳의 수뇌부를 장악하라. 점괘占卦의 원리를 활용한 것이니, 순서를 밟아 차근차근 진행해야 목적을 달성할 수 있다.

이 계는 쉽게 설명하면, 주객이 전도된다는 뜻이다. 처음에는 틈을 보아 먼저 발을 집어넣고, 점차 상대방의 주요 기관을 잠식해 들어가는 것이다. 이렇게 슬기롭게 차근차근 순서를 밟아 들어가면 드디어 주도권을 장악할 수 있고, 결국 자기가 그곳의 주인이 되는 것이다.

스스로 선택하지 말라. 택함을 받으라. 이 세상은 모두 당신의 것이다. 당신의 정성이 있는 곳에 택함이 있다. 어느 회사든 여러분의 정성이 있으면 결국 그 회사는 여러분을 필요로 하게 된다. 그것은 단순한 이권의 문제가 아니라, 우주의 섭리인 것이다.

그러나 이권을 위해 일부러 베푸는 정성은 진실이 아니다. 자신만을 위해 회사의 비품을 낭비하며, 마치 회사가 자기 속을 채우기 위해 있는 것처럼 열심히 하는 자는 곧 반역자에 해당된다.

반역하는 마음으로 반객위주의 계를 쓰면 곧 탄로가 나게 된다. 그러나 진심으로 회사를 위해, 회사의 이익을 위해 정성을 다하면 결국, 그 회사의 주인이 되지는 못하더라도, 그와 같은 회사를 창업하여 성공할 수가 있다. 마치 열심히 땅을 일구고, 씨를 뿌리고, 적당히 물을 공급해 주는 일에 최선을 다하면 하늘이 풍성한 곡식을 만들어 그대에게 돌려주는 것과 같다.

이 이치를 결코 잊지 말라. 곡식은 사람이 만드는 것이 아니라 자연이 만드는 것임을.

자연이 충분하게 수확을 낼 수 있게끔 준비하는 것이 인간이 할 일이다.

회사의 발전을 위해 묵묵히 정성껏 일을 하다 보면, 처음에는 어수룩해 보이더라도 결과적으로 중요 인물로 부각되어 나타나는 때가 온다.

스스로 출세를 위해 자기 권리를 주장하는 사람은 결국 그 권리마저 빼앗기지만, 묵묵히 일하는 자에겐 저절로 권리가 찾아오게 된다.

반객위주反客爲主. 이 세상에는 당신을 주인으로 맞이하는 곳이 너무나 많이 있다는 사실을 기억하라. 자신의 이익만을 위하는 작은 그릇이 되지 말고 세상을 위하는 큰 그릇이 되었을 때, 세상은 당신의 품에 안긴다는 사실을 잊지 말라.

제6부

패전계敗戰計

패전계란, 패전 상태에 있거나 지극히 불리한 환경에 봉착했을 때 쓰는 계책이다. 패배를 반전시켜 승리로 이끌고, 불리한 조건을 역이용해서 유리하게 만든다는 것은 대단히 어려운 일이다. 다만 31계 〈미인계〉를 제외하면 생각보다 그렇게 복잡한 것은 아니다. 사람이란, 진퇴유곡에 빠지게 되면 자기가 가지고 있는 모든 것을 걸고 한판 승부를 걸게 되는데, 이때 살 수 있는 방법이 있다고 해도 외길이다. 주사위를 던진 이상 결과는 이기지 않으면 지는 것이기 때문에 생사와 존망이 눈 깜짝할 사이에 갈린다. 복잡한 문제를 고려해야 할 시간적 여유도 없고, 이것저것 선택할 수도 없다. 그러한 까닭에 이 장에서의 계책은 지극히 복잡한 것 같으면서도 사실은 간단하다.

존재를 유지할 수 있는 길

이 세상은 모두가 에너지 체體로 이루어졌기 때문에

어디에나 힘이 존재한다. 힘은 또 서로 영향을 주고받으며 작용함으로써 탄생→유지→소멸의 작용을 반복한다. 우리 몸의 건강도 일종의 힘이며, 체력 또한 힘이다.

때문에 〈존재는 곧 힘이다〉라는 등식이 성립한다. 그런데 중요한 사실은, 존재하기 위한 힘은 반드시 그 한계점을 갖고 있다는 사실이다. 우리 몸의 건강도 최저 분기점을 갖고 있다. 몸이 아파서 회복될 수 있는 것은 최저 분기점 위에 있을 경우에만 가능하다. 최저 분기점 이하로 떨어지면 망가질지언정 다시 회복하기가 불가능해진다.

전쟁에 있어서의 승패도 마찬가지다. 상대가 강할 경우에는 얼른 고지를 넘겨주고 후퇴하는 것이 상수다. 그래야만 다시 전력을 강화하여 다음 기회를 엿볼 수 있기 때문이다. 무리하게 싸워 완전히 멸망당하면 재기 불능이 되어 영원히 이 세상에서 사라지고 마는 것이다.

제6부 패전계敗戰計는 이렇게 열세에 놓였을 때, 패배를 반전시키거나 아니면 다음 기회를 위해 존재를 고수

하는 방법을 말한다. 물론 열악한 상황 속에서 유리하게 이끈다는 것은 힘든 일이다. 그렇다고 결코 방법이 없는 것은 아니다. 최소한 상대의 힘이 10일 경우 당신이 7의 힘을 갖고 있다면, 당신의 사기士氣에 의해 충분히 이길 수 있는 것이다.

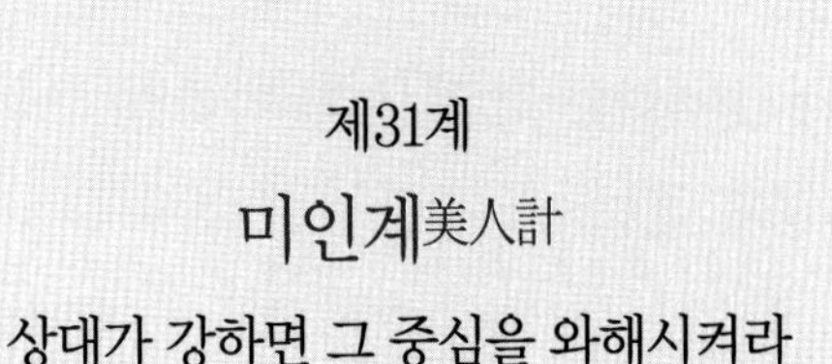

제31계

미인계美人計

상대가 강하면 그 중심을 와해시켜라

총칼이 침대를 당하랴. 미녀를 바쳐 음욕으로 유혹한다. 세력이 강한 군대는 그 장수를 공격하고, 지략이 뛰어난 자는 색정을 이용한다. 장수가 약해지고 병사가 퇴폐에 흐르게 되면 전투의 의지는 꺾이는 법이다. 이렇게 적의 약점을 이용하여 아군을 보존한다.

사회에서 성공하는 길은 두 가지가 있다. 하나는, 실력이 남들보다 월등하게 좋아서 그 분야에서 각광 받는 경우이고, 또 하나는, 인간성이 매우 좋아 남들에게 신뢰 받는 사람이 되는 것이다. 물론 실력도 좋고 인간성도 좋다면 더할 나위 없겠지만 궁극적으로는 실력보다 인간성이 더 가치가 있다. 항우가 유방한테 진 이유도 실력보다 인간성이 더 크게 작용한 까닭이다. 항우는 실력이 있었다. 유방 보기를 우습게 생각했다. 한신이 찾아왔을 때도 시답잖게 생각했다. 결국 한신은 유방을 찾아갔고 유방은 그를 반갑게 맞이했다. 이처럼 실력보다 인간성이 근본이듯이 업무보다는 본능이 먼저인 것이다.

사람의 마음은 반드시 용무에만 매달려 있는 것은 아니다. 오히려 즐기는 마음이나 본능이 우선한다. 어떤 사람은 즐기기 위해 일을 한다는 사람도 있다. 전장에 나가 있는 장수도 마음에 여유만 생기면 본능이 작용한다. 그래서 예쁜 여인으로 유혹하여 여인에 빠지게 만들면 기강이 흐트러지게 된다. 적이 강하고 아군이 약하면 적의 기세를 다른 방향으로 돌려놓아 아군의 안위를 지켜야 하는 것이다.

반대로 잘될 때는 역시 마찬가지로 누군가가 나를 노리고 있다는 것을 잊지 말아야 한다.

수많은 명장과 성공한 사람들이 잘되고 여유로울 때일수록 자신을 비우고 몸조심하며 근신을 해온 이유가 바로 이 때문이다. 삼성 그룹을 창업한 이병철은 잘될 때나 힘들 때 나무로 만든 목계를 바라보며 자신을 비웠다고 한다. 이처럼 미인계는 현혹당할 수 있는 처지에서 마음을 비우지 않고 자기만족에 사로잡혀 있을 때 걸려드는 덫이라는 것을 깊이 생각해 보아야 한다.

우리 마음은 같은 소리를 자꾸 듣거나 같은 모습을 계속 보면 처음에는 비판을 하거나 거부감을 느끼다가도,

무심코 계속 듣다 보면 자기도 모르게 믿게 되는 경향이 있다. 이른바 계속 되는 TV 광고나 라디오 선전이 모두 이와 같은 효과를 노린 것이다. 이 또한 넓은 의미에서 일종의 미인계와 같은 것이다. 또, 잘 정리해 그려 놓은 도표나 설명서 또한 일종의 미인과 같이 우리 마음을 사로잡기 위한 효과를 노린 것이다. 이렇게 무방비한 상태를 교묘하게 파고들어 접근할 수 있는 것은 모두 미인계라 할 수 있다.

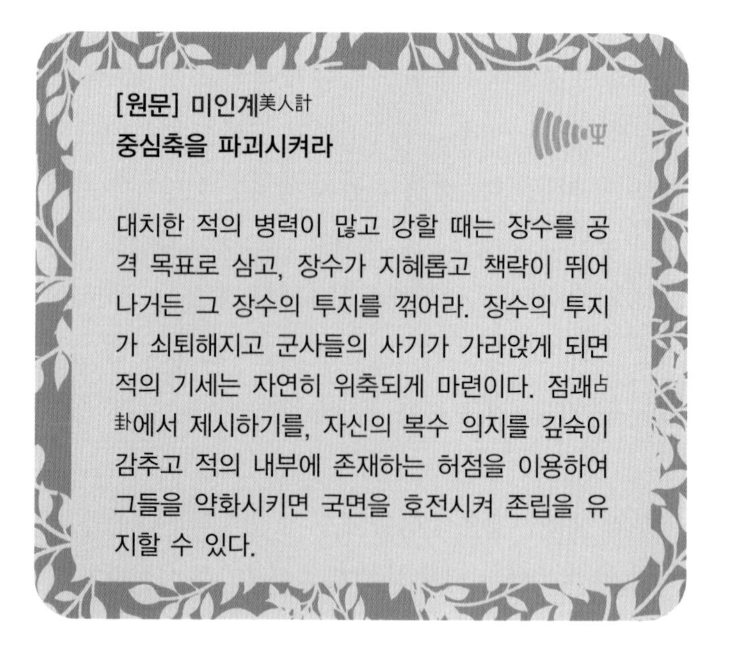

[원문] 미인계美人計
중심축을 파괴시켜라

대치한 적의 병력이 많고 강할 때는 장수를 공격 목표로 삼고, 장수가 지혜롭고 책략이 뛰어나거든 그 장수의 투지를 꺾어라. 장수의 투지가 쇠퇴해지고 군사들의 사기가 가라앉게 되면 적의 기세는 자연히 위축되게 마련이다. 점괘占卦에서 제시하기를, 자신의 복수 의지를 깊숙이 감추고 적의 내부에 존재하는 허점을 이용하여 그들을 약화시키면 국면을 호전시켜 존립을 유지할 수 있다.

병력힘이 강한 적에 대해서는 그 장수중심에게 총부리를 겨누라. 지모 있는 장수에 대해서는 그의 의지를 저해시키는 방법을 강구하라. 장수의 투지가 약해지고 부대의 사기가 떨어지면 적의 세력은 자연히 움츠러진다.

적의 핵심을 찔러 그들을 쇠퇴하게 할 수 있으면 정세를 호전시키고 존립을 유지할 수가 있다. 그렇다. 아무리 크고 강한 물체라 하더라도 그 중심축을 파괴시키면, 붙어 있던 덩어리는 자연히 분산되게 된다.

병력이 강대하고 그 장수가 명지明智에 뛰어난 상대와는 싸워서는 안 된다. 오히려 일시적이나마 이쪽에서 순응하는 태도를 취해야 한다.

미인계는 적의 사기를 저하시키고 그 체력을 약하게 하기 위한 방법의 하나이다. 문제를 해결함에 있어서도, 문제를 문제 삼지 말고 인간적인 접근을 시도하는 것이 좋다. 사업상 중요한 문제도 장부帳簿를 앞에 놓고 하기보다는 레저를 통해 접근하는 것이 좋다.

중요한 것은, 반드시 결정권자를 노려야 한다는 점이

다. 그러나 어디까지나 결과를 얻기 위한 전술이어야지, 눈 가리고 아웅 하는 식으로, 할 것을 적당히 하고 술대접을 통해 인가를 받아내는 방법은 올바른 전략이 아니다.

20세기 과학 문명을 자랑하는 문화인이 만든 다리강의할 당시의 성수대교가 출근길에 주저앉는 등의 문제는 깊이 반성해야 할 전술이다. 비겁한 승리는 명장이 취할 태도가 아니다.

〈상대가 크면 그 핵심을 노려라〉.

일찍이 마케도니아 왕자 알렉산더는 단 하나, 이 전술만을 썼다. 모두가 건널 수 없다고 믿는 거센 물결의 강을 말을 타고 건넜으며, 일찍이 인간이 건넌 적이 없다는 사막을 횡단하여 상대를 놀라게 하였으며, 적은 수의 정예군 2~3만 명만을 대동한 채 10만 혹은 40만 대적을 물리쳤다.

알렉산더의 정예군이 상대 병력을 정신없이 이리 치

고 저리 치며 상대편 왕의 진지를 공격할 수 있는 허점을 만들어 놓으면 알렉산더는 쏜살같이 그 중심을 향해 돌격하는 것이다.

오늘날의 일본을 만든 초석인 오다 노부나가 역시 첫 승전에 있어 4백 명의 군사로 10만 대군을 물리쳐 그 명성을 천하에 떨쳤다. 진晋나라의 헌공獻公은 우, 괵 두 나라를 치기 위해 먼저 명마와 보석과 미녀 16명을 보내 군주의 마음을 사로잡아 국정을 혼란케 했다.

〈상대가 강하면 그 중심을 와해시켜라〉. 이것이 곧 미인계美人計의 전술인 것이다.

만약 당신이 중요한 결정권자라면, 첫째 조심해야 할 것은 유혹이라는 것이다. 유혹은 자기도 모르게 자신의 울타리를 파고들어오는 통로이기 때문이다.

전체를 확실하게 장악하고 있는 군주는 유혹에 강하다. 그러나 전체를 그 중심에서 장악한 것이 아니고 사다리처럼 위에서 장악하고 있다면 유혹에 쓰러질 것이다.

유혹은 당신 전체를 망가뜨린다는 31계의 전술을 명심하라.

힘은 어디에나 존재한다. 당신이 잠깐 망각하고 있는 사이에 당신의 힘은 부서지고, 다른 힘이 당신의 곁에 들어앉는다는 사실을 깊이 인식하라.

자신의 큰 힘을 믿지 말라. 당신이 허물어지면 그 큰 힘은 순간 부서진다는 사실을 영원히 기억하라.

제32계
공성계空城計
따를 줄 아는 자가 앞설 수 있다

빈 성을 보여 미궁에 빠뜨린다. 아군의 군대가 열세일 때 방어하지 않는 것처럼 보여 적을 혼란에 빠뜨린다. 적이 강하고 아군이 약한 상황에서, 당당하게 없는 것처럼 보이면 적은 섣불리 움직이지 못한다. 이 계책은 교묘하고 또 교묘한 것이다.

세계 선진국을 유심히 돌아다녀 보면, 그들이 선진국이 될 수 있는 요소들이 많이 있지만, 오히려 유심히 찾으면 찾을수록 보이지 않는, 그래서 마지막으로 발견되는 공통점이 있다. 그것은 팔로워십Followership이다.

선진국으로부터 받는 우리의 첫인상은, 그들이 질서 의식이 높다는 것이겠지만, 그 질서 의식의 주체가 바로 팔로워십인 것이다.

우리는 리더십Leadership이라는 말은 많이 들어 왔다. 대중을 이끌고 갈 지도자의 능력인 것이다. 그리고 모두가 리더가 되길 원한다. 각자 모두가 리더가 되고자 할 뿐, 아무도 따르는 자가 없다. 조직 사회에서 따르는 자가 없고 리더만 있으면 자연히 그 조직은 분산되어 흩어질 것이다. 왜냐하면 모두가 리더가 되고자 할 뿐 따르려고 하지 않기 때문이다. 결국 리더만 있는 배는 방향을 잃고 멈춰 버리고 말 것이다.

팔로워십이 갖추어진 나라에서는 조그마한 규칙이나 방침도 모두가 잘 따르기 때문에 곧 좋은 제도로 사회에 나타난다. 그러나 팔로워십이 갖추어지지 않으면 아무리 좋은 규칙이나 제도라 할지라도 각자가 무시해 버리기 때문에 사회적으로 훌륭한 규범이 되지 못한다.

이렇게 잘 따르는 조직 사회 속에서 우수한 두뇌의 역량은 사회 전체에 크나큰 복으로 받아들여지게 된다. 그러나 아무도 따르지 않고 무시하는 사회는 아무리 좋은, 뛰어난 두뇌의 창조라 하더라도 받아들여질 곳이 없으므로 무용지물이 되어 버린다.

선진국 어린이는 어려서부터 먼저, 줄서기 등의 질서부터 배운다. 〈나〉를 배우기 전에 먼저 〈조직 사회〉를 배우는 것이다. 그리고 먼저, 조직의 일원이 되는 길을 밟는다. 그리고 그 조직 속에서 〈나〉로 성장한다.

결과적으로 그 〈나〉는 조직을 위한 일을 하게 된다. 진정한 〈조직의 리더〉로서 성장하는 것이다. 굳이 협동과 단결을 부르짖지 않더라도 팔로워십은 단결의 밑바탕을 다지는 것이다. 이와 같은 단결을 바탕으로 리더십은 그 역량을 마음껏 발휘할 수 있다.

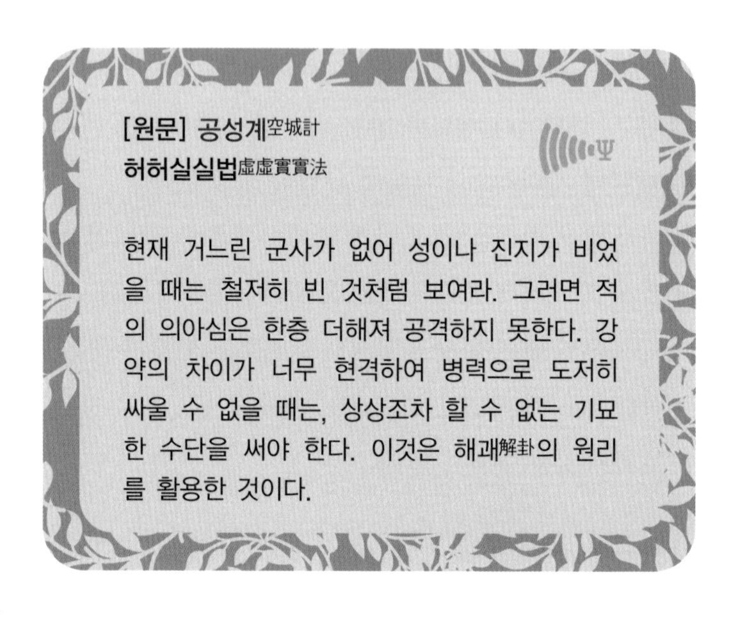

[원문] 공성계空城計

허허실실법虛虛實實法

현재 거느린 군사가 없어 성이나 진지가 비었을 때는 철저히 빈 것처럼 보여라. 그러면 적의 의아심은 한층 더해져 공격하지 못한다. 강약의 차이가 너무 현격하여 병력으로 도저히 싸울 수 없을 때는, 상상조차 할 수 없는 기묘한 수단을 써야 한다. 이것은 해괘解卦의 원리를 활용한 것이다.

사람이 많은 곳에서 귀중품을 가슴에 숨기고 자꾸 그곳을 의식하면 소매치기의 표적이 된다. 차라리 아무것도 없는 듯이 평범하게 활동하면 〈도둑의 눈〉에 걸려들지 않는다. 상대가 강하고 방비가 허술할 때는 차라리 무방비한 것처럼 보여라. 적은 표적을 잃을 것이다. 이것이 곧 공성계인 것이다.

중국 당唐나라 시절 현종玄宗 때, 토번인吐蕃人들이 과주瓜州를 공략해 왔다. 그때 수비대장 왕군환王君煥이 전사하여 하서河西 주민들은 불안에 떨게 되었다. 이때 새로 부임해 온 장수가 장수규張守珪이다.

부임 후 그는 주민들을 지휘하여 성벽 수복을 했다. 그런데 성벽을 보수할 자재들을 막 마련하자마자 또다시 토번인들이 습격해 왔다. 성 안에는 방비 시설이라고는 아무것도 마련되어 있지 않아서 사람들은 우왕좌왕하며, 싸울 형편이 못 되었다. 이때 수규가 외쳤다.

〈상대의 세력은 크고, 우리 세력은 없다. 더군다나 전쟁의 상처도 아직 아물지 않았다. 활이나 돌로 대항한다는 것은 무리다. 일치단결된 마음으로 계략을 세워 적과 상대할 따름이다.〉

그래서 그는 성벽 위에다 주연을 마련하고 악사들을 불러다가 연주시키면서 부어라 마셔라 야단법석을 떨었다. 누구 하나 두려움에 적을 의식하는 사람이 없었다.

그러자 토번인들은 성 안에 반드시 복병이 있을 것이라고 믿고 공격하려 들지 않고 포위를 풀고 되돌아가 버렸다.

많을 때는 아주 많은 것처럼 하여 상대가 질리게 만들고, 적을 때는 차라리 없는 것처럼 하여 공격을 막는다. 용병은 허허실실虛虛實實하여 고정된 방법이 없다.

허허실실의 대가大家인 제갈량이 양평관陽平關에 주둔하고 있을 때, 위연魏延으로 하여금 군사를 지휘하여 동쪽으로 이동케 하였다. 그때 양평관에 수비 병력은 불과 1만 명이었다.

한편, 사마의는 20만 대군을 이끌고 위연과 다른 방향, 즉 서쪽에서 양평관을 공격해 왔다. 60리 앞에서 정찰병을 놓아 탐지한 결과, 제갈량은 성 안에 있고 수비 병력은 매우 약하다는 보고였다.

제갈량 쪽에서도 사마의의 대군이 접근해 오고 있음을 알고 위연의 군사와 합류하려 했으나, 위연이 떠난지 이미 오래라 때를 놓쳤다. 그러나 제갈량은 홀로 태연하게 나머지 전군에게 명령하여 깃발과 장막을 걷게 하고, 절대로 자기 위치를 떠나서는 안 된다고 엄명하였다. 그리고 사방 성문을 활짝 열어젖히고 깨끗이 청소를 시켜 놓았다.

사마의는 항상 제갈량의 지략이 뛰어남을 알고 있었으나 지금 보니 촉나라 군사가 진짜 약체였다. 그래서 이것은 틀림없이 어딘가 복병이 있는 것이라 믿고 군사를 근방에 있는 산속으로 후퇴시켰다.

다음날, 식사 때 제갈량은 박장대소하면서 이렇게 말했다.

〈사마의 그 친구, 나를 아주 주의 깊은 사나이로 보고 있거든. 복병이 있는 줄 알고 산속으로 들어갔어.〉

돌아온 척후병의 보고는 제갈량의 말과 같았다. 사마의는 나중에 이 사실을 알고 몹시 분통해했다고 한다.

비록 약한 힘이라도 팔로워십이 잘 되어 있는 조직은 리더와 함께 큰 역량을 발휘할 수 있다. 그러나 약하다는 것을 알며 자신을 위해 그곳에서 탈퇴한다면 결국 조직도 자신도 멸망하고 만다. 후퇴를 해도 팔로워십은 질서정연하게 모두가 살아남을 수 있지만, 팔로워십이 없으면 후퇴 시 서로가 장애가 되어, 망하기 전에 먼저 멸망한다는 사실을 깊이 이해하지 않으면 안 된다.

제33계
반간계反間計
자동차 경영

적의 스파이를 역이용한다. 반간계는 적에 대한 기만전술 중 으뜸가는 것이다. 적의 첩자를 역이용함으로써 아무런 손실 없이 적을 물리칠 수 있는 것이다.

삶이란, 단지 살아 있다는 마음만으로 살아갈 수는 없다. 〈살아 있음〉만을 자각한 채 깊은 산속에 들어가 아무도 없는 곳에서 혼자 산다 하더라도, 오늘이 있고 내일이 있는 자연의 법칙 속에 자연의 법칙과 함께 흘러가지 않으면 진정한 삶을 알 수가 없다.

오늘과 내일을 영위하기 위한 것이 우리의 생활이요, 그 생활이 보다 윤택해지기 위한 노력이 곧 일이다. 그러므로 인생의 성공을 위해서 반드시 일을 잘 다스려 가지 않으면 안 된다. 일을 잘 다스리기 위한 것, 그것이 곧 경영이다.

일반적으로 경영이라고 하면 단지 돈벌이만을 위한 것이라고 생각하기 쉬우나, 경영은 살아 있는 생명이 생生을 영위해 나가기 위해 〈생활을 다스리는 모든 것〉이라고 생각하는 것이 올바른 기준이다.

대다수의 모든 사람들은 생활의 여건에서 오는 희망을 갖고 있다. 돈이 없는 사람은 돈이 많았으면 하는 바람이 있고, 계급이 낮은 사람은 신분이 높아지길 바라고 있고, 공부를 많이 못한 사람은 보다 많은 학식과 학위를 갖고 싶은 바람이 있다. 그렇다고 그 바람이 결코 내일의 목표는 아니다. 단지 마음속의 욕구로서 끝나는 경우가 대부분이다.

원하는 인생을 완성시키기 위해서는 먼저 눈앞에 목표가 분명하지 않으면 안 된다. 돈이 없는 사람은 돈이 많아지길 바라는 정도에서 머물러서는 안 되며, 돈이 많아지기 위한 내일의 목표가 분명해야만 한다. 여기에 경영의 묘미가 있는 것이다.

또한 일이 커지면 커질수록 혼자의 힘만으로는 되지 않는다. 보다 많은 사람의 손과 두뇌가 필요하게 되며, 사람이 많아지면 많아질수록 일의 분담도 필요하게 된다. 여기에 조직의 경영이 필요하게 된다. 결국 경영자는 오늘과 내일이라는 시간 속에서 여건과 조직을 운영함으로써 경영이라는 노선을 달리게 되는 것이다.

그런데 기차는 정해진 노선 위만을 달리면 되지만, 자동차는 목표를 향해 스스로 노선을 찾아가지 않으면 안 된다.

주어진 일을 시키는 대로 하기만 하는 샐러리맨 형型은 마치 기차를 관리하는 것과 같아서, 정해진 목적지와 노선만을 생각하며 필요한 만큼 기차 속을 채우기만 하면 된다. 즉 정해진 목적지에 도달하기 위해서 필요한 만큼의 연료와 수용할 수 있는 양만큼의 손님을 태우기만 하면 별 무리 없이 목적지에 기차를 도착시킬 수가 있는 것이다.

그러나 기차가 아닌 자동차는 목적지에 도달하기 위한 최적의 좋은 코스와 낭비 없는 짧은 거리, 그리고 가서는 안 될 곳 등을 살펴서, 보다 효율적으로 큰 성과를 얻기 위한 노력을 가하지 않으면 안 된다. 경영자는 곧 자동차를 운전하는 운전자와 같다.

조직은 크게 나누어 두 파트가 있다. 먼저 목표를 정하고 무리 없이 목표를 달성시키기 위한 운전자와, 목적지에 무리 없이 도달하기 위해 충분한 준비를 뒷받침하는 관리자가 그것이다. 운전자는 먼저 목적지를 정하고, 그 목적지에 도착하기 위한 여러 길을 모색해야만 한다. 자동차가 가기에 적합한 길인지 아닌지를 사전에 정확히 탐색해야 하며, 가급적 위험하고 무리한 길은 피해야 한다. 또한 목적지를 가기 위한 자동차회사 혹은 기업의 작동 상태도 미리 철저히 점검해야만 한다. 〈연료는 충분한가, 엔진 오일은 안전한가, 라디에이터의 물은 충분한가, 타이어는 양호한가, 계기판에는 이상이 없는가, 배터리는 충분한가, 지도는 잘 갖추어져 있는가〉 등등. 목적지에 도달할 수 있는 충분한 성능을 갖추고 있는지를 완전하게 파악하지 않으면 안 된다. 그렇지 않으면 설사 목적지에 도착했다 하더라도, 경영상의 실수로 목표는 달성했으나 실패했다는 난센스Nonsense를 저지르게 된다.

또한 경영자는 출발하기 위한 적절한 시기를 책정하

지 않으면 안 된다. 너무 늦어서 겨울이 되어 버리거나, 너무 서둘러서 장마철에 여행하게 되면, 아무리 완벽한 준비라 하더라도 때 아닌 난코스를 만날 우려가 있기 때문이다.

그리고 목적지에 도착하기 위한 그 동안의 준비도 충분히 트렁크에 채워 넣어야 한다. 〈지도는 준비되었는가, 여행을 위한 자금은 확보되었는가, 여행 중에 필요한 식료와 준비물은 트렁크에 잘 마련되어 있는가〉 등등. 이 준비에 의해, 여유 있는 여행길이 될 것인지, 아니면 중간에 포기해야 하는 급박한 상황이 될 것인지가 결정되기 때문이다.

이상의 모든 것을 경영진은 철두철미하게 사전에 점검해 나가면서 운영을 해야만 바라던 목표가 달성되는 것이다.

그러나 관리인은 경영진과는 다르다. 경영진이 지시한 여행을 위한 트렁크만을 준비하면 되는 것이다. 물론 훌륭한 관리인은 단지 트렁크만을 준비하지는 않는다.

경영진의 목표를 바로 알고, 경영진이 미처 생각하지 못한 부분까지 챙길 줄 알아야 하는 것이다. 타이어만을 준비하는 것이 아니라, 필요에 따라서는 직접 바람을 넣을 수 있는 기구까지 준비할 줄 알며, 너무 많은 준비가 오히려 여행에 부담이 될 경우에는 그 양을 줄이거나 늘릴 줄도 알아야 하는 것이다. 즉 운전자의 할 일 중 어느 한 부분을 직접 운전자의 입장에서 하는 것이다.

그러나 평범한 관리인은 단지 운전자의 지시만을 따른다. 때문에 출발 시기까지 미처 준비를 하지 못하는 경우도 있으며, 때에 따라서는 갑자기 노선을 바꿔야 하는 운전자의 입장을 이해하지 못하기 때문에, 바뀌는 지시에 대해서 불만을 품을 수도 있다.

예로부터 노예는 운전자의 목표를 전혀 모른 채, 바뀌면 바뀌는 대로, 정하면 정해진 대로 트렁크의 준비만을 충실히 하는 자들이다. 경영은 이와 같이 경영진과 관리인을 잘 조화시켜 목적지에 도달하는 것이다.

출발 시기까지 트렁크의 준비가 되어 있지 않을 경우

에는, 먼저 충분한 준비를 해서 가야 하는지 아니면 일단 먼저 출발하고 여행 중에 틈틈이 트렁크를 채워 넣어야 하는지 등을 정확하게 파악하여, 무리 없이 목표를 달성시키는 것이 곧 일을 다스리는 경영의 능력인 것이다.

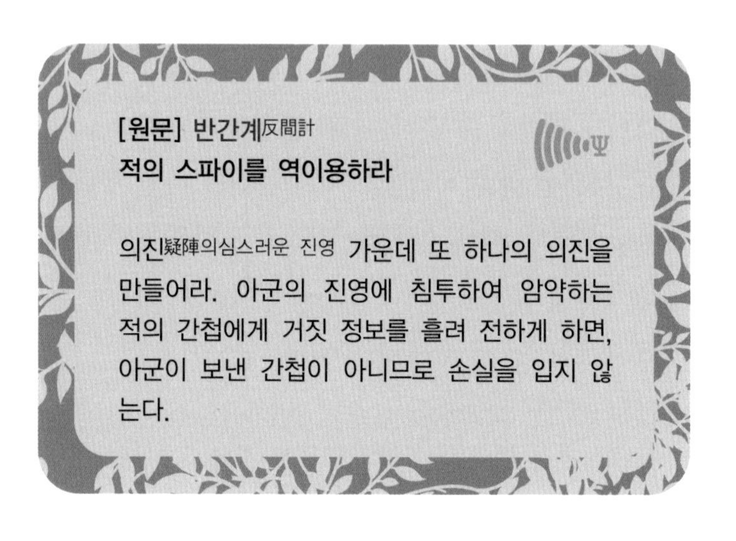

[원문] 반간계反間計

적의 스파이를 역이용하라

의진疑陣의심스러운 진영 가운데 또 하나의 의진을 만들어라. 아군의 진영에 침투하여 암약하는 적의 간첩에게 거짓 정보를 흘려 전하게 하면, 아군이 보낸 간첩이 아니므로 손실을 입지 않는다.

하나의 목적을 성취하기 위해 두 개의 조직이 경주를 한다면 먼저 상대 조직을 지연시키는 것이 반간계의 목적이다. 간間이란 오늘날 스파이와 같은 것으로, 서로 이간시켜 조직의 기능을 약화시킨다는 것이다. 즉 경영진과 관리인을 이간시켜, 경영진이 목적지에 도달하지 못하게 하는 것이다. 나보다 세력이 강한 상대일 경우에만 부득이 필요한 계책인 것이다.

경영진과 관리인이 분리되면 자동차는 목적지에 도달할 수가 없다. 도달하려는 계획과 정확한 목적지가 있다 하더라도, 그것이 이루어질 수 있도록 준비가 되어 있지 않으면 결국 수포로 돌아가는 수밖에 없기 때문이다.

또한 항상 이와 같은 반간反間이 이루어지지 않도록 철두철미하게 신경을 써야 하는 것이 경영의 참된 묘미임을 모든 성공자는 깊이 느낄 것이다.

성공을 향해 달리는 자동차, 거기에 따르는 수많은 고뇌가 곧 경영의 참된 묘미임을 분명히 알지 않으면 안 된다. 경영은 이렇게 일을 다스리는 절묘한 맛을 간직하고 있는 것이다.

제34계

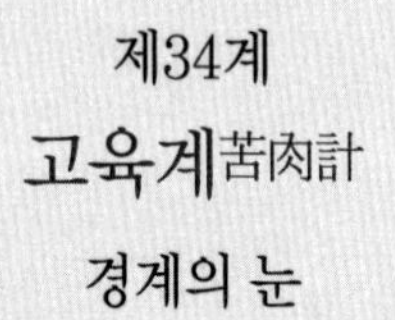

경계의 눈

자신을 희생해 적을 안심시킨다. 사람은 스스로 자신에게 상처를 입히지 않으므로, 상처를 입었다면 그것은 사실이라 생각한다. 이 점을 이용하여 적으로 하여금 자신의 말을 믿게 만든다. 진실을 거짓으로 가장하고 거짓을 진실로 꾸며 행동한다.

이 세계는 그저 단순하게 쳐다보면 매우 간단한 모습으로 나타나지만, 사실 그 단순한 모습이 간단하게 존재하기 위해서는 무척 섬세한 층으로 겹겹이 에워싸여 있는 것을 알 수 있다. 어느 부분 하나만이라도 균형을 잃게 되면 그 즉시 간단한 모양의 형체는 부서져 버리게 되는 것이다. 때문에 훌륭한 조직이나 큰 경영체가 되기 위해서는 섬세한 시스템의 조직력을 갖추지 않으면 안 된다. 특히 요즘 시대는 정보화 시대라고 해서 수많은 정보가 범람하고 있으며, 정보를 통해 알고 싶은 세계를 가만히 앉아 받아볼 수 있는 시대가 되었다.

그러나 그렇게 보이고 알 수 있는 모든 것이 곧 실체는 아니다. 전체가 보이면 그 구성된 층을 알 수가 없고, 층만을 보면 그 전체가 한눈에 보이지 않는다. 때문에 쉽게 보이는 것을 보이는 대로 믿지 말고, 그 실체를 파악하기 위한 경계의 눈을 갖추지 않으면 안 된다.

경계의 눈이란 결코 의심을 위한 것이 아니다. 실체를 확실하게 파악하기 위한 빈틈없는 안목이며, 확실한 실체를 가려내기 위한 예리한 안목인 것이다.

정보 또한 쉽사리 믿지 말고 항상 참고하는 마음으로 그 실체를 파악해야 한다. 직접 보고, 경계의 눈으로 직접 느끼며 하나하나 경계심을 풀어 가는 것이 가장 확실한 방법이다. 그러자면 분명한 경계의 끝이 있어야 한다. 보고 끝을 아는 것이 아니라, 끝을 갖고 보이는 것을 살펴야 하는 것이다.

불교의 가르침에 보면 팔정도八正道라는 것이 있다. 요약해서 말하면, 바로 보고, 바로 들으며, 바로 안다는 뜻이다. 그러나 세상에 바로 보고 바로 아는 것만큼 힘든 것은 없다. 모두가 바로 안다고 믿고 시작했기 때문에 실패한 것이다.

세상을 달관하고 우주의 섭리를 파악하기 전까지는 결코 팔정도를 발휘할 수가 없다. 그래서 하는 말이, 10

년이 지나도 사람 마음을 알 수가 없다느니, 한 치 앞을 내다볼 수 없다느니 하는 말이 전해 오는 것이다.

그리고 팔정도를 터득하기 위해 세상을 달관한 사람이 과연 몇 명이나 있겠는가? 그러므로 사람은 속을 수 있다는 것을 항상 잊지 말고 염두에 두어야 한다.

그런데 강한 적을 허물어뜨리기 위해서, 그 규모를 상대로 하여 싸우면 싸우나마나 실패가 분명하다. 결국 상대가 강한 때는 그 중심의 최고권자를 무너뜨리는 도리밖에 없다. 그 최고권자의 가까이에 있지 않으면 안 된다. 그러나 최고권자 가까이에 가기란 그리 쉬운 일이 아니다. 결국 최고권자 가까이에 가기 위한 방법은 팔정도를 이용하는 수밖에 없다. 속을 수 있는 길, 그것을 이용하는 것이다.

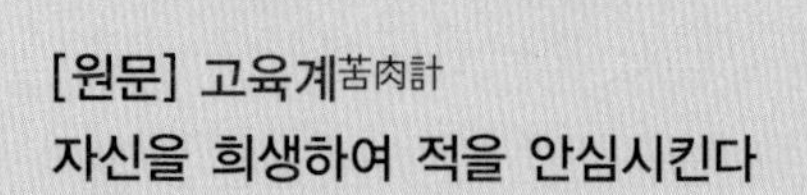

[원문] 고육계苦肉計

자신을 희생하여 적을 안심시킨다

사람이란 누구나 자기 몸이 상하는 짓을 하지 않으니, 상해를 입었다면 반드시 사실로 믿게 마련이다. 허위를 진실로 만들고 진실을 허위로 만들어 적으로 하여금 의심 없이 믿게 만든다면 이간책은 성공한 것이다. 몽괘蒙卦에 나타난 바에 의하면, 적의 사령관이 유치하여 속일 수 있더라도 사리에 합당한 거짓 상황을 꾸며야 굳게 믿고 의심하지 않는다.

고육계는, 내 몸을 상하게 하여 거짓을 진짜로 믿게 하는 계략이다. 한때 중국의 춘추 전국 시대를 종식시킬 뻔했던 위나라 조조도 결국 스스로 속아 멸망한 케이스다.

적벽전이 시작되기 전의 어느 날, 무고한 죄로 참수된 위나라 장사 채모의 종제며 수군부장水軍副將이던 채중蔡中, 채화蔡和 두 형제는 조조에게 원한을 품고, 더욱이 신변에 위험을 느낀다 하여 오나라 군사에게 투항해 왔다. 그때 오나라의 주장인 주유는 이들을 기꺼이 맞아 조조 군사의 실정도 듣고 매우 소중히 대접했다.

얼마 뒤 오나라 군사의 작전 회의에서, 모의에 능한 장수 황개黃蓋는 화평론和平論을 고집하다가 드디어 주유의 비위를 거슬러 사형이 선고되었다.

〈앞으로 항복이라는 말을 입 밖에 내는 자는 가차 없이 목을 베라〉는 손권의 엄명이 있었기 때문이다.

사형이란 선고에 그 자리에 있던 장수들은 모두 놀랐다. 어떤 자는 몸으로 막으며 황개를 변호했다. 모두가 입을 모아 그를 변호했기 때문에 감형되어, 모두가 보는 앞에서 매를 100대 맞는 형에 처해졌다.

살가죽이 터져 유혈이 낭자하고 피투성이가 된 몸뚱이가 진지에 있는 그의 막사로 옮겨졌을 때 그는 이미 정신을 잃고 실신해 있었다. 그를 문병 간 부장 노숙魯肅도 그의 참상을 보다 못해 눈물을 흘리고 제갈공명에게 호소했으나 공명은 냉담하게 못 들은 척했다.

며칠 후 참모인 문택은 황개의 밀서를 갖고 조조에게 투항했다. 그 밀서에는 〈부대를 이끌고 투항하고 싶다〉고 씌어 있었다. 물론 조조는 이를 의심했으나 그때 마침 오나라에 거짓 투항한 채중蔡中 등의 보고서가 도착하여 황개의 밀서에 대한 내용을 증명할 수 있어서 이를 진실로 받아들였다.

결국 이로 인해 조조는 〈천하 제패의 대 야망〉이 허물어지고 말았다. 조조는 자신이 보낸 첩자를 믿었기 때문에 상대의 계략을 눈치 채지 못했던 것이다.

팔정도八正道를 이루기 위한 방법은 하나밖에 없다. 그것은 무심우주심을 터득하는 것이다. 우주심은 흐르는 마음이다. 우주심이 아닌 자아는 자기가 알고 있는 식견이 담겨 있지만 우주심은 흐르는 마음이기 때문에 바라보는 세계를 정확하게 파악할 수가 있다.

내가 원하는 것이나 요구하는 것이 없이, 단지 상대만을 알기 위해 바라보는 눈, 그것이 곧 우주심이다. 만약 내가 원하고 바라는 것이 있다면 그것은 바른 눈에 티가 되어 나를 속이게 되는 것이다.

경계의 눈, 그것은 〈무심〉을 갖고 있지 않으면, 도리어 원했던 자기 마음에 속게 되는 어리석음을 저지르게 되는 것이다.

제35계

연환계連環計

힘은 법으로 움직여라

여러 가지 계책을 연결시킨다. 적의 병력이 강할 때는 무모하게 공격해서는 안 된다. 적의 내부를 교란시켜 그 세력을 약화시켜야 한다. 훌륭한 지도자는 하늘의 은총을 얻어 전쟁을 승리로 이끈다.

이 우주는 크게 두 가지 세계로 이루어져 있다. 그 첫째는, 〈상태〉라고 하는 눈에 보이는 세계와, 둘째는, 〈작용〉이라고 하는, 항상 변함없이 움직이는 세계가 그것이다. 그리고 그 둘은 별개의 세계가 아닌 바로 한 몸의 세계이다. 즉 세상은 안정된 형태의 모습으로 보이며, 또한 순간도 쉬지 않고 움직이며 변화하고 있는 것이다.

바로 여기에 일정한 법칙이 있다. 작용이 무턱대고 난무하듯이 일어난다면 세계는 우리 눈에 편한 모습으로 보이지 않을 것이다. 존재하는 여러 형태 사이에는 반드시 일정한 법칙이 있으며, 형태 또한 그 법칙의 영향을 받는다.

사람의 마음은 천태만상이지만 마음이 움직이는 법칙은 대체로 일정하며, 물체 또한 수천만, 아니 그 이상 존재하지만 그 변화하는 움직임은 대체로 일정하다.

인간의 문명 또한 자연의 법칙을 발견하여 이룩한 업적이다. 법칙을 알면 쉽게 물체를 움직일 수 있지만, 법칙을 모르면 큰 힘이 아니면 물체를 움직이기 어렵다. 큰 물체도 법칙에 의해 가볍게 움직일 수 있는 것이다.

결국 큰 힘을 갖고 있는 물체는 대단한 영향력을 발휘하지만, 결국 법칙에 지배된다. 모든 물체의 크기와 무게는 큰 만큼 큰 힘을 갖고 유리한 입장에서 영향력을 발휘한다.

인간사도 마찬가지여서, 조직이 크고 자본이 많을수록 큰 힘을 갖고 유리한 입장에서 영향력을 발휘한다. 그것은 국가와 국가 간에서도 역시 마찬가지다.

전쟁에는 반드시 일정한 법칙이 있다. 경영에도 반드시 일정한 법칙이 있다. 그 법칙은 크게는 간단하게, 그러나 깊게는 매우 복잡하게 이루어져 있다. 여기에 운영의 묘가 있는 것이다.

[원문] 연환계連環計

법칙으로 상대를 움직여라

장수와 병력이 많은 적과는 정면으로 상대해 싸워서는 안 된다. 저희들끼리 견제하는 계책을 써서 힘을 감소시켜야 한다. 장수는 사괘師卦의 원리를 바탕으로 계책을 써야 하는 것이니, 지휘를 교묘히 하고 군사를 자유자재로 쓸 수만 있으면 적을 물리치고 승리를 거둘 수 있다.

〈법칙으로 하여금 상대힘를 움직여라〉.

이것이 서른다섯 번째 연환계이다.

연환계連環計란 연거푸 두 가지 이상 쓰는 계략을 말한다. 직접 자신의 힘으로 상대를 움직이는 것이 아니라, 계략법칙으로 상대를 움직이며 상대를 계략 속에 빠뜨려, 법칙으로 하여금 상대를 조종하는 능력이 있다면, 비록 작은 힘이라도 큰 상대를 이길 수 있다. 역대 큰 힘을 갖춘 나라들은 이렇게 작은 나라에 의해 멸망한 것이다.

중국 삼국 시대에 가장 큰 힘을 갖춘 위나라의 조조도 결국 오나라의 주유의 계략에 의해 큰 힘을 잃고 마는 파국에 이르렀다.

적벽결전 직전에 주유의 방에서 밀서를 훔쳐 조조에게 달아난 장간蔣幹이 뜻밖에 나타났다. 조조의 특명으로 황개와의 내통이 진짜인지 어떤지를 알아보기 위해 온 것이다.

그런데 주유는 모른 척하며 일부러 크게 화를 냈다. 밀서를 훔쳐 가지고 몰래 달아났던 약점이 있기 때문에 장간은 어찌할 바를 몰랐다. 주유는 〈유산에 있는 암자에다 가두어 버려라. 쫓아 보내는 것은 조조를 치고 난 다음에도 늦지 않다.〉라고 말하고는 안으로 들어가 버렸다.

유산 기슭에 있는 초라한 암자에 처박혀진 장간은 잠을 이루지 못해 뜰로 내려왔다. 그때 어디선가 글 읽는 소리가 낭랑하게 들려 왔다. 휘영청 보름달이 밝은 초야의 쥐 죽은 듯 조용한 밤에 글 읽는 소리에 놀란 장간이 소리를 따라 가까이 가니, 커다란 바위 밑에 조그마한

초가집이 있는데, 방안에 검劍을 옆에 놓고 보통사람은 아닌 듯한 사나이가 〈손자〉, 〈오자〉의 병서를 읽고 있는 것이었다.

성명을 묻자 양양襄陽의 방통이라고 했다. 일찍이 수경선생水鏡先生이 유비에게 방통이나 공명 중 한 사람만 얻으면 천하를 안정시킬 수가 있다고 말한 그 방통이었던 것이다.

이는 하늘이 자신에게 내리신 복이라고 기뻐한 장간은 〈꼭 조조에게 가자〉고 방통을 졸라, 주유에게 들키지 않도록 거기서 배를 타고 날 듯이 북쪽 강 언덕으로 돌아왔다.

천하가 다 아는 장수가 굴러 들어왔음을 몹시 기뻐하면서 조조는 먼저 육상에 있는 진지를 구경시키고, 이어서 수상 진지로 안내했다. 거기에는 남쪽을 향해 24개의 문이 있고, 커다란 병선들이 성처럼 늘어서 있으며, 그 사이를 작은 배들이 쉴 새 없이 오가고 있었다.

〈이 정도면 주유의 목숨도 그리 길지 않겠습니다.〉라

고 말하는 방통의 말을 듣고 조조는 기뻐하면서 방통을 정중히 대접했다. 주연이 무르익을 무렵, 방통은 장기전에는 무엇보다도 장병의 건강이 중요하다고 말하면서 〈환자는 없는지요?〉 하고 물었다.

장기간에 걸친 비위생적인 수상생활을 집단으로 계속해온 터라 그렇지 않아도 많은 환자가 생겨 걱정해 온 조조는, 〈뭔가 좋은 방책이 없겠소?〉 하고 달라붙었다.

그러자 방통이 〈장병들이 모두 너무 오래 수상생활을 해왔고, 육지를 밟지 않은 게 탈이지요. 그렇지만 적을 눈앞에 두고 배를 비운다는 것도 어려운 일이니 수상 진지를 육지처럼 쓸 수 있도록 하는 수밖에 없을 것 같군요. 제 생각으로는 큰 배 30척과 중간에 50척을 쇠줄로 한데 묶어 그 위에다 넓은 판자를 놓아 한 척의 큰 배처럼 만든다면 장병들은 꼭 육상에 있는 것처럼 더 활발한 생활을 할 수 있어서 건강 회복에도 좋을 듯싶습니다만. 또 풍화가 있어도 거뜬히 돌진할 수 있으니 오나라 군선쯤 단번에 격퇴시킬 수 있지 않을까 합니다.〉라고 일렀다.

조조는 곧 군중에 있는 대장장이를 총동원하여 쇠줄을 만들게 하여 병선들을 연결시켰다. 배가 한데 모아졌고 더욱이 그 위에 판자가 깔렸으니 누구 하나 좋아하지 않는 사람이 없었다. 이렇게 배들은 하나로 묶여 움직일 수 없게 되었다. 훗날 이것은 조조가 목숨을 잃는 파국이 되었다. 이 모든 것은 주유의 계략이었던 것이다.

운영의 묘에서 탄생된 법칙들이 바로 수많은 병법들이다.

큰 힘을 갖고 작은 힘을 이기기는 쉬워도 작은 힘을 갖고 큰 힘을 이기기는 어렵다. 큰 힘은 작은 힘을 지배하지만, 결코 힘이 법칙을 지배하지는 못한다. 여기에 작은 힘을 갖고 큰 힘을 이길 수 있는 묘妙가 숨겨져 있는 것이다.

어리석은 사람은 단지 힘만으로 상대를 지배하려 하며, 힘으로 성과를 이루려고 한다. 노동의 시간만이 노력의 성과는 아니다. 법칙을 모르고 노동력만 들여서 살아가는 사람은 가난을 면치 못한다. 작은 힘은 결코 큰 힘을 이길 수 없기 때문이다.

만약 당신의 노력이 난항에 부딪혀 있다면 먼저 법칙을 배우라. 경영법칙을 모른 채 무턱대고 자본만으로 사업을 시작하려 한다면 틀림없이 난항에 빠질 것은 뻔한 일이다. 맨주먹으로 성공할 수 있는 것은 법칙이 있기 때문이다.

힘이 있으면 매우 유리한 입장에서 법칙을 사용할 수 있지만, 힘이 없으면 법칙에 의해 큰 힘을 법칙 속으로 밀어 넣어야 한다.

힘은 법法으로 움직여라. 그리고 적敵은 법 속에 끌어들여라.

이것이야말로 하늘이 우리 모두에게 베풀어 준 재산인 것이다.

두드리라! 그리하면 법法의 문은 열릴 것이다.

제36계

주위상走爲上

때가 아니면 물러나 기회를 기다려라

도망가는 것도 뛰어난 전략이다. 강한 적과 싸울 때는 일단 먼저 퇴각하여 다시 공격할 기회를 기다리라. 도망은 자주 사용되는 군사 전략의 하나이다.

꽉꽉 다진 눈송이가 크게 불어난다. 다져지지 않은 눈덩이는 아무리 크더라도 쉽게 부서진다. 세상사의 고해苦海를 견뎌낸 사람이 세상일을 지배한다. 그래서 젊어서 고생은 돈 주고도 못 산다고 그 값어치를 말한다.

이 우주의 에너지는 발산하는 힘과 구심점을 향해 응축하는 힘을 동시에 가지고 있다. 동양 철학은 이것을 태극아프락사스의 원리-코스모스센타 용어이라고 말한다. 구심점을 향해 응축하는 힘이 강하면 강할수록 동시에 발산하는 영향력은 커진다. 크고 견고한 것이 오래도록 멀리 보이는 것이다.

세상은 어느 일순간이라도 정지해 있는 법이 없다. 나도 움직이고 세상도 항상 움직인다. 나 홀로 편하게 있고 싶어도 편하게 멈출 수 없는 이유가 바로 이것이다.

세상의 움직임, 그것을 견뎌야 한다. 그리고 항상 세상의 움직임에 대비하며 힘을 비축해야 한다. 힘은 이렇게 가해 오는 세상의 움직임을 견뎌야만 진정한 효력을 갖는 것이다. 응축된 힘을 잃으면 그만 존재의 위협을 느낀다.

그렇다면 이 우주는 어떤 형태로 〈힘의 균형〉을 유지하고 있을까?

지금까지 우리는 눈에 보이는 세계만이 〈존재〉하는 것으로 생각해 왔다.

그래서 보이지 않으면 없는 것으로 생각한다.

그러나 이 세상은 눈에 보이지 않지만 움직이는 〈작용〉도 분명히 있다.

그리고 작용이 있다는 것은 곧 에너지가 있다는 뜻이다.

그렇다면 〈존재〉는 끌어당기는 응축력에 의해서 형성된 것이며, 〈작용〉은 보이지 않더라도 뻗어나가는 활동력이 있기 때문에 나타난 것이다.

그리고 〈존재〉는 크기와 무게를 갖고 영향력을 발휘하며, 〈작용〉은 세기와 속도를 갖고 파괴력을 행사한다. 사람도 우주를 판단할 때 〈존재〉를 보고 판단하는 방법과 〈작용〉을 알고 판단하는 두 가지 방법이 있다. 36계를 비롯해 모든 병법서나 작전이 곧 작용의 세계를 통해 나온 것이며, 손자, 제갈량, 오다 노부나가, 방통, 도요토미 히데요시 등은 작용의 세계를 보고 판단하는 대가들이다.

코스모스센타는 〈존재〉로 인한 우리의 생각을 〈입자적 관념〉이라 하고, 〈작용〉에 의한 생각을 〈파동적 관념〉이라 한다.

입자적 관념으로 우주를 판단하면, 우주는 응축력 70%와 활동력 30%로 구성되어 있다. 70%의 힘으로 구축하여 형태를 갖추고 30%의 힘으로 지금 활동을 하고 있는 것이다. 이렇게 70%의 힘으로 구축된 형태는 웬만한 바람이 불어와도 망가지지 않고 그 형태를 유지하며 마음껏 활동할 수 있다.

이와 같은 존재를 다시 파동적 관념으로 살펴보면 형

태를 유지하는 70%의 응축력은 안전성이 100%이고, 형태를 지키며 활동하는 30%의 활동력은 활동성이 100%가 되는 것이다.

그러므로 적과 싸우기 위해서는 70%의 구축된 군대를 30%의 영역 안에서 싸워야만 백전백승을 거둘 수 있다. 만약 구축력이 90% 이상 되면 이때는 행동도 느려지고 적과의 싸움보다 오히려 내분이 일어나 스스로 붕괴될 가능성이 있다. 또, 반대로 구축력과 활동력이 5:5가 되면 진영을 지키는 군사력과 밖에서 활동하는 군사력이 같게 되므로 적이 진영을 쳐들어 오면 붕괴될 가능성이 있다.

만약 구축력이 30% 정도 되면, 아직 존재할 수는 있으므로 빨리 도망가 구축력을 70%로 만들어야 한다. 지금 이 36번째 계가 곧 30%의 구축력 상태를 말하고 있는 것이다. 물론 20%의 구축력 상태면 항복을 해야 되고 10%면 저절로 붕괴되는 지경에 이르렀다는 뜻이다.

경제도 마찬가지로 처음에 재산이 없을 때는 활동력이 재산이기 때문에 가능한 뛸 수 있는 만큼 뛰어서 한 푼, 두 푼 저축응축력을 해야 한다. 그리하여 가진 재산과 활동비가 7:3이 되도록 한다. 빚을 포함해 총 100만원이 있다면 70만원은 현물로 있고, 나머지 30만원 중에 빌린 돈과 활동비가 있어야 하는 것이다.

이렇게 30만원으로 활동을 하여 다시 돈이 생기면 또 다시 저축을 하여 전체적으로 항상 7:3이 되도록 한다. 이 7:3의 원칙을 〈우주의 황금 비율〉이라고 한다.

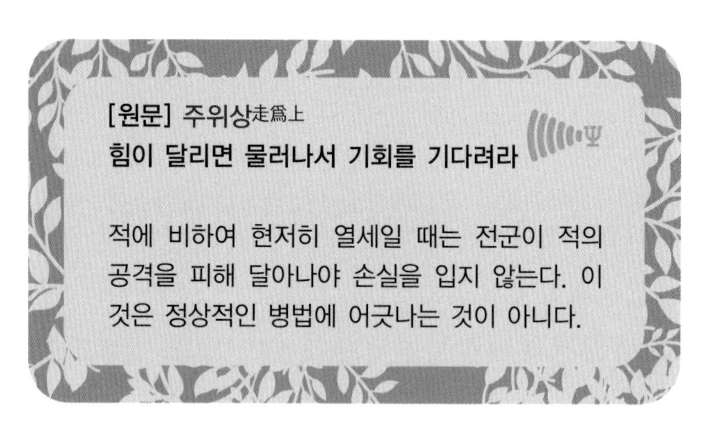

[원문] 주위상走爲上

힘이 달리면 물러나서 기회를 기다려라

적에 비하여 현저히 열세일 때는 전군이 적의 공격을 피해 달아나야 손실을 입지 않는다. 이것은 정상적인 병법에 어긋나는 것이 아니다.

상대가 강하면 먼저 달아나라. 구축력이 30% 이하면 먼저 그 자리를 피하라. 그나마 나의 존재가 형성되어 있을 때 그 존재나마 지켜라. 그리하여 힘을 길러 나의 구축력이 70% 이상 되면 그때 기회를 엿보라. 이것이 36계의 가장 유명한 〈상대가 강하면 도망이 상책〉이라는 맨 마지막 36계이다.

상대가 강하다 해서 도망가는 것이 패하는 것은 아니다. 질 줄 알면서도 싸워서 멸망하는 것이 망하는 것이다. 전군이 후퇴하여 적을 피하고 물러남으로써 기회를 보아 적을 공격하는 것. 이것은 정상적인 용병 법칙에 어긋나는 것이 아니다. 적의 병력이 압도적으로 우세하여 이쪽이 승산이 없을 때에는 투항하거나 강화를 맺거나 퇴각하는 세 가지 길밖에 없다.

투항은 전면적인 멸망이지만, 퇴각은 실패가 아니라 승리의 열쇠가 된다.

활동력을 잘 구사하는 사람은 물러설 때도 잘 알고 있다. 반대로, 물러설 때를 아는 자라야 진정으로 나아갈 때를 아는 자이기도 하다. 힘이 달리면 물러나서 기회를 기다려라. 이것이 36계의 최후의 경고인 것이다.

코스모스센타 용어

| 입자적 관념 | 오감을 통해 인식된 존재만이 사실로 느껴지며, 그 존재들을 바탕으로 생각하고 판단하는 것. 입자는 곧 존재이며 무게와 크기를 갖고 영향력을 발휘한다.

| 파동적 관념 | 움직이는 작용의 입장에서 생각하고 판단하는 것. 파동은 곧 작용이며 세기와 속도를 갖고 파괴력을 구사한다.

| 우주의 황금 비율 | 우주가 존재하기 위한 우주 최초의 상반된 자慈 에너지의 비율. 끌어당기는 힘 70%와 뻗어나가는 힘 30%가 가장 안정된 존재의 비율이다. 이때 끌어당기는 세계는 안정도가 100%이며, 뻗어나가는 세계는 활동성이 100%이다. 7:3은 〈힘〉을 기준으로 했을 때이고, 10:10은 〈존재〉를 기준으로 본 것이다. 존재가 자신의 형태를 가장 안전하게 보존하면서 가장 활발하게 활동할 수 있는 비율.

제7부

코스모스Cosmos

우주의 시스템, 구조

우주의 구조를 말할 때, 중국의 성리학은 우주가 천지인天地人으로 이루어졌다고 한다.

여기서 지地는 땅을 말하며, 우리 눈에 보이는 현실세계를 뜻한다. 그리고 천天은 우리 눈에 보이지는 않지만 실제로 존재하는 바람처럼 에너지 파동의 세계를 말한다. 그리고 사람人은 눈에 보이는 몸과 보이지 않는 정신마음, 생각을 동시에 갖고 있으며, 다른 생물과 달리 하늘이라고 하는 파동의 세계를 통해 땅의 세계에 원하는 바를 이루어 낼 수 있다. 때문에 우주가 천지인으로 구성되어 있다고 말한 것이다.

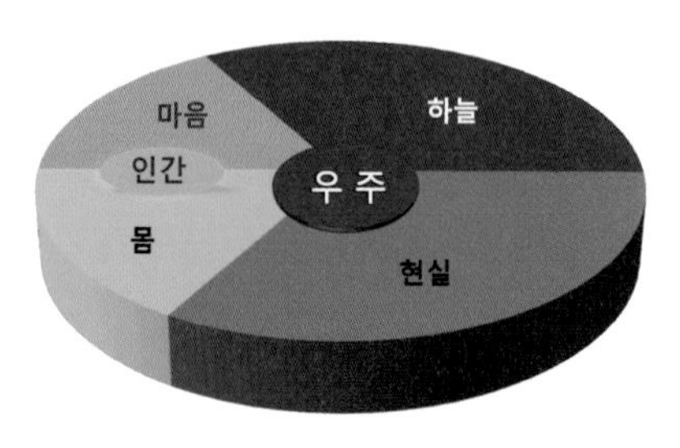

하늘과 현실

36계는 바로 이 보이지 않는 마음정신을 통해 우주의 흐름을 느껴, 우주의 기운을 바꿈으로써 상황을 전환시키는 능력인 것이다.

입자적 관념과 파동적 관념

지금까지 우리는 눈에 보이는 세계만을 보고 그것이 있는 것의 전부인 양 생각하며 살아왔다. 그러나 세상은 눈에 보이는 〈있는 세계〉와 눈에 보이지는 않으나 틀림없이 존재하는 〈움직이는 세계〉가 분명하게 있다.

36계는, 눈에 보이지는 않으나 틀림없이 존재하는 〈작용의 세계〉를 아는 사람들이 우주의 흐름을 바꿔 승리로 이끈 눈부신 활약을 예로 들어 설명하고 있다. 이처럼 눈에 보이지 않는 작용을 통해 세상을 보고 세상을 움직이는 능력을 〈경영〉이라고 한다.

결국 36계는 눈에 보이지 않는 우주의 흐름을 파악하여 그 흐름을 바꿈으로써 눈에 보이는 현실 세계가 원하는 대로 실현될 수 있게 하기 위한 우주의 경영법인 것이다.

36계가 이해하기 힘들고 터득하기 어려운 이유는, 그것이 학교 공부처럼 결과를 학습하며 암기하여 쓸 수 있는 〈지식〉이 아니라 오히려 육감과 같은 감각을 통해 판가름해야 하는 것이기 때문이다.

우리 인간은 지금까지 보이는 것을 토대로 하여 생각해 왔다. 코스모스센타에서는 이와 같은 생각을 〈입자적 관념〉이라 한다.

〈계란 100개를 부화시키면 닭이 100마리가 된다. 이 닭이 또다시 알을 낳으면 계란 100개가 또 생긴다. 이것을 또다시 부화시키면 닭이 200마리가 된다.〉

이와 같은 생각이 곧 〈입자적 관념〉이다. 그러나 계란 100개를 갖고 부화시킬 생각을 하며 걷다가 돌부리에 걸려 넘어지면 그 계란은 모두 깨져버린다. 코스모스센타에서는 이처럼 넘어질 수도 있다는 생각을 하는 것, 그것을 〈파동적 관념〉이라 한다. 입자적 관념은 〈존재〉를, 파동적 관념은 〈작용〉을 보는 것이다.

경영은 파동적 관념으로 하는 것이다. 36계 또한 파동적 관념으로 보고, 느끼고, 생각하여 세운 계략이다. 로스차일드, 장량, 손자, 제갈량 등은 모두 이처럼 파동적 관념에 뛰어난 위인들이다.

어떻게 하면 작용의 세계가 보이는가

그렇다면 어떻게 하면 작용의 세계를 볼 수 있을까?

우리의 인생은 크게 나누면 두 가지 패턴이 있다. 하나는 세상이 변하면 그 영향으로 내가 변하는 타입이고, 다른 하나는 내가 변하면 나의 영향으로 세상이 변하는 타입이다. 코스모스센타는 세상의 변화에 의해 내가 변하는 것을 수동역受動易이라 하고, 내가 변하면 세상이 변하는 것을 능동역能動易이라 한다.

수동역으로 사는 사람은 세상이 두려워 자기 뜻을 제대로 펼치기 힘든 사람들이다. 눈앞에 보이는 현실만 보고 〈무엇 때문에 어렵다〉거나 〈상황이 힘들다〉고 하면서 될 수 없는 이유가 많아 할 수 없는 것이다. 그러나 능동역으로 사는 사람은 아무리 상황이 나쁘더라도 〈그렇다면!〉 하면서 현재의 나쁜 상황을 마음으로 받아들이되, 그 나쁜 상황을 오히려 역으로 이용하여 더 좋은 결과를 만들어 낸다.

사회 전반적으로 경기가 좋지 않거나, 경제 위기가 왔을 때 수동역적인 사람은 아무것도 할 수 없으니 밥 먹는 것조차 줄여야 한다고 생각하지만, 능동역적인 사람은 오히려 가격이 떨어진 물건들을 사들여 보유하고 있다가 경기가 풀리면 그 물건들을 되팔아 큰 이익을 남기는 것이다.

이렇게 능동역적인 삶을 사는 사람은 작용의 세계를 볼 수 있는 자격이 있다. 만약 당신이 능동역적으로 사는 삶의 패턴을 갖고 있다면, 그리고 36계를 터득하고 싶다면 먼저 원하는 목표를 분명하게 하라.

그리고 그 목표가 가슴속 깊이 확 들어와 〈반드시 이루어져야 한다〉 〈꼭 되지 않으면 안 된다〉 〈기필코 해내고야 만다〉 하면서 될 것 같은 자신감을 갖게 되면, 현재 목표한 일의 상황 흐름이 보이게 되고, 어떻게 할 것인가 하는 길이 나타나게 된다. 코스모스센타는 이와 같은 과정을 〈끝결과에서 시작하라!〉라고 말한다.

작용의 흐름은 이렇게 결과를 가슴에 담고, 결과를 위

해, 결과의 눈으로 보았을 때 보이는 것이다.

이때 조심해야 할 것은, 원하는 대로 흐름이 바뀔 것을 미리 대비하여, 원하는 상황이 왔을 때 그 상황을 맞이할 수 있는 준비가 되어져 있어야 한다. 능동역적인 사람은 굳이 목표가 없을 때도 항상 그때를 위하여 남모르게 차곡차곡 준비를 한다. 그래서 상대편 기세가 강하면 그 기세가 약해지도록 조치를 취하고, 기세가 약해지면 타이밍을 맞추어 준비된 것을 한 치의 어긋남도 없이 실행하는 것이다. 그리고 처음부터 원하는 것이 이루어지도록 확인하며 세심하게 지켜보아야 한다. 입자의 세계가 눈에 보이는 〈크기〉라면, 파동의 세계는 눈에 보이지 않는 〈속도〉이기 때문이다.

우주를 움직이는 「싸이파워Psy-Power」

〈하늘은 스스로 돕는 자를 돕는다〉라는 말이 있다.

〈꼭 해내겠다〉는 강한 의지가 있으면 하늘도 그를 도와 이루어지게끔 한다는 뜻이다. 싸이파워는 이렇게 하늘을 움직여 원하는 목표가 우주에 의해 스스로 이루어지게끔 하는 능력이다.

보이지 않는 하늘의 세계에서 계획된 파동은 눈에 보이는 입자의 세계를 통해 현실에 창조된다. 이때 파동이 입자를 불러들이는 현상을 〈공명현상〉이라고 한다.

이 세상에 있는 물체를 쪼개고 쪼개서 더 이상 쪼갤 수 없는 상태가 되면 그때부터는 입자라기보다는 차라리 파동처럼 움직일 것이다. 이렇게 더 이상 쪼갤 수 없는 상태를 소립자라고 하는데, 소립자는 우주 최초의 에너지 상태라고 말할 수 있다. 그리고 소립자의 상태에서 우주를 바라보면 우주는 해와 달 그리고 별이 보이는 것이 아니라 아무런 형체도 없는 텅 빈 공간처럼 보일 것이다. 여기서 아주 중요한 우주의 비밀이 있다. 그것은 우주 최초의 에너지는 반드시 상반된 성질을 동시에 갖고 있다는 것이다.

코스모스센타는 이와 같이 상반된 성질을 동시에 갖고 있는 우주의 이치를 〈아프락사스Abraxas의 원리〉라고 한다. 또 더 이상 쪼갤 수 없는 소립자素粒子와, 소립자의 세계에서 바라본 텅 빈 우주의 공간空間, 그리고 서로 다른 성질 때문에 벌어지는 작용인 자慈스스로 일어나는 작용.자비,사랑 에너지를 합쳐 소공자素空慈라고 한다.

아프락사스의 원리란, 상반된 의미만을 뜻하는 것은 아니다. 반드시 현실적으로 존재하는 것이어야만 한다. 그래서 선과 악, 예쁨과 추함, 낮과 밤, 악마와 천사 따위는 아프락사스에 해당되지 않는다. 존재와 작용, 마음과 현실, 있음과 없는 공간實과虛, 원심력과 구심력, 양$^{+}$과 음$^{-}$, 파동과 입자, N극과 S극, 남성과 여성 등 이처럼 성질은 상반되나 결국 하나인 것이 아프락사스인 것이다.

우리의 마음도 존재하는 이상 에너지인 것만은 확실하다. 그래서 마음이라는 에너지는 끌어당기는 작용과 뻗어나가는 작용을 동시에 하고 있다. 태어났을 때는 마음속에 아무런 형태가 없다가 끌어당기는 작용에 의해, 보고, 듣고, 냄새 맡고, 맛보고, 만지면서 느낀 그 느낌들을 마음속에 담아 놓게 된다. 5관을 통해 경험한 것을 마음속에 쌓아 놓는 것이다. 그리고 자신을 말할 때는 이렇게 쌓아 놓은 것들을 통해서 표현을 한다. 심리학은 이와 같이 형성된 자기를 자아ego라고 한다. 코스모스 센타에서는 이것을 〈자의식自意識〉이라고 한다.

여러분이 처음 이 책을 읽고 내용이 아주 쉽게 느껴졌다면 그것은 여러분의 자의식 속의 내용과 비슷한 것만을 선택해 이해하였기 때문이다. 그러나 다시 한 번 읽어 보면 그때는 앞에서 느끼지 못했던 의문점이 하나둘씩 나타나게 될 것이다. 그리고 또다시 한 번 더 읽으면 도대체 어떻게 해야 알 수 있는 것인지 점점 미궁 속에 빠져들게 될 것이다. 그러면서 서서히 자기가 알고 있는 자기 지식이 아니라 책이 말하고자 하는 내용을 이해하게 될 것이다. 이처럼 여러분은 자의식을 통해 세상을 바라보고 있는 것이다.

사람들이 같은 것을 보고 서로 다른 말을 하는 이유는, 이처럼 마음속에 쌓여 있는 기억 소자가 서로 다른 선입견이 되어 작용하기 때문이다.

자의식이, 끌어당기는 마음의 힘에 의해 세상으로부터 보고, 듣고, 맛보고, 냄새 맡으며, 촉감을 통해 느낀 것을 쌓아놓은 곳에서 일어나는 생각이라면, 그와 같은 선입견이 아닌 원래의 순수한 마음 에너지도 있을 것이다. 코스모스센타는 이와 같이 원래의 순수한 마음 에너지를 〈우주심宇宙心〉이라고 한다. 자의식이 끌어당기는 힘에 의해 형성된 것이라면 우주심은 뻗어 나가는 에너지이다. 때문에 우주심 안에는 담겨 있는 형태가 없다. 그래서 우주심은 선입견이 없다. 단, 원하는 이미지를 우주심 안에 그려 넣으면 우주심은 그 그림과 같은 주파수를 밖으로 내보낸다. 그리고 원하는 이미지를 현실 세계에 끌어들이고자 에너지자체로 흘러 나가 앞을 살피며 그림과 같은 이미지의 파동을 세상에서 느껴 있는 그대로를 인식한다. 이렇게 인식한 것을 육감 혹은 직감이라고 말하고, 우주심을 통해 흘러나간 이미지가 공명현상을 통해 있다는 것을 감지하면, 그때 그 응답을 영감이라고 한다.

인도 사람들은 이와 같은 자기 안의 우주심을 아트만Atman이라고 하고, 세상 모든 만물 속에 숨어 있는 우주심을 브라만Brahman이라고 한다. 결국 자기 안의 아트만과 세상의 브라만은 같은 우주심인 것이다. 또 내 안의 자의식을 통해 인식한 생각과 우주심을 통해 세상을 느껴 인식한 생각은 그 통로가 서로 다르기 때문에 이때의 생각을 자의식과 비교하여 우주의식宇宙意識이라고 한다.

결국 경영은 우주의식육감을 느낄 수 있어야 할 수 있는 것이다. 제갈량이나 장량 혹은 손자 같은 사람들은 우주의식이 뛰어난 사람들이었던 것이다. 그리고 36계도 우주의식을 토대로 탄생된 작품이다.

우주심 안에 원하는 목표이미지를 강하게 그려 넣으면 우주심은 그 이미지를 우주에 내보내 그 이미지와 같은 주파수를 공명현상에 의해 불러들인다. 이렇게 불러들인 것이 현실 세계에 실현되면 그것이 곧 「싸이파워」다. 이때 우주심 안에 원하는 목표를 강하게 그려 넣고 그 목표를 현실 세계에 실현시키기 위해 꾸준히 하는 노력을 코스모스센타는 〈의도〉라고 한다. 물론 의도에 의해 우주심이 의도한 이미지와 같은 파장을 불러들일 때 일어나는 생각도 역시 우주의식이라 한다. 그래서 코스모스센타는 〈마음이 가는 곳에 현실이 따라온다〉고 말하고, 원하는 목표를 향해 마음이 가야 그 목표가 현실 세계에 실현되는 것이다. 이것이 곧 「싸이파워」다.

「싸이파워」는 이처럼 원하는 것이 분명할 때 그 원하는 것반드시 그림으로 그릴 수 있는 현실이어야 한다을 우주심에 그려 넣으면 우주심이 세상으로 뻗어나가 원하는 것을 현실 세계에 나타나도록 우주 스스로가 하는 작업이다.

어떤 사람이 외국에 공부하러 가고 싶어 모든 유학 수속을 다 끝냈는데, 돈이 없어 비행기 표를 사지 못해 애를 태우고 있을 때, 갑자기 항공사로부터 연락이 와서 나중에 갚는 조건으로 먼저 태워 주겠다고 하면 그것이 곧 「싸이파워」다. 또 어떤 사람은 유명한 배우가 되고 싶어 무작정 미국의 할리우드에 찾아가 〈청운의 뜻을 품고 내가 왔노라〉 하면서 문방구에 가 수표용지 한 장을 산 뒤, 어느 영화사 사장이 추수 감사절 전까지 100만불의 출연료를 지급하여 자신을 캐스팅한다는 수표를 만들어 진짜처럼 소중하게 가슴에 품고 다니다가 진짜 그와 같은 일이 생겼다면 이 또한 「싸이파워」다. 이 이야기는 영화 마스크의 주인공 짐 캐리의 실화다.

물론 손자나 제갈량 같은 유명한 책사들도 나름대로 원하는 바를 「싸이파워」를 통해 우주 스스로가 그와 같이 하도록 하였다. 운동선수가 시합전에 미리 만든 이미지로 시합에 이기는 스토리를 만들어 생각한 뒤, 시합에 나가 똑같은 방법으로 이겼다면 이 또한 「싸이파워」의 일종인 이미지 트레이닝이다.

그러나 「싸이파워」와 기도는 엄연히 다르다. 기도가 나로부터 시작되어 누군가에게 구원을 요청하는 것이라면 「싸이파워」는 현실로부터 시작되어 우주를 통해 실현시키는 것이기 때문이다. 또, 기도는 자의식에 의한 것이라면 「싸이파워」는 우주심에 의한 것이다. 아직 「싸이파워」를 분명하게 모를 때는 기도와 「싸이파워」가 크게 다르지 않게 생각되지만, 「싸이파워」를 분명하게 알면 알수록 기도와 「싸이파워」는 근본적으로 그 길이 다르다는 것을 알 수 있다. 기도가 막연하게 누군가에게 도움을 청하는 것이라면, 「싸이파워」는 보이지 않는 손처럼 자신에 의해 움직여지는 능력임을 알게 되기 때문이다.

다시 말해서, 기도가 막연하게 잘살게 해달라고 비는 것이라면, 「싸이파워」는 100평짜리 아파트나 하얀색 벤츠 모델 넘버xx처럼 분명한 그림을 갖고 염원하는 것이다. 마음자세 또한 다르다. 기도는 지금 없는 것을 미래에 그렇게 되길 막연히 바라는 것이지만, 싸이파워는 이미 가슴속에 들어 있는 것을 현실화시키기 위해 하는 노력이다.

36계는 이렇게 눈에 보이지 않는 능력을 통해 눈에 보이는 세상을 원하는 대로 창조하기 위한 길인 것이다.

마음과 현실

이 책이 말하는 〈우주경영〉은 결국 경영자가 우주여야 한다는 뜻이다. 다시 말하면, 사람이 경영자가 되면 결국 그 나라, 그 회사는 망한다는 뜻이다.

우리나라 속담에 〈달도 차면 기운다〉는 말이 있다. 마음속에 〈자만〉이 가득하면 결국 망한다는 뜻이다. 우리의 마음과 현실은 아프락사스이기 때문에 마음이 가야 현실이 따라오고, 마음을 비워야 현실이 풍요롭다. 그래서 예수는 〈마음이 가난한 자는 복이 있나니〉라고 말했던 것이다. 마음이 비면 현실을 끌어오고, 마음이 차면 현실을 밀어낸다.

〈사람이 경영자가 되면 망한다〉는 뜻은 결국 부자가 되었을 때 스스로 부자라는 자만심을 갖지 말라는 뜻이다. 스스로 마음이 부자라고 생각하면 현실은 가난해진다.

만약 지금 가난하다면 먼저 저축을 하라. 〈먹고 살기

도 부족한데 저축할 돈이 어디 있습니까?〉라고 말하지 말라. 그것은 자의식의 말일 뿐이다. 가능한 한 할 수 있는 만큼 저축을 하라. 돈이 당신을 부자로 만드는 것이 아니다. 그렇게 한 푼 두 푼 꾸준히 매달 저축을 하면 어느새 통장 안의 돈은 풍족해질 것이다. 그러면 그때 마음속에 〈충만감〉이 생긴다. 그리고 이 충만감은 「싸이파워」가 되어 더 많은 풍요를 불러들인다. 이것이 부자가 되는 바른 길이다.

그러나 이때 조심하라! 명심하라! 잊지 말라! 통장에 가득 찬 그 돈은 나의 것이 아니라, 우주가 나에게 맡겨놓은 돈이라고. 나는 단지 관리자일 뿐이라고. 만약 자신이 부자라고 생각하면 그 순간 우주는 아프락사스에 의해 그 돈을 다른 곳으로 보낼 준비를 하게 된다. 마음이 차면 축적된 돈은 사라져 버리는 것이다. 마음을 비우고 풍족한 현실이 되게 해준 우주에 항상 감사한 마음을 잊지 말라. 왜냐하면 감사가 사라지면 그때 자만심이 생길 것이기 때문이다.

영원히 망하지 않는 우주의 황금 비율

이 세상에 존재하는 모든 에너지는 아프락사스의 원리에 의해 끌어당기는 힘과 밀어내는 힘을 항상 동시에 갖고 있다. 지금 눈앞에 보이는 모든 것들도 예외 없이 모두 다 그렇다. 지금은 변하지 않고 영원히 있을 것처럼 보여도 언젠가는 삭아서 부서질 것이다. 단지 아직은 끌어당기는 힘이 강하게 작용해서 형태를 유지하고 있지만, 전자현미경으로 들여다 보면 쉬지 않고 튀어나가려는 에너지가 끊임없이 활동을 하고 있다. 그리고 언젠가 끌어당기는 힘이 약해지면 튀어나가려는 힘에 의해 그 형태가 부서져 버릴 것이다. 우주는 이렇게 탄생과 소멸을 반복하고 있다.

그렇다면 우주 자체는 어떤 비율로 존재하고 있는 것일까? 우리는 항상 입자적 관념으로만 생각해 왔기 때문에 쉽게 이해하기 힘들지만, 일단 입자적으로 생각하면 〈끌어당기는 힘〉과 〈뻗어나가는 힘〉의 비율이 7:3이라고 할 수 있다.

그래서 우주처럼 오래도록 존속하기 위해서는 갖춘 힘이 70%, 활동력이 30%가 되어야 한다. 이 비율은 입자적 관념으로는 7:3이지만 파동적 관념으로 생각하면 이때가 안정도 100%, 활동력 100%가 되는 것이다. 입자적 관념은 〈힘〉을 기준으로 하여 설명한 것이고, 파동적 관념은 있는 〈존재〉를 기준으로 하여 보기 때문이다.

다시 한 번 설명하면, 우주에는 끌어당기는 힘 100%나 튀어나가는 힘 100%는 사실상 없다. 만약 끌어당기는 힘 100%가 실제로 존재한다면 그 존재는 영원히 그 상태를 유지할 것 같지만 사실은 그렇지 않다. 왜냐하면 그 존재는 아무런 활동도 할 수 없기 때문이다. 단지 스스로 부서져 버릴 것이다. 반대로 튀어나가는 힘 100%가 존재한다면 그 힘은 작용만 있을 뿐 존재가 없다. 그래서 우주는 두 힘이 동시에 있도록 만든 것이다. 만약 끌어당기는 힘이 90%이고 튀어나가는 힘이 10%면 어떻게 될까? 존재는 하되 활동력이 약해 전혀 존재감이 없을 것이다. 반대로 끌어당기는 힘이 30%이고 튀어나가는 힘이 70%면 뻗어나가는 힘이 너무 강해서 끌어당기는 힘은 스스로 부서져 버릴 것이다. 그래서 끌어당기는 힘이 70%일 때가 그 형태를 가장 안전하게 보존하면서 안정된 활동을 할 수 있는 것이다.

저축을 해서 모은 돈이 100만원이라면 70만원은 계속 은행에 넣어 놓고 30만원으로 사업을 해보라는 이야기다. 이때 만약 잘못해서 30만원을 다 잃어버린다 해도 사실상 치명적인 위기는 오지 않는다. 이렇게 30만원으로 일을 해서 수입이 다시 생기면 계속 저축을 하여 항상 있는 돈과 움직이는 돈의 비율을 7:3이 되도록 하라. 이렇게 계속 7:3의 비율을 유지한다면 가장 안정된 생활을 할 수 있는 것이다.

우주는 이처럼 7:3의 비율로 자신을 보존하고 있다. 〈부족한 듯〉이란, 이렇게 70%만 채웠을 때를 말한다. 건강, 행복, 장수 등 모든 것들 역시 70%일 때 가장 빛나는 것이다. 그리고 영원히 망하지 않는 우주 최고의 경영법도 결국 존재를 위한 황금 비율을 유지하는 것이다.

코스모스센타 용어

| 자의식 | 5관을 통해 인식된 것 속에서 일어나는 생각. 경험과 축적된 지식을 통해 선입견을 갖고 생각하며, 일어나는 현실 그 자체를 직접 보지 못한다.

자신의 틀을 지키는 것만이 자신을 위한 길이라고 생각한다. 우주의식이 파동적이라면 자의식은 입자적이다. 기분과 감정을 일으키고 신체조절을 한다.

| 우주의식 | 우주심을 통해 느끼는 현실. 자의식이 개인적이라면 우주의식은 전체적이다. 현실 자체를 선입견 없이 객관적 입장에서 보며, 양 에너지이기 때문에 있는 그 자체를 느낀다. 육감, 직감, 그리고 영감을 통해 일어난 생각.

| 의도 | 여기서 의도는 〈의미〉로서의 의도를 말하는 것이 아니라, 자의식의 영향을 받지 않고 원하는 것을 우주심 속에 꾸준히 간직한 채 이루어내기 위한 강한 〈의지〉를 말한다. 이때 의도하고 있는 상태를 뇌파 측정기로 측정해보면, 뇌는 의도한 것이 이루어질 때까지 꾸준히 활동하며 의도의 파장을 계속 내보내고 있다는 것을 알 수 있다. 이렇게 〈의도〉는 원하는 것이 현실로 이루어질 때까지 꾸준히 활동하면서 우주로부터 원하는 것을 끌어오는 작용을 한다.

우주경영

36계

초판 1쇄 인쇄 2012년 12월 26일
초판 1쇄 발행 2013년 1월 5일

지은이 素空慈
발행인 한기석
기획 코스모스센타 송원철
출판팀장 신민범
편집장 배재국
교정 황명원, 정경철
아트디렉터 심이라
마케팅 배정희
펴낸곳 코스모스 북
등록 1987년 11월 28일 제 1987-000004호
주소 서울시 강남구 개포동 1265-13
전화 대표:1899-4285
컴퓨터 통신 네이버 카페 / 싸이파워
홈페이지 / 코스모스센타 www.psy-power.com

피타고라스. 알렉산더. 로스차일드. 폴 게티.
제갈량. 손자. 장량. 서산대사. 사명당 등
자신이 뜻한 바를 세상에 실현시킨 위인들은
모두 「싸이파워」를 사용하였다.

素空慈 저

〈나는 저 사람이 갖고 있는 것이 부러운 것이 아니라, 저 사람이 뭔가를 갖길 원할 때 그것을 가질 수 있는 능력이 부럽습니다〉라고 말한다면 그 능력이 곧 「싸이파워」다.

또, 도저히 이룰 수 없는 현실 속에서 원했던 소원이 이루어졌다면 그것이 바로 「싸이파워」다. 이 책은 우리 마음 속에 내재된 「싸이파워」의 비밀을 밝혀, 흙 속의 씨앗이 흙을 뚫고 나오듯(흙 속의 씨앗이 생각할 때 콱 막힌 위를 쳐다보면 얼마나 막막하겠는가?), 우리도 어려운 현실을 뚫고 원하는 부, 건강, 사업, 취업, 입학, 당선, 안정, 인간관계 등 원하는 인생을 성취할 수 있는 방법을 설명해 놓았다.

www.psy-power.com
양장본(4도 인쇄) | 값 15,000원